ANDERS REISEN HERAUSGEGEBEN VON TILL BARTELS

ROWOHLT

ANDERS REISEN
AMSTERDAM

VON REINHOLD F. BERTLEIN

MIT FOTOS VON
SUZANNA LAUTERBACH

INHALT

Originalausgabe
Veröffentlicht im Rowohlt Taschenbuch
Verlag GmbH, Reinbek bei Hamburg,
März 1998
Copyright © 1998 by Rowohlt
Taschenbuch Verlag GmbH,
Reinbek bei Hamburg
Satz Stone PostScript,
QuarkXPress 3.32 (Dolev 800)
Umschlaggestaltung
Walter Hellmann/Beate Becker
Tony Stone Worldwilde, Ed Pritchard
Layout und Grafik Alexander Urban
Karten Elsner & Schichor, Karlsruhe
Gesamtherstellung Clausen & Bosse, Leck
Printed in Germany
1990-ISBN 3 499 19092 3

WELKOM
IN AMSTERDAM

Als ich vor einiger Zeit vom Amsterdamer Hauptbahnhof auf dem Damrak in Richtung Dam zum Königlichen Palast lief – aufgenommen im Touristenstrom –, überkam mich folgender Gedanke: Das ist hier ja wie auf der Mainstreet von Disneyland, jener Flaniermeile zwischen Railway Station und dem Dornröschen-Schloß: Fröhlich, spielerisch anmutendes Straßenmobiliar, phantasievoll bemalte Straßenbahnen, eine Drehorgel spielt «Tulpen aus Amsterdam», Läden und Geschäfte locken mit Windmühlen und Delfter Porzellan – holländische Klischees zum Mitnehmen. Und wie das «Emporium» in der Mainstreet, so lädt «de Bijenkorf» als Warenhaus der Jahrhundertwende zum Kaufen ein. Ich begann an diesem Gedankenspiel Gefallen zu finden: Amsterdam als thematischer Erlebnispark mit Virgin Megastore (in der alten Hauptpost hinterm Palast), mit Fast-food-Restaurants wie McDonald's, Burger King und Pizza Hut (Damrak und Leidsestraat) und mit Themenrestaurants wie dem Hard Rock Café (Oudezijds Voorburgwal) und dem Planet Hollywood (Reguliersbreestraat) und mit einem nächtlichen Vergnügungs- und Unterhaltungskomplex (Leidseplein und Rembrandtsplein).

Dabei erleichtern bunte Schilder den vielsprachigen Besuchern die Orientierung: zum Märchenschloß (Königlicher Palast), zum Mythenkabinett (Madame Tussauds Wachsfigurenkabinett), zum Gruselhaus («Casa di Anna Franka»), zur nationalen Schatzkammer mit seiner Altarikone (Rembrandts «Nachtwache» im Rijksmuseum) und – als «Themenpark im Themenpark» – zum Rotlichtviertel mit seiner Schaufensterprostitution. Amsterdam läßt sich sicherlich im Stile eines postmodernen Erlebnisparks begehen.

Aber Amsterdam läßt sich auch anders erfahren: als vitale, weltoffene Metropole eigener Prägung. Hinter Giebel und Grachten hat Amsterdam ein eigenes Gesicht gewahrt. Nicht umsonst wurde die Stadt mit ihren 700 000 experimentierfreudigen und individualistischen Bewohnern zum Inbegriff der Toleranz, zum Geburtsort der Kraker und Kabouter, und seit Generationen zieht Amsterdam Menschen an, denen es in der ursprünglichen Heimat zu eng wurde.

Nach einem Essay und einer Einführungstour gliedert sich dieser Band in drei Teile: historische Spaziergänge, Kul-Touren und thematische Routen. All diese exemplarischen Wege sind so aufgebaut, daß man sie leicht nachvollziehen und ablaufen kann. Der sich anschließende Infoteil liefert die genauen Adressen von A–Z, gibt Tips zum Einkaufen, Empfehlungen für Bars, Cafés und Clubs. Und unter dem Stichwort «Internet-Adressen» hat Hilmar Schmundt die Zugänge zum digitalen Amsterdam aufgelistet, um bereits vor Reisebeginn neueste Informationen und aktuelle Veranstaltungstips abzurufen.

Reinhold F. Bertlein

LEBEN UND LEBEN LASSEN
DIE MULTIKULTURELLE METROPOLE

Wasser, Handel und calvinistische Religion prägen Amsterdam und Holland. Die Abwehr der See, die die Deiche und Dämme bedroht und zugleich auch die Ufer des Amstelflusses, forderte und förderte Toleranz und Zusammenarbeit. Schon die ersten Fischererzählungen und Volksdramen (wie Herman Heyermans *Hoffnung auf Segen*) propagierten die Verträglichkeit im Angesicht der Not. Wo Menschen – wie in Amsterdam – auf kleinstem Raum und in gefährdeter Umgebung miteinander auskommen müssen, wo die Mittel knapp sind, es keine Ausweichmöglichkeiten gibt, da werden die Regulierung der Affekte und die Beherrschung der Leidenschaft so notwendig wie die Bezwingung der Naturgewalten. Gelingt dies nicht, dann ist Holland in Not. So wird Toleranz nicht nur zur Überlebensstrategie, sondern auch zur Lebensmaxime. Dabei hat der Kampf gegen das Wasser mit Hilfe systematischer Regulierung früh zum gemeinsamen rationalen Handeln erzogen. Dämme, Dei-

che und Windmühlen bannen die Gefahr, was man sieht ist das Resultat mühevoller Arbeit. Mit Recht schlagen sich die Amsterdamer auf die Brust: Wo nichts war, habe ich geschaffen. Der französische Reisende Boussingault schrieb schon 1673: «Amsterdam wird ein Weltwunder genannt … man nennt es den Weltmarkt und das universelle Raritätenkabinett … ein wahres Babylon wegen ihrer Schönheit, ihres Reichtums, ihrer stolzen Einwohner sowie der Vermengung von Nationalitäten und Religionen …»

Kaum hundert Jahre früher war Amsterdam noch eine katholische, spanisch beherrschte Stadt, von der aus Herzog Alba seine Feldzüge gegen die aufständischen Städte Hollands führte. 1573 mißlang die Einnahme der nordholländischen Stadt Alkmaar: der Anfang vom Ende der spanischen Herrschaft in den Nördlichen Niederlanden. Am 8. Februar 1578 nahm Willem van Oranje Amsterdam ein. Mit ihm kamen auch die alten Kaufleute in die Stadt zurück, die wegen der Handelsbeschränkungen durch die spanische Krone in Amster-

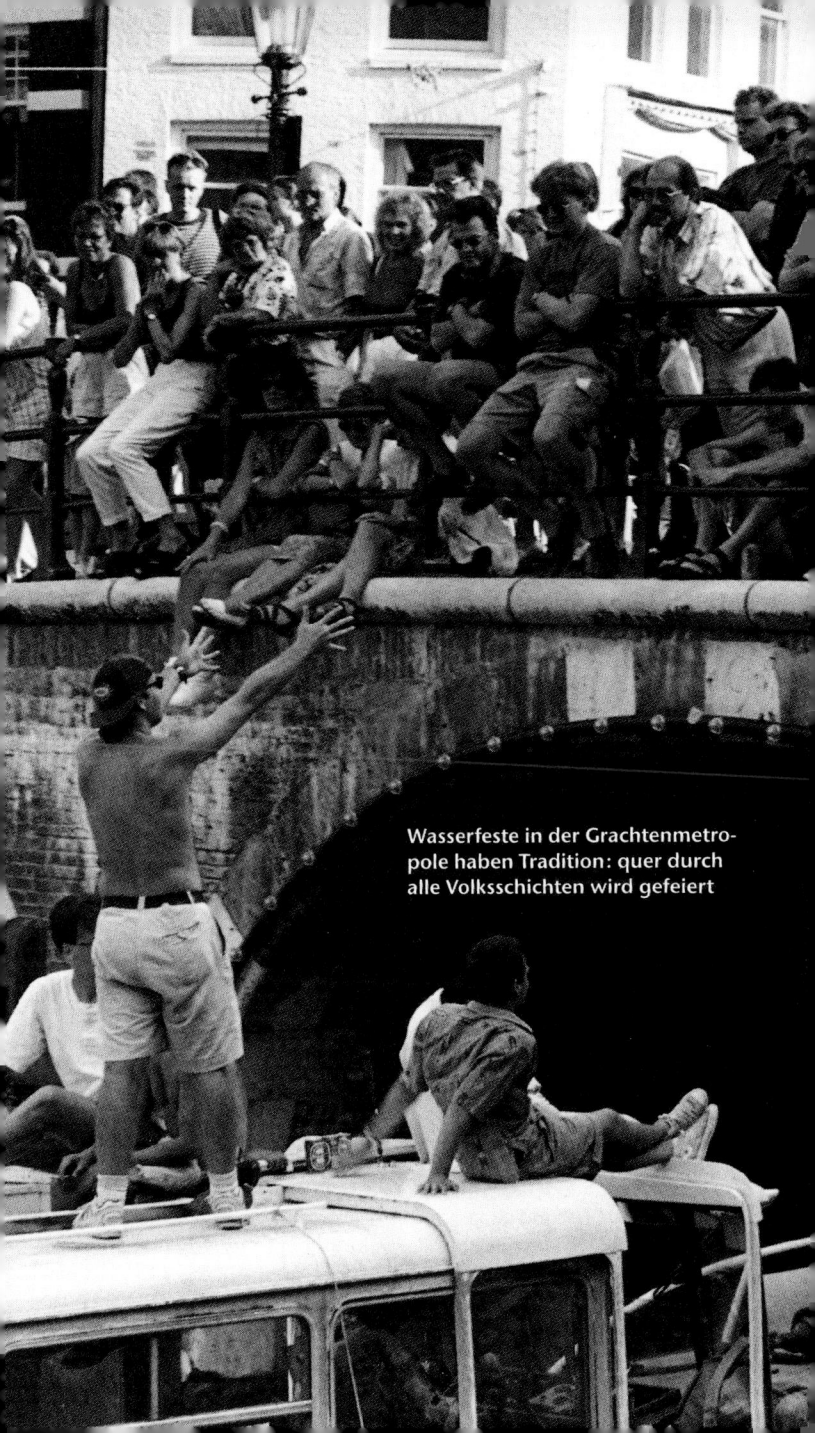

Wasserfeste in der Grachtenmetropole haben Tradition: quer durch alle Volksschichten wird gefeiert

dam brotlos geworden waren. Einige schlossen sich als Geuzen dem Freiheitskampf Willem von Oranjens an. Im befreiten Amsterdam forderten sie eine systematische und komplette Reorganisation des Magistrats. Das Glaubensbekenntnis der aus der Emigration zurückgekehrten Kaufleute wurde bald zum politischen Credo Amsterdams: reich sein, um frei zu sein, und frei sein, um reich sein zu können. Ihr Motto war die Basis für den Aufstieg Amsterdams zum Welthandelszentrum.

Das Recht, in Aufstand zu kommen

In Amsterdam war die Freiheit des Handels unlösbar mit den bürgerlichen Freiheitsrechten verbunden, vor allem mit der Glaubens- und Gewissensfreiheit. Unter Gewissensfreiheit verstand man das Recht des einzelnen, in seinem Haus die Werke seiner Wahl zu lesen und inmitten seiner Familie und Freunde seine Meinung zu vertreten. Amsterdams großer Philosoph, Baruch Spinoza, beschrieb das Verhältnis von Wohlstand und Freiheit so: In Amsterdam «leben Menschen aller Rassen und Glaubensrichtungen in größter Eintracht zusammen, und bevor sie ihre Güter jemandem anvertrauen, wollen sie lediglich wissen, ob er arm oder reich ist, ob er vertrauenswürdig ist oder nicht. Religion oder Sekte ist hier ohne Belang, da sie auch bei einer richterlichen Entscheidung nicht mitzählen würde ...»

Während sich Kontinentaleuropa absondert und Staat und Kirche nach innen und außen immer autoritärer auftraten, wollte Amsterdam niemanden etwas aufzwingen. Es machte sich vielmehr zur Aufgabe, die Menschen im Konsum zu vereinen, Feinde in Kunden zu verwandeln, Gegner in treue Abnehmer. Amsterdam war und ist das beste Beispiel für die Weigerung, Geld und Freiheit einer Ideologie aufzuopfern. 1579 wird die individuelle Glaubens- und Gewissensfreiheit in Artikel 13, der «Unie van Utrecht», ausdrücklich bestätigt – das ist einmalig in jenem Europa. Auch Willem van Oranje, der «Vater des Vaterlands», ist ein eifriger Verfechter politischer Freiheit und freier Wahl der Religion. Er ist katholisch erzogen, heiratet eine Lutheranerin und konvertiert schließlich zum Calvinismus. Seine berühmte «Apologie», die Antwort des Oraniers auf seine Ächtung durch den spanischen König, und die «Kündigungsakte» der Generalstaaten (Placcaet van Verlatinghe) 1581 sind bedeutende Dokumente der Gehorsamsverweigerung: dem spanischen König wird Eidbruch vorgeworfen, weil er sich durch die Errichtung einer Tyrannenherrschaft nach dem Einmarsch des Herzogs Alba im Jahre 1567 gegen die Rechte des Volkes vergangen hatte. Aber sich gegen die Tyrannen aufzulehnen, ist nicht nur ein Recht: es ist – wie es in den berühmten *Vindicae contra tyrannos* ausdrücklich heißt – eine Pflicht. Bis hin in die jüdischen Ghettos Europas feiert man Wilhelm von Oranien als Freiheitshelden und singt voller Inbrunst den «Wilhelmus» – heute die holländische Nationalhymne –, in dem zum Kampf gegen die Tyrannen aufgefordert wird: wie David gegen Saul heißt es in der jiddischen Version. Amsterdam wird bald von allen politisch und religiös Verfolgten Europas als «Insel der Freiheit» gesehen.

Das geistige Warenhaus des Universums

Das tolerante Klima Amsterdams wirkt wie ein Magnet. Religiös und weltanschaulich Verfolgte kommen in großer Zahl. So wohnt im Schatten der Westerkerk der berühmte französische Philosoph René Descartes. Hier schreibt er seine wichtigsten Werke, welche die Grundlage des frühen wissenschaftlichen Rationalismus bilden. Er lehrt an der ältesten Universität des Landes in Leiden. Frans Hals, ebenfalls ein Emigrant, porträtiert ihn. Von Descartes stammt der Ausspruch über Amsterdam: «Wo sonst auf der Welt könnte man einen Ort finden, an dem die Annehmlichkeiten und die Merkwürdigkeiten des Lebens so einfach zu finden sind wie in dieser gigantischen Stadt ... Wo anders kann man eine so vollkommene Freiheit genießen, mit weniger Unruhe schlafen, wo Vergiftungen, Verrat und Laster weniger bekannt sind und wo man mehr an der Unschuld unserer Vorfahren hängt als in Amsterdam?»

Auch der tschechische Humanist Johan Comenius findet in Amsterdam seinen Zufluchtsort. Ihm wird am Atheneum Illustre, dem Vorläufer der Universität von Amsterdam, ein Lehrstuhl angeboten. Das Atheneum Illustre prägen zwei Antwerpener Emigranten: der Philosoph Caspar van Baerle und der Historiker Gerard Vossius. Heute sind die führenden städtischen Gymnasien nach ihnen benannt. Barlaeus Inaugurationsrede trägt den Titel «Mercator Sapiens», der kluge Kaufmann. In Amsterdam herrschen Gedankenfreiheit und die Freiheit der Druckpresse. Während überall in Europa Bücher verbrannt werden, werden sie in Amsterdam gedruckt. Durch das Fehlen einer Vorzensur kann hier fast alles publiziert werden, was in der Welt verboten ist. So erscheint bei Elsevier Galileo Galileis letztes Werk, *Discorsi et dimonstrazione mathematica*, das der unter Hausarrest in Florenz stehende Astronom nach Amsterdam schmuggeln läßt. Der englische Philosoph John Locke publiziert hier seine *Epistola de Tolerantia*, und im 18. Jahrhundert werden die wichtigsten Werke der französischen Aufklärung von Voltaire und von Jean-Jacques Rousseau in Amsterdam publiziert. Diderot nennt Amsterdam wegen der Vielfalt der hier erschienenen Geisteswerke «das geistige Warenhaus des Universums».

Die Amsterdamer Buchdrucker sind zugleich Verleger, Händler, Lektor und Experte. Sie fabrizieren nicht nur für den inländischen Gebrauch, sondern vor allem auch für den Export: in lateinischer Sprache, aber auch in allen Literatursprachen des Kontinents. Fast dreißigtausend Menschen leben direkt oder indirekt davon. Dabei druckt das calvinistische Amsterdam ohne Probleme den Koran, die Thora, den Talmud und christliche und nichtchristliche Bibelausgaben. Wurden in den deutschen Fürstentümern auf der Grundlage einer Ordonnanz von 1486 Buchmanuskripte von Schriftgelehrten und Hochschullehrern vorab zensiert und hatte in Frankreich das «Bureau de la librairie» dieselbe Funktion, der Amsterdamer Magistrat stellt sich auf den Standpunkt: leben und leben lassen. «Gefällt dir ein Buch nicht, schreib ein Buch dagegen!» Keine Regel ohne Ausnahme. Auch in Amsterdam gibt es Buchverbote, wie aus einer Liste «Verboden boe-

11

«Zusammen leben – zusammen spielen» lautet das Motto des Spielvereins Amsterdam-Zuid, wo schon Anne Frank im Sandkasten saß

ken in de Republiek der Verenigde Nederlanden» hervorgeht. Aber die Buchhändler sind kreativ, wenn es darum geht, Verbote zu unterlaufen: Sie ändern den Verlagsort, die Buchtitel, jonglieren mit Pseudonymen. Wird das Buch in dem einen Jahr in der niederländischen Sprache verboten, bringen sie es im nächsten Jahr in lateinischer Sprache heraus. Viele Bücher, die andernorts auf dem Index stehen, tragen den Vermerk «gedruckt in der Stadt der Freiheit». Im Laufe des 17. Jahrhunderts werden mehr Bücher in den Vereinigten Niederlanden gedruckt als in allen anderen Ländern Europas zusammen.

Die große Flüchtlingsarche

Die politische Elite Amsterdams, die Regenten, gelangen früh zu der Einsicht, daß die Stadt ihre wirtschaftlichen und politischen Ambitionen auf Weltniveau nur dann verwirklichen kann, wenn eine entsprechende Einwanderungs-

politik geführt wird. Schließlich ist die Stadt noch klein und hat noch zu wenig Bewohner, nicht mal genug, um die Handelsflotten ausreichend zu bemannen. So werden Freiheit und Toleranz zu kommerziellen Imperativen, das heißt zu kategorischen Imperativen der Stadtpolitik erhoben. Alles, was die Prosperität der Stadt vergrößert, ist willkommen. Amsterdam wird kosmopolitisch. Wer einige Jahre in der Stadt verbleibt, wer bereit ist, 50 Gulden zu zah-

len oder sich mit einer oder einem Einheimischen vermählt, bekommt das Bürgerrecht. So wird Amsterdam zur «großen Flüchtlingsarche» (Pierre Bayle) von Europa. Völkerwanderung und Migration ist mehr die Regel als die Ausnahme. Nach der Eroberung Flanderns durch die Spanier im ausgehenden 16. Jahrhundert ergießt sich eine erste Einwandererwelle über die Grachtenstadt: Kaufleute und Patrizier aus Antwerpen. Sie bringen Kapital, Wissen, Kultur und Handelskontakte mit – ohne diese Invasion aus dem Süden hätte es das «Goldene Jahrhundert» nicht gegeben. Zu ihnen gehören Dichter wie Joost van den Vondel (geboren in Köln) und Caspar Barlaeus, ‹holländische› Maler wie Daniel Stalpaert, Albert Cuyp und Frans Hals. Unter den 105 000 Amsterdamer Bürgern des Jahres 1622 befinden sich 35 000 Einwanderer, mehr als ein Drittel der Bevölkerung. Daß die Eingliederung auch im Goldenen Jahrhundert nicht fleckenlos verläuft, geht aus dem Epos *Der spanische Brabander* (1622) von Gerbrand Bredero hervor. «Wer anders brachte hierhin Handwerk und Kaufhandel als wir», fragt darin der «spanische Brabander» Jerolimo den einheimischen Amsterdamer Robbeknol. Worauf dieser antwortet: «Wer anders brachte hierin Falschheit und Bubenhaftigkeit, wenn nicht ihr?»

Den Flamen folgen sephardische Juden aus Portugal, Aschkenasim aus Rußland, Polen und Deutschland, Presbyterianer aus England, Hugenotten aus Frankreich, Quäker, Wiedertäufer, Armenier – sie alle finden in Amsterdam eine neue Heimstatt. Unter den Zuzüglern Amsterdams nehmen in allen Jahrhunderten die Seeleute einen wichtigen Platz ein. Die Amsterdamer Handelsflotte hätte ohne seine Gastarbeiter gar nicht auslaufen können. Für die Westindischen und Ostindischen Kompagnien bringen sie die Reichtümer aus Übersee in die Stadt. Mit den Waren für die Stapelmärkte kommen aber auch immer wieder «Vremdelingen» in die Hafenstadt, lassen sich nieder, eröffnen Geschäfte, gehen Bindungen ein, heiraten, bekommen Kinder. Eingliederung und Veränderung unter Absor-

bierung des Fremden gehen Hand in Hand. Generation für Generation trägt so zur Vielfarbigkeit, zum kosmopolitischen Wesen Amsterdams bei.

Heute ist Amsterdam mit seinen rund 700 000 Einwohnern noch immer eine weltoffene Stadt, ein Schmelztiegel, wo rund 150 verschiedene Nationalitäten zusammenleben. Ein Blick ins Amsterdamer Telefonbuch ist ausreichender Beweis: Ein Viertel der Bevölkerung ist allochthon, weil von niederländischer Herkunft. Im Jahre 2005 wird es, einer Schätzung zufolge, wieder – wie einst im Goldenen Jahrhundert – rund ein Drittel sein: Surinamer und Antillianer, Asiaten und Afrikaner, Türken und Marokkaner.

Suriname in Amsterdam

Im Vorstadtbahnhof Amstelstation gibt es einen merkwürdigen Bahnsteig: Gleis 4 mit dem Zug nach Utrecht ist weiß, und Gleis 3 mit der U-Bahn nach Bijlmermeer ist schwarz. So berühren sich auf dem Bahnsteig zwei Welten, jedoch mit dem Rücken einander zugewandt. Amsterdam-Bijlmermeer, ein «Ort», wo man auf keinen Fall wohnen will», ist die ghettoartige Trabantenstadt der «Dutch Black People», des negroiden Teils der Surinamer. Es bildet damit den östlichsten Vorort von Paramaribo, Hauptstadt der ehemaligen Sklavenkolonie Suriname auf dem südamerikanischen Subkontinent.

1975 wurde Suriname, das ehemalige Niederländisch-Guayana, unabhängig. Zuvor hatte Den Haag allen Bewohnern Surinams offeriert, als «Rijksgenoten» (Reichsgenossen) die niederländische Staatsbürgerschaft anzunehmen und in das ehemalige Mutterland überzusiedeln. Die Hälfte der Bevölkerung, über 300 000 Menschen, nahmen das Angebot an, aber auf diese gigantische Einwanderungswelle war Holland absolut nicht vorbereitet. Nur in Neubaugebieten der Randstad Holland standen Wohnungen frei, wie in Amsterdam-Südost Bijlmermeer, das dann in kürzester Zeit zur «Betoninsel» wurde, wo es nach «Moksi Meti» und «BB met R» duftet. Die laut Statistik rund 61 000 Surinamer in Amsterdam leben eigentlich in zwei Welten: Sie sind einerseits holländische Staatsbürger und in ihrer wirtschaftlichen Existenz von diesem Land abhängig, andererseits gibt es nach wie vor starke Bindungen mit ihrem Herkunftsland Suriname. Surinamer trifft man in Amsterdam in allen Funktionen: als Hochschullehrer, Arzt, Rechtsanwalt, Lehrer, Hausfrau, Verkäufer, Junkie und Direktor. Da sind die Alten mit unermeßlichem Heimweh und der Hoffnung, noch einmal zurückkehren zu können. Da sind die Dreißig- und Vierzigjährigen, die inzwischen wissen, daß sie in Holland bleiben werden. Und da sind die Jungen, die hier geboren und noch nie in Suriname gewesen sind. Ihnen gemeinsam ist, daß ihre Wurzeln in Suriname liegen. Und das beeinflußt ihre Lebensweise. Sie hören Surinamer Radioprogramme wie «Zorg en Hoop» und das Kabelprogramm «Damsko So Mi Tan». Sie lesen die *Surinaamse Krant* oder die *Weekkrant Suriname*. Dabei sind sie kein *wan Pipel*, kein einig Volk, wie der erste in Suriname gedrehte Kinofilm von Pim de la Parra suggeriert.

Im Gegenteil, sie bestehen aus verschiedenen ethnischen Gruppen: Hindustaner, Creolen, Javaner, Chinesen, Boslandcreolen und Indianer. Jede Gruppe hatte ihre eigenen Vereine, Treffpunkte, Aktivitäten, Kirchen und Feste. Beim Kwakoe-Festival im Sommer sind sie alle vereint. Aber auch in Notzeiten und wenn das Schicksal zuschlägt. Wie beim Absturz eines Flugzeugs auf dem Flughafen von Paramaribo 1989 oder bei dem Absturz der El-Al-Boeing auf Bijlmermeer 1992. Als das holländische Fernsehen die Trauerfeierlichkeiten aus den Messehallen der RAI in Amsterdam in alle Wohnstuben überträgt, dringt erstmals ins öffentliche Bewußtsein, daß die «Amsterdamer aus Übersee» ein vollkommen anderes Leben führen, bis hin zu den Begräbnisriten. Im Gegensatz zu den weißen Holländern lassen sie ihren Gefühlen freien Lauf: acht Nächte lang – vom Sonnenuntergang bis zum frühen Morgen – erklingen Trauerlieder, es wird gebetet. Dazu wird viel «dram» und «skrati» getrunken, Rum und Kakao. Am achten Tag, Aitday genannt, werden lustige Anekdoten über den Verstorbenen erzählt, und am vierzigsten Tag endet alles mit einem großen Fest, «Banjapree» genannt. Dann wird getrunken, Musik gemacht und getanzt. Oft bis zur Trance – einen «Winti» bekommen, nennen die Surinamer das.

Seit der Bijlmerkatastrophe gibt es in der Amsterdamer Universitätsklinik entsprechend ausgestattete Winti-Säle: für die surinamische Kunst des Trauerns und Abschiednehmens. Vielleicht noch wichtiger ist die Erfahrung, daß Surinamer in den letzten zwanzig Jahren überall in der Gesellschaft in entscheidende Positionen gelangten, in der Wirtschaft oder bei Kunst, Kultur und Sport. Und wenn die talentierten

15

Fußballer bei Ajax oder in der Nationalmannschaft erfolgreich sind, dann sind Aron Winter oder Patrick Kluivert keine Surinamer, sondern «rasechte Amsterdamer» oder sogar «richtige Jungs van De Wit».

Amsterdào und die Antillen

Zehn Flugstunden von Amsterdam entfernt liegen fünfzig Kilometer vor der Küste von Venezuela die Hauptinseln der Niederländischen Antillen, die sogenannten ABC-Inseln: Aruba, Bonaire und Curaçao, ein Stück tropisches Holland. Etwa tausend Kilometer weiter nördlich befinden sich drei weitere Archipele: Saba, St. Eustatius und St. Maarten, die Inseln über und unter dem Winde in der Karibik, offiziell: de overzee'sche Gebiedsdelen van het Koninkrijk der Nederlanden. 1954 wurde das «Statuut voor het Koninkrijk der Nederlanden» unterzeichnet. Es regelt noch heute die verfassungsmäßigen Beziehungen zwischen den Niederlanden und den Antillen. Während man in der Innenpolitik souverän ist, fallen auswärtige Angelegenheiten und Verteidigung unter die Verantwortlichkeit von Den Haag. Die Einwohner der Antillen sind dem Gesetz nach Niederländer und damit Bürger der EU. In Amsterdam leben 10 000 von ihnen. Für den Polizeipräsidenten Nordholt gilt als nahezu gesichert, daß die Behörden auf den Antillen arbeitslose und rauschgiftsüchtige Jugendliche nach Holland abschieben. Als niederländische Staatsbürger haben sie ein Recht auf Aufenthalt und auf Arbeitslosen- und Sozialhilfe. Im Wohlfahrtsstaat Holland beträgt diese das Achtfache der sogenannten «Uitkering» auf den Antillen. Von den 10 000 Antillianen sprechen zwanzig Prozent Papiamentoe, die ehemalige Geheimsprache der Sklaven, eine Art Afro-Portugiesisch, vermischt mit englischen und niederländischen Idiomen. Die Arbeitslosigkeit unter Antillianen ist groß, rund 43 Prozent gegenüber 12 bis 16 Prozent im großstädtischen, niederländischen Durchschnitt. Der Zustrom aus den Antillen hat bereits dazu geführt, daß man die freiwillige Rückkehr in die Tropen stimuliert: Wer zurückkehren will, bekommt ein Flugticket und 10 000 Gulden Prämie. Die jährlichen acht Millionen Gulden aus dem entsprechenden Etat sind oft bereits im Sommer aufgebraucht.

Afrika in Amsterdam

Neben Surinamern und Antillianen haben sich vor allem in Bijlmermeer inzwischen viele Afrikaner angesiedelt: aus Ghana, Senegal, Guinea, Nigeria, Somalia und vielen anderen afrikanischen Ländern, mit und ohne Aufenthaltsgenehmigung. Wie viele es sind, weiß keiner. Als große Überlebenskünstler haben sie sich ihre Nischen eingerichtet: Sie geben Tanz- und Percussionworkshops, verkaufen afrikanische Batikkleider, machen Musik auf der Straße und in Zentren, die sich auf afrikanische Kultur spezialisiert haben. Sogar eine Zeitschrift gibt es für die ghanaische Gemeinschaft in Amsterdam, und bei Ajax sind zwei Ghanaer Publikumslieblinge. Der erste ghanaische Polizist läuft seine Streifenrunden, afrikanische Tanzfeste, Restaurants und Läden sind «in». Ganz in der Nähe der Stelle, wo man bei Bauarbeiten auf die ältesten Überreste der Burg der «Heren van Amstel» gestoßen ist, befindet sich ein Treffpunkt der afrikani-

Gemeinsames Warten auf den
Talent-Scout von Ajax Amsterdam

schen Gemeinschaft: Akhnaton, das Zentrum für Weltkultur, mit afrikanischen Discos und Live-Auftritten. Auf Salsa- und Meren-gue-Rhythmen tanzen vornehmlich afrikanische Männer mit blonden holländischen Meisjes. Kaum ein weißer Niederländer, der sich hierhin verirrt.

Gastarbeiter «verhollandsen»

Ende der sechziger Jahre in Amsterdam-Oudwest: Kleine Beamte, Angestellte und Facharbeiter wohnen hier. Vollbeschäftigung, Ende des Lohnstopps. Die Beamten und Angestellten können es sich leisten, ihren Wunsch nach Licht, Sonne und Grün zu verwirklichen. Sie ziehen in die Gartenvorstädte Geuzenveld und Sloterplas, die Facharbeiter in die gerade errichteten Schlafstädte von Purmerend und Almere. Die frei gewordenen Altstadtwohnungen beziehen die «Gastarbeiders», die Angeworbenen aus Marokko und der Türkei. In dem Ring von Arbeiterwohnvierteln, der die Innenstadt umgibt, leben heute rund 39 000 Marokkaner und 27 000 Türken mit ihren Familien. Während andernorts noch darüber debattiert wird, ob man ein Einwanderungsland ist, sagt man in Amsterdam stolz: «Wir sind eine Immigrationsstadt. Die heutige Einwanderung ist nur ein weiteres Kapitel einer uralten Geschichte.» Quer durch alle Parteien – mit Ausnahme der extrem rechten Centrumsdemokraten – gilt der Konsens, daß es «ein Gebot des politischen Realismus ist, davon auszugehen, daß die (Arbeits-)Migranten auf Dauer im Lande bleiben werden». Sie sollen darum «neue, konstituierende Bestandteile der Gesellschaft werden». Dabei hat sich der obrigkeitliche Umgang mit den Einwan-

derern eigentlich seit dem 16. Jahrhundert nicht nennenswert verändert. Die Gastfreundschaft prägen nicht prinzipielle Züge, sondern Pragmatismus und Realitätssinn. Das Recht auf doppelte Staatsbürgerschaft, kommunales Wahlrecht, vereinfachter Zugang zur niederländischen Staatsbürgerschaft und Zugang zum Öffentlichen Dienst auch für Nicht-Niederländer sind inzwischen Selbstverständlichkeiten.

Größtes Problem in Amsterdam ist noch immer die große Arbeitslosigkeit unter Migranten, die schnell zur Dauerarbeitslosigkeit werden kann, wie das Beispiel der USA zeigt. Viele kommen aus landwirtschaftlich geprägten Regionen mit völlig anderen Gesellschaftsstrukturen. Ausbildung und Berufserfahrung entsprechen in keiner Weise den Anforderungen der Wirtschaft. Läuft der Eingliederungsprozeß zu langsam ab, droht die Gefahr der Spaltung am unteren Rand der Gesellschaft, bei der die Angehörigen ethnischer Minderheitengruppen zu Habenichtsen, Menschen ohne Arbeit und ohne Ansehen zu werden drohen. Spätestens bei den Kindern der Migranten gilt es, diese Negativspirale zu durchbrechen.

«Schwarze Schulen» und «weiße Flucht»

Laut Statistik stammt mittlerweile die Hälfte der Schulkinder in Amsterdam aus Familien ethnischer Minderheiten: 17 Prozent kommen aus Marokko, ebenfalls 17 Prozent aus Suriname und von den niederländischen Karibikinseln und 8,5 Prozent aus der Türkei. Schon jetzt gibt es fast fünfzig sogenannte «schwarze Schulen» mit über 90 Prozent nicht-niederländischen Kindern.

Chancengleichheit für alle Kinder, nicht nur für Jan und Saskia, sondern auch für Abdul und Fatima lautet denn auch das Gebot der Stunde. 1985 verpflichtete der niederländische Staat alle Schulen per Gesetz dazu, interkulturellen Unterricht zu erteilen. Das interkulturelle Lernen beginnt in den siebziger Jahren auch in Holland mit exotischem Essen, fremden Kleidertrachten und den Feiern von Festen anderer Kulturen. Doch abgedrängt auf Inseln des Schulalltags, geraten «die Ausländer» allzuoft zum exotischen Objekt der Erkundung, verkommt gemeinsames Kochen, Backen oder Tanzen zur folkloristischen Folgelosigkeit, bei der die intendierten Lernziele von Toleranz und Respekt gegenüber dem Andersartigen erst gar nicht erreicht werden. «Cous-cous essen führt nicht zum besseren gegenseitigen Verständnis. Wer dieses Gericht lecker findet, akzeptiert damit noch lange nicht auch einen Marokkaner als Nachbarn», so ein Lehrer. Inzwischen geht man in Unterrichtsprojekten vom Gemeinsamen aus und von dem, was Kinder miteinander verbindet: Sport, Popidole, Verliebtsein oder auch Angst. Noch wichtiger: Die ganze Schule versteht sich als vielfarbig und interkulturell. Doch an den meisten Schulen Hollands – auch an den sogenannten «schwarzen Schulen» – besteht das Lehrerkollegium zu annähernd hundert Prozent aus niederländischen Lehrern mit weißer Hautfarbe. «Die Vielfarbigkeit des Personals nimmt erst zu, wenn die Lehrer nach Hause gehen und die Putzkolonne anrückt.» In Amsterdam wird darum im Rahmen der sogenannten «Positiven Aktion» mittlerweile für Migranten in Zusammenarbeit mit den Pädagogischen Hochschulen spezielle Teilzeitstudiengänge mit Arbeitsplatzgarantie angeboten. Zudem haftet den «schwarzen Schulen» der Ruf an, daß dort schlechter Unterricht erteilt wird. Der heimliche Rassismus à la Hollandaise drückt sich dann darin aus, daß viele, auch ansonsten aufgeschlossene weiße Holländer ihre Kinder lieber auf «weiße Schulen» schicken. Dabei haben Untersuchungen – zum Beispiel der Rijksuniversiteit Utrecht – ergeben, «daß niederländische Kinder in einer Klasse voller allochthoner Kinder nicht schlechter, allochthone Kinder aber besser abschneiden als ihre Altersgenossen auf rein ‹weißen Schulen›». «Schwarze Schulen» haben, so meint man inzwischen in Amsterdam, vor allem ein Imageproblem. Und dem geht man nach amerikanischem Vorbild zu Leibe: ein besseres Produkt besser verkaufen. Der Kampf gegen Rassismus als Marketingproblem.

Den Bemühungen interkulturellen Lernens zum Trotz kommt es auch an niederländischen Schulen zu Äußerungen von Rassismus und Diskriminierung. Bei einer Befragung des Niederländischen Instituts für die Öffentliche Meinung (NIPO) geben 64 Prozent der Schuldirektoren an, daß es an ihren Schulen zu rassistischen Diskriminierungen komme, bei sieben Prozent «sogar regelmäßig». Eine Lehrerin, die sich konsequent rassistischen Bemerkungen widersetzte, wird von Schülern als «Türkenhure» beschimpft, ein ursprünglich aus Suriname stammender Lehrer wird von den Pennälern begrüßt: «Hast du überhaupt eine Aufenthaltsgenehmigung?» Bei einer Reihe von Schulen in Amsterdam gibt es nach britischem Vorbild inzwischen einen sogenannten Nicht-Diskriminierungs-Artikel in der Schulverfassung. Damit können Verstöße geahndet werden – bis hin zum Schulverweis. Wichtiger jedoch ist die Signalwirkung: Die Schule erklärt damit coram publico, für ein Klima der Toleranz einzutreten. Schule funktioniert nicht im luftleeren Raum.

Gesetze gegen Diskriminierung jeglicher Art

Auch im traditionell liberalen Holland hat der Zustrom von Migranten Folgen. Die Gesellschaft ist aus dem Gleichgewicht. Die Alteingesessenen müssen sich daran gewöhnen, knappe Güter mit anderen, fremden Menschen zu teilen. Das ist in einer Zeit, wo sich jeder Sorgen um seine Zukunft macht, nicht immer einfach. Desorientierung und Fremdenangst machen dann, vor allem die sozial Schwächeren, anfällig für die verschiedensten Formen sozialer Diskriminierung, Rassismus und fremdenfeindlicher Demagogie. Deshalb gibt es in Holland seit kurzem Antidiskriminierungsgesetze, mit denen jegliche Formen von Diskriminierung «aufgrund von Religion, Weltanschauung, politischer Gesinnung, Rasse, Geschlecht oder aus welchen Gründen auch immer» unter Strafe gestellt sind. Und man macht Ernst damit: Bei allen Amtsgerichten des Landes gibt es «Antidiskriminierungs»-Staatsanwälte und in Den Haag eine zentrale Meldestelle. Der gesetzliche Rahmen verpflichtet auch Städte und Gemeinden, Behörden, Schulen, aber auch private Arbeitgeber, Stiftungen, Vereine und Verbände, sich in ihren Aktivitäten daran zu halten. Stichwort Personalpolitik: Die holländische Armee ist die einzige der Welt, die in ihren Reihen mehr Homosexuelle, Frauen und Angehörige ethnischer Minderheiten haben will. Dahinter steht die Vorstellung, daß «eine demokratische Armee ein Spiegelbild der Gesellschaft sein sollte». Dem gleichen Prinzip zufolge sollen alle staatlichen Behörden verfahren. Derzeitiges politisches Ziel: fünf Prozent der Beamten des einfachen Dienstes sollen beispielsweise Angehörige ethnischer Minderheiten sein. Bei der Polizeischule in Apeldoorn hat sich die Zahl der Polizeianwärter, die aus Minderheitengruppen stammen, seit 1990 verdoppelt. Ein Viertel aller Anwärter ist bereits ausländischer Herkunft. Im Stadtbild Amsterdams wird es bereits sichtbar: Alle Angestellten und Beamten – vom Polizisten bis zum Straßenbahnfahrer, vom Müllmann bis zum Dezernenten – sollen zu einem Viertel aus diesen Gruppen stammen, und ein getreues Spiegelbild der Bevölkerungszusammenstellung ist das Ziel.

Das Amsterdamer Sozialamt bezahlt fast 500 Millionen Gulden an arbeitslose Migranten. Nicht zuletzt, weil auf dem Arbeitsmarkt diskriminiert wird. Der ideale Arbeitnehmer ist noch immer: männlich, weiß, holländisch, zwischen 25 und 35 Jahre alt und gut geschult. Seit 1994 verpflichtet das «Gesetz zur Förderung der proportionalen Arbeitspartizipation von Allochthonen» auch die private Wirtschaft zur beruflichen Eingliederung von Minderheiten.

Arbeitgeber mit mindestens 35 Mitarbeitern müssen nachweisen, wie viele allochthone Mitarbeiter sie beschäftigen und ob sie der gesetzlichen Zielvorgabe genügen. Seit Inkrafttreten des Gesetzes sind die Arbeitgeber bemüht, ihr

**Integriert: die zweite marokka-
nische Generation**

«Allochthonen-Quotum» zu erreichen. Ein Meilenstein auf dem Weg zur Gleichberechtigung auf dem Arbeitsmarkt. Der politische Handlungsbedarf war dringend geboten. «Nicht aus christlicher Nächstenliebe, sondern aus kühl kalkulierten volkswirtschaftlichen Interessen.» Migranten geben in den Niederlanden allein für den täglichen Bedarf jährlich rund 6 Milliarden Gulden aus. Eine Milliarde davon in Amsterdam. Kein Wunder, daß zum Beispiel die großen Supermarktketten sich jetzt auf diesen Kundenkreis richten: durch Ausdehnung des Warensortiments mit exotischen Produkten, durch «Ethno-Marketing» und nicht zuletzt durch die vermehrte Anstellung «farbigen» Personals. Pragmatismus ist dabei Trumpf: Will die türkische Kassiererin ein Kopftuch tragen? Kein Problem, sie bekommt es sogar von der Firma gestellt – mit Firmenemblem.

«Gedogen», die Zauberformel des Soziallaboratoriums

Holland versteht sich heutzutage bei der Suche nach Lösungen für Probleme der modernen Wohlstandsgesellschaft als «Gidsland», als zukunftsweisender Vorreiter. Schillern hier in säkularisierter Form der alte Missionseifer und Sendungsdrang der calvinistischen Reformatoren durch? Auf jeden Fall gibt man sich pragmatisch und experimentierfreudig: wie das TNO in Delft neue Technologien untersucht, so ist die ethische Sozialpolitik des «Welzijnsbeleid» bienenfleißig bemüht, neue Konzepte zu entwickeln, auszuprobieren. Viele vorgeblich neue Instrumente sind bei näherem Hinsehen in anderen Zusammenhängen erprobt

wie zum Beispiel in der Drogenpolitik. Als Anfang der achtziger Jahre zwei Abgeordnete des Amsterdamer Gemeinderats vorschlugen, harte Drogen freizugeben und den Drogenhandel von Gemeinde wegen mit festen Preisen zu regulieren, war man im Ausland entsetzt. Man kannte ja auch nicht den historischen Vorläufer dieser Idee: die «Staatsregie» des Opiumhandels in der ehemaligen Kolonie Nederlands-Oost-Indië. Soweit ist es nicht gekommen, Amsterdam erfreut sich keiner «splendid isolation».

Dennoch ist man in Holland zeitweise richtungsweisend und profitiert zumeist nicht schlecht davon wie das Beispiel der Gesetzgebung um den Schwangerschaftsabbruch beweist: Durch die liberale Praxis in Holland war es vielen Frauen – vor allem aus Deutschland – möglich, hier eine Abtreibung vornehmen zu lassen. Nach den Frauen sind es vor allem die Drogenkonsumenten: die Liebhaber von Haschisch, Marihuana und Nederwiet, aber auch die schweren Junkies, die in Amsterdam «verslaafd» – versklavt – genannt werden. Hier gilt Menschlichkeit vor Gesetzesnorm als höheres Prinzip, Humanismus vor Rechtsstaatlichkeit. Auf den gleichen Mechanismus trifft man bei der «Sterbehilfe». Mit dem für deutsche Ohren kaum erträglichen Namen «Euthanasie-Wet» wird eine Praxis legalisiert, die Formen von aktiver und passiver Sterbehilfe in Holland möglich macht.

Im Prinzip sind Abtreibung, Sterbehilfe, Verkauf und Konsum von harten und weichen Drogen auch in Amsterdam verboten. Aber aufgrund des sogenannten «Opportunitätsprinzips» im niederländischen Strafrecht kann der

Staat von der Verfolgung von strafbaren Fakten unter bestimmten Bedingungen absehen. Das schafft gesellschaftlichen Handlungsfreiraum für Gerichte, Polizei und Politik. Nachfolgegesetze können eine Reihe von Regeln enthalten, die angeben, unter welchen Bedingungen Ausnahmen möglich sind. So wird seit 1976 der Verkauf kleiner Mengen von weichen Drogen toleriert, was zuerst zu dem Phänomen «Hausdealer» in Jugendzentren und später zu den «Coffeeshops» führte.

Den Niederlanden und insbesondere Amsterdam brachte die Praxis der Duldungspolitik im Ausland oft den Ruf ein, zu tolerant zu sein. Zeitweise erhöhte dies die Magnetwirkung: vor allem auf jene ausländischen Jugendlichen, die von ihrem eigenen konservativen Bürgertum als «Alternative» eingestuft werden und daheim keine tolerante Öffentlichkeit vorfinden. Wer in Amsterdam lebt, ist durchweg zufrieden, wenngleich man gern darüber klagt, daß die Stadt «verludert».

«Moet kunnen»

Amsterdams historisch gewachsene Fähigkeit zur Toleranz ist jedoch weder eine Charaktertugend noch ein Vermeiden von Auseinandersetzung, noch schlicht ein «Kopf-in-den-Sand-stecken». Auf politische, ideologische oder gesellschaftliche Auseinandersetzung wird nicht verzichtet: ob es um Drogen, Sex oder Sterbehilfe geht. Amsterdam als sich immer wieder erneuerndes Soziallaboratorium der Moderne ist auf die Regelung der Gegensätze aus. Dabei liegen die ethischen Grenzen des absolut nicht Tolerierbaren fest, und die Respektierung dieser Grenzen ist gesellschaftlicher Konsens. Geächtet sind Rassismus, Diskriminierung und Antisemitismus. Intolerantes Verhalten wie die Arroganz staatlicher Macht stößt auf Verachtung. Dann spüren die politischen Lokalmatadoren die Macht des «lästigen Amsterdamers»: sie werden verspottet – die wirksamste Waffe im Kampf gegen selbsternannte Autoritäten. Kommen die Oberen nicht zur Einsicht, kommt der Bürger in Aufstand und verweigert den Gehorsam – aus Gewissensgründen. Hatte nicht Calvin selbst dieses Recht, bei Unterdrückung in Aufstand zu kommen, nicht nur auf den usurpatorischen Tyrannen bezogen, sondern auch auf legale Obrigkeit?

Doch Toleranz beruht auch auf Gegenseitigkeit. Die eine Liebe ist der anderen Wert: Die Haltung der Herrschenden wie die der Opponenten soll tolerant sein. Toleranz wird dann zur Loyalität. Undenkbar ist in Amsterdam, daß der Staat verdorben genannt wird. Dort, wo der Staat nicht verherrlicht wird, kann es auch kein Umschlagen in Staatsverachtung geben. Man nimmt den Staat ernst, aber noch ernster nimmt man seine Rechte als Bürger. Toleranz entspringt in Holland keiner staatsmännischen Einsicht – wie einst beim Großen Kurfürsten («In Berlin kann jeder nach seiner Fasson selig werden») – sondern ist in den Verhaltensnormen des Alltags integriert, kommt sogar in gängigen Redeweisen zum Ausdruck: «moet kunnen» – es muß möglich sein. Amsterdam ist reich und frei geworden, während andere wohlhabende Städte nur ihren Reichtum kultiviert haben, ohne die Freiheit zu entwickeln.

STADT ZWISCHEN WASSER UND LAND

AMSTERDAM VON ANFANG AN

Dieser erste Rundgang führt vom Hauptbahnhof über die Grachten zum Jordaan. Am Fuße des Westertoren kann Mittagspause gehalten werden. Danach geht es zum Blumenmarkt, weiter zum Münzturm und quer durch den ältesten Teil der Stadt zurück zum Hauptbahnhof. Zeitbedarf ohne Besichtigungen und Pausen: 6 Stunden.

Piktogramme, Schilder, überdimensional anmutende Fahrbahnmarkierungen, Reklame: Auf dem Bahnhofsvorplatz will alles ein Zeichen sein. «De volgende tram is lijn 25 richting RAI», schallt es aus den Lautsprechern am Endpunkt fast aller Straßenbahnlinien Amsterdams. Die Ansage ist zugleich eine erste Begegnung mit der von Rachenlauten durchspickten Sprache der Niederländer. Schrill klingelnd setzt sich ein bunt bemalter Triebwagen in Bewegung: von 0 auf 100 in wenigen Sekunden, um kurz darauf abrupt an der roten Ampel mit Hilfe der Sandbremse quietschend wieder zum Stillstand zu kommen. Die

Einheimischen sind an den rasanten Fahrstil der Amsterdamer «Tram» gewöhnt, andere Fahrgäste purzeln durcheinander. Das Stakkato der Autohupen und Fahrradklingeln vereinigt sich mit dem «Tulpen aus Amsterdam» aus der Straßenorgel zur kakophonischen Symphonie Amsterdams. Doch durch eine der kleinen Gassen kann man zum Nieuwendijk entkommen. Noch immer ein wenig erhöht gelegen, hielt der «Neue Deich» zusammen mit dem Haarlemmerdijk und dem Zeedijk auf der anderen Seite den Wasserfluten von Amstel und Ij stand. Amsterdam, die Wohnsiedlung um den Dam in der Amstelmündung, liegt, wie ebenfalls ein Großteil des Landes, unter dem Meeresspiegel. In der Rathauspassage am Waterlooplein kann man den Pegel sehen, an dem man sich bis tief ins deutsche Hinterland hinein bei der Messung der Wasserstände orientiert: Nieuw Amsterdams Peil (NAP), ursprünglich im Pflaster unter dem Dam eingelassen. Ein Relief an der Wand zeigt, wie tief die einzel-

Ein Amsterdamer Phänomen: die
Tram in der Fußgängerzone

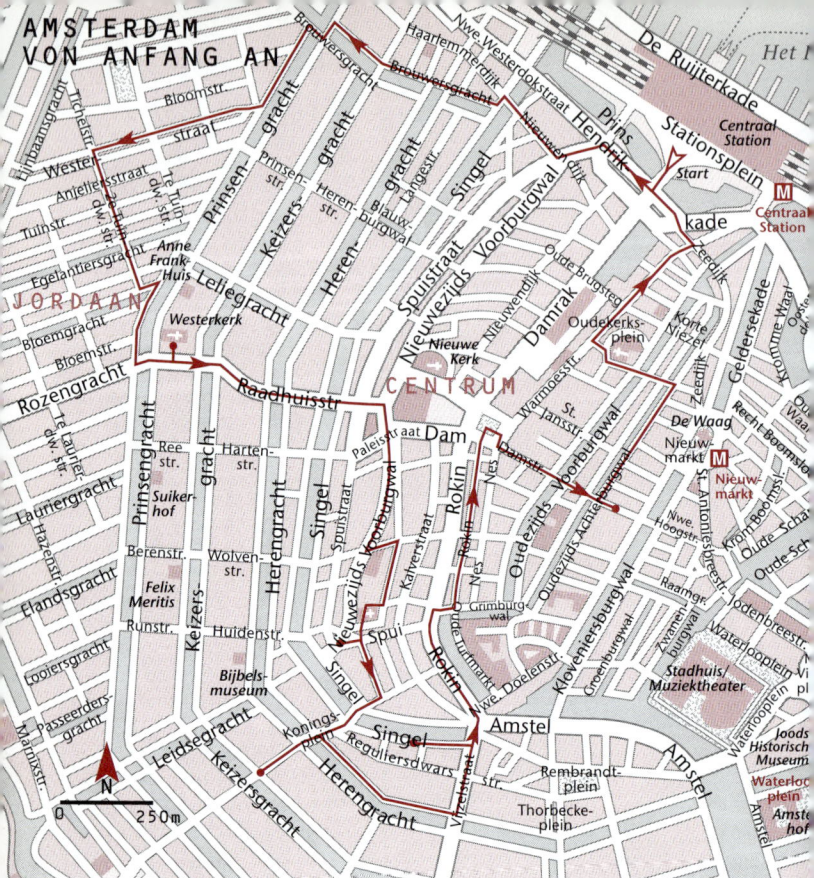

AMSTERDAM VON ANFANG AN

nen Teile der Stadt liegen: bis zu 6 Meter unter NAP! Nur die Beherrschung des Wassers garantiert das Überleben. Schleusen verbinden das Grachtensystem sowohl mit den Kanälen des Hinterlandes – so die Amstelschleusen beim Theater Carré – wie mit den offenen Wassern des Hafens: die Sint Anthoniessluis gegenüber dem Rembrandt-Haus und die Haarlemmersluis am Singel. Mit Hilfe eines Pumpensystems wird das Grachtenwasser nachts aufgefrischt. In der unmittelbaren Umgebung von Amster-

dam lassen die reich gewordenen Großkaufleute die Seen trockenlegen. Immense Kapitalströme fließen im 17. Jahrhundert in die Polder des Wogmer, Beemster, Purmer, Wormer, Hugowaard und des Schermer. Die Windkraft mit Hilfe von Mühlen nutzend, entstehen in sechshundert Jahren 520000 Hektar Neuland. 1667 verheißt der Ingenieur Stevin an der Universität von Leiden: Eines Tages wird das Volk in der Lage sein, die Seeküste zu schließen. Tatsächlich: 1932 wird der Meerbusen, dessen Fluten Amsterdam immer wieder bedrohen, durch den «Abschlußdeich» von der Nordsee getrennt. Aus der salzigen Zuiderzee wird das Süßwasser-Ijsselmeer. Filme von Joris Ivens und Gerard Rutten dokumentieren und dramatisieren den Prozeß, die «Zuiderzeeballade» kommentiert ihn in wehmütiger Weise. Für die Seeschiffahrt ist Amsterdam nun nur noch über den Nordseekanal und die Seeschleusen von Ijmuiden erreichbar. Der alte Hafen im Osten wird nutzlos, die Aktivitäten verlagern sich nach Westen, außerhalb der Stadt. In der Brouwersgracht stehen noch die alten Packhäuser, und im Wasser der Gracht liegen die Binnenschiffe: Inzwischen wohnt man hier mit mehr oder weniger Komfort, mehr oder weniger teuer. Noch immer ist die Wohnungsnot groß in der Stadt. Ein Appartement im ehemaligen Speicher kostet schnell an die 500000, ein Wohnschiff mit Liegeplatz 250000 Gulden. Die in den fünfziger Jahren unrentabel gewordenen Binnenschiffe konnte man noch 1970 preiswert erwerben: Zwischen 10000 bis 20000 Gulden mußte man für einen Liegeplatz ausgeben. Heutzutage gibt es in Amsterdam noch rund 2400 Hausboote, vor allem entlang der Prinsengracht und der Amstel. Manche fest mit dem Ufer verbunden, Briefkasten vor der Tür und Elektrokabel und Anschluß an die Kanalisation, andere noch immer fahrbereit und mobil.

Von der Brouwersgracht aus entstehen ab 1612 die Herengracht, die Keizersgracht und die Prinsengracht. Die Stadtregierung gibt ihnen diese Namen. An erster Stelle stehen die «Heeren», das heißt das Amsterdamer Kaufmannspatriziat, die Oberschicht der Regenten. Erst dann folgen Kaiser und Adel: die Keizersgracht, benannt nach Kaiser Maximilian von Österreich, der Amsterdam 1489 das Recht verleiht, eine Krone über dem Wappen zu tragen. Schließlich die Prinsengracht, wo die einfacheren Bürger bauen. Sie erhält ihren Namen nach Statthalter Willem von Oranien.

An der Ecke Brouwersgracht/Prinsengracht befindet sich das braune Café Papeneiland. Darüber ein wunderschöner Treppengiebel im flämischen Stil. Schaut man die Prinsengracht hinunter – am Ende grüßt der Turm der Westerkerk –, so fällt die Schiefheit der Grachtenhäuser ins Auge, die ganze Flucht wirkt wie betrunken. «Ein Architekt des festen Landes kann hier von vorn anfangen zu lernen. Diese Art von Statik ist wie ein Kreditsystem, wo ein Haus das andere trägt und keines Grund hat.» Wie eine Bucht öffnet sich inmitten dieser Häuserflut zur Rechten der Noordermarkt – konzipiert als Marktplatz der Prinsengracht. Montags sind «Lapjesmarkt» und Flohmarkt auf der Westerstraat/Ecke Noordermarkt und sonnabends an derselben Stelle «Vogeltjesmarkt» (Haustiere) und «Boerenmarkt» mit «umweltfreundlichen» Agrarprodukten, auf der Lindengracht ist gleichzeitig «allgemeiner Warenmarkt»: von Kartoffeln bis Bücher und von Fisch bis zu Antikmöbeln. Das urbane Treiben hat im Volksviertel Jordaan eine lange Tradition. Von jeher verkaufen «venter» – Straßenverkäufer – hier alles, was sich an den Mann oder die Frau bringen läßt. Ihre Lockrufe hallen durch die Stege: «Dubbeltje de hoedendoos» – für 'nen Groschen 'ne Hutschachtel! Typische Artikel waren Goldfische und Karbolsteine. Der Kar-

Paddeln durch das Grachten-labyrinth

bolsteinverkäufer wirkte wie ein Standbild: In seiner Hand lag eine ein Meter lange Eisenstange, an der, mit kleinen Schnüren befestigte, dreieckige, ungefähr dreißig Zentimeter große Karbolsteine hingen. «Für die Flöhe und Kakerlaken», erklärte er. Diese typischen Straßenhändler mit Spitznamen wie «Japie Ochsenfett», «Nadelbauch» oder «Der Buckel» gibt es so heute nicht mehr. Doch wer die Augen offen hält, der kann durchaus «moderne Varianten» entdecken.

Mythos und Wirklichkeit eines Volksviertels.

Mitten im Herzen Amsterdams bildete sich mit dem Jordaan etwas Besonderes heraus: ein Viertel, isoliert vom Rest der Stadt, mit eigener Kultur, Sprache, Eigentümlichkeiten und Gewohnheiten und ein Menschenschlag, die «Jordanezen», die – wie die Cock-

neys im Londoner East-End – ihren eigenen «Slang» sprechen. Ursprünglich ist der Jordaan ein elendes Armenviertel für Arbeiter und Handwerker, religiöse und politische Flüchtlinge. Heinrich Zilles Ausspruch über das Mietskasernenmilieu des Berliner Wedding «Man kann einen Menschen mit einer Wohnung genausogut erschlagen wie mit 'ner Axt», trifft auch hier: Nirgendwo in Amsterdam wohnt man so beengt. Hin-

ter den pittoresken Giebelfassaden verbirgt sich eine liliputhafte Welt, bei der schon immer Zusammenrücken angesagt ist. Für die Wohnhöhlen muß ein beachtlicher Prozentsatz des Familieneinkommens an Miete bezahlt werden. Berüchtigt sind die «huisjesmelker», Hauseigentümer, die jahrelang nur abkassieren, jedoch keine Reparaturen und Instandhaltung durchführen. Anschluß an die städtische Kanalisation er-

29

hielt der Jordaan erst 1934. Davor hatten die Häuser nur ein Plumpsklo, das geleert wurde, wenn der «Wagen von Boldoot» – genannt nach dem Eau de Cologne jener Zeit: Boldoot – durch die Straße kam: der städtische Fäkalienwagen. Ansonsten wird alles in die Grachten gekippt. Aufgrund der Lage der Jordaangrachten innerhalb der Stadt und quer zum Grachtenring, konnte das Frischwasser aus dem IJ, das täglich in die Stadt gepumpt wird, diese nicht immer erreichen. Oft blieb das Wasser stehen, und vor allem bei Niedrigwasser stank es zum Himmel. Krankheiten wie Cholera und Typhus hatten hier lange Zeit ein leichtes Spiel. Bei den Epidemien 1832, 1855 und 1866 kamen Tausende um, und der Magistrat ließ viele Grachten zuschütten. Wo einst das Wasser floß, befindet sich jetzt ein Mittelstreifen für parkende Autos – Palmgracht, Elandsgracht – und für den Straßenmarkt der Lindengracht und der Westerstraat, der früheren Anjeliersgracht (Nelkengracht).

Ab 1960 wird der Jordaan zum urbanen Fluchtpunkt für Künstler, Intellektuelle, junge Leute, Studenten und Aussteiger. Alle, die dem Beton der Neubaugebiete zu entfliehen trachten, finden hier Unterschlupf. Unter oft großen persönlichen Opfern mit noch wenig materieller Unterstützung von Stiftungen und «Monumentenzorg», dem Denkmalschutz, machen sie als Pioniere der Stadterhaltung den Jordaan wieder bewohnbar: Aus den vielen kleinen verrotteten ehemaligen Arbeiterwohnungen wurden wahre Juwelen einer avantgardistischen Wohnkultur. Und das angesichts diabolisch anmutender Sanierungspläne: Ein Großteil des Häuserbestands soll abgerissen werden. Mit spielerischen Aktionen und juristischen Einsprüchen gelingt es, die Baupläne zu beeinflussen. So kann vieles erhalten und renoviert werden.

Fünfundzwanzig Jahre später sind in einst leerstehende Gewerbebetriebe Künstlerateliers eingezogen, aus Tante-Emma-Läden wurden Boutiquen, Kneipen mutierten zu Szenetreffs. Doch wer genau schaut, entdeckt auch noch den alten Jordaan neben dem neuen, staunt über die urbane Mischung, und erlebt das Viertel am Fuße des Westertoren als das, was es schon immer gewesen ist: ein Schmelztiegel, der unterschiedliche Kulturen, Religionen und Lebensstile miteinander vereint. Man gehe auf Expedition: durch die nach Blumen und Pflanzen benannten Straßen und Querstraßen, in deren perspektivischer Verlängerung zumeist der stolze Glockenturm der Westerkerk zu sehen ist. Irgendwann gerät man wieder, den Diagonalstraßen Eerste, Tweede, Derde folgend, zur Prinsengracht oder zur Verkehrsschneise Rozengracht, an deren Schnittpunkt der Westerturm auf dem Westermarkt steht: «O mooie Westertoren, je hart van de Jordaan» – «Du schöner Westerturm, du Herz des Jordaan.» Den Turm kann man übrigens besteigen. Zeit für die Mittagspause?

Als Schnellgericht bieten sich an: Kroketten, außen paniert, innen Rindfleischfüllung, die man in der Automatiek Rudy (Rozengracht 90) aus der Wand ziehen kann. Dort gibt's auch Pommes frites: «Patat mét» bedeutet mit Mayo. Kommt noch Ketchup hinzu, dann heißt das Ganze «Patatje oorlog oder Patatje Ajax» – wegen der Vereinsfarben des

Durch die Straßenschluchten des
Jordaan

Fußballclubs. Ein typisches Gericht ist ein Broodje, ein «Broodje Haring» oder ein «Broodje Vis», neben der Westerkerk befindet sich ein sehr guter Heringstand. Wer etwas ausruhen will: auf der anderen Seite der Kirche befindet sich Rum Runners, Prinsengracht 277, mit einer Gartenterrasse und westindischen Snacks. Eine typisch holländische Spezialität dahingegen sind «Pannekoeken». Die Pfannkuchen ißt man entweder zuckersüß mit Sirup oder deftig mit Salami, Käse und Champignons. Habakuk auf der Rozengracht 214 a ist ab halb zwölf geöffnet. Schon früh am Vormittag trifft sich allerhand Volk in den braunen Cafés mit Sicht auf den Westerturm: im Kalkhoven, Prinsengracht 283, die aus dem Jahre 1670 stammt und in De Oude Wester, Rozengracht 2, wo vor allem die perfekten «Uitsmijters» (Strammer Max) zu empfehlen sind.

Gut gestärkt kann man den Weg fortsetzen. Zum Beispiel mit einem Besuch des skurrilen Sparbüchsenmuseums (Nationaal Spaarpottenmuseum in der Raadhuisstraat 12, geöffnet ab 13 Uhr). Übermäßiges Geldsparen wurde schon den geizigen calvinistischen Kaufleuten des 17. Jahrhunderts nachgesagt, heutzutage scheint es ein Nationalsport zu sein: Die Holländer haben so viel auf ihren Privatkonten zusammengespart, daß sie die öffentliche Staatsverschuldung problemlos von einem Tag auf den anderen abbezahlen könnten. Wer jedoch die Wirtschaft ankurbeln will nach dem Motto «Der Gulden muß rollen», der begebe sich ins postmoderne Warenhaus Magna Plaza in der alten Hauptpost gleich gegenüber dem Königlichen Palast auf dem Dam.

Briefmarken gibt es hier keine mehr, aber postfrische oder gestempelte Ersttagsbriefe und Münzen gleich ein Stück weiter: Zwischen dem Wijdesteeg und dem Rosmarijnensteeg wird mittwochs auf dem Nieuwezijds Voorburgwal der Briefmarken- und Münzenmarkt abgehalten. Die Profis befinden sich mit ihren kleinen Läden in den Seitengassen.

Gemälde zum Nulltarif in der ‹Schuttersgalerij›

Am Luciensteeg befindet sich der Gebäudekomplex des ehemaligen Bürger-Waisenhauses von Amsterdam (heute Historisches Museum AHM, siehe S. 44). In der großen Backsteinmauer des Zugangstores sind alte Giebelsteine Amsterdamer Grachtenhäuser eingemauert. Abbildungen von Handwerksberufen gaben an, welche Dienste wo zu finden waren und dienten früher als Orientierungspunkte in der immer größer werdenden Kaufmannsstadt. Hausnummern wurden in Amsterdam erst unter Napoleon ab 1813 eingeführt, ebenso wie das erste Melderegister. Ausweise gab es schon gar nicht. Sie wurden erst im Zweiten Weltkrieg auf Anordnung der Deutschen eingeführt, einschließlich der fatalen Judenvermerke. Lange kannte man voneinander nur die Vornamen, manchmal noch mit einer Ortsangabe versehen. Van Praag, Van Dantzig, Van Amerongen. Als Ausdruck heimlichen Widerstands galt es auch, die französischen Besatzer mit selbstgewählten Namen wie Zeldenkwaad (Seltenböse) oder Niemantsverdriet (Niemandenstrauer) oder Metgod (mit Gott) irrezuführen.

Läßt der Wettergott einen jetzt im Stich, kann man eine Kaffee-

Holländischer geht's nicht: der
Snack aus der Mauer

pause im Restaurant des AHM einlegen oder das Museum selbst besuchen. Die Tour kann fortgesetzt werden in der überdachten Passage der Schützengalerie. Hier hängen öffentlich und frei zugänglich – das ist einmalig auf der Welt – sechzehn Gemälde aus Amsterdams Goldener Epoche, dem 17. Jahrhundert.

Zeitreise: Überall in Europa wird die Entwicklung der Kulturen und Künste tiefgreifend durch den bis dahin größten aller militärischen Konflikte gestört: den Dreißigjährigen Krieg (1618–1648). Die Niederlande befinden sich schon seit drei Generationen im Krieg: seit 1568 wütet der Freiheitskampf der abtrünnigen Niederlande gegen den spanischen Absolutismus Philipps II. Als Achtzigjähriger Krieg soll er später in die Annalen aufgenommen werden. Beide Konflikte werden mit dem «Westfälischen Frieden» zu Münster 1648 beendet. Abseits der direkten Kriegshandlungen, geschützt durch Wasser und modernisierte Festungsanlagen, wird in Amsterdam weiter produziert, Handel getrieben und auch kulturell gearbeitet. Doch mit dem Flüchtlingsstrom und den damit einhergehenden Problemen kommen auch reiche Patrizier und Kaufleute und jene, die man heute Medienleute nennen würde: Maler, Stecher, Buchdrucker und Verleger. Amsterdam wird zum Mittelpunkt kultureller Aktivitäten. Nirgendwo entstehen so viele Bilder wie im Holland des Goldenen Jahrhunderts. Der bekannte Kulturhistoriker Johan Huizinga nennt den Grund: «Wenn in der holländischen Kunst des 17. Jahrhunderts die Malerei so unverhältnismäßig stark vertreten ist, so liegt das eben an den mittelmäßigen

(= mittleren) sozialen Verhältnissen, in denen die Kultur aufblühte. Für eine wirklich große Baukunst und Skulptur bedarf es mächtiger öffentlicher oder privater Auftraggeber und Mäzene: Fürsten, Kardinäle, Grandsigneurs. Wo sie fehlen, müssen diese Künste zurückbleiben. Die Malerei kann sich gerade dort, wo es fortwährend eine große Anzahl privater Gönner gibt, am ruhigsten entfalten.»

Für die Entwicklung der Malerei in Holland besaß das Porträt eine zentrale Bedeutung. Keine andere Bildgestaltung hatte größeren Anteil an der Produktion. In der Schützengalerie zeigen die Gemälde recht anschaulich den Werdegang des Genres: von der unscheinbaren Ansammlung von Einzeldarstellungen, in zwei Reihen aneinandergereiht oder um die Schützenmahlzeit gruppiert, über anspruchsvollere Kompositionen abwechselnd sitzender und stehender Männer bis hin zu Konfigurationen mit fast szenischem Charakter, wie bei dem Zusammentreffen zweier Schützengruppen im Bild des Rembrandtschülers Govert Flinck. Flincks Versuch ist das eindrucksvollste Bild, das hier in der Schuttersgalerie gratis zu sehen ist. Der Maler hat sich übrigens in diesem Gemälde selbst verewigt: Als Mittlerer von drei Männern ist sein Kopf oberhalb des Kapitäns und links vom Fähnrich zu erkennen.

Katzenkabinett und Blumenzucht

Am Ende der Schützengalerie führt ein kleiner Durchgang in den ältesten Wohnhof der Stadt: dem Begijnhof (siehe S. 82), eine Oase der Stille mitten im Stadtgewühl. Durch einen kleinen

Durchgang erreicht man den Spuiplatz, ihn überquerend gelangt man über die Handbogenstraße (Schützen!) und den Heiligen Weg zum Koningsplein. Die Aussicht hier ist von pittoresker Schönheit: In Richtung Münzturm überblickt man den Singel mit seinem treibenden Blumenmarkt und kann einen Blick in die belebte Leidsestraat werfen, die am Leidseplein endet: Neben der Kalverstraat ist sie die Haupteinkaufspassage der Stadt.

Wer eine Kaffeepause einlegen will, der kann die Leidsestraat bis zur Keizersgracht weiterlaufen. An der Ecke befindet sich das Luxuswarenhaus Metz & Co., in dem 1891 von einer amerikanischen Versicherungsgesellschaft gebauten Haus, an dessen Dachfirst noch das amerikanische Wappentier, der Adler, zu sehen ist. Etwas oberhalb davon befindet sich eine Aussichtsplattform mit Café; die Kuppel ist 1933 von Gerrit Rietveld gestaltet. Man kann sie durch das Warenhaus erreichen, wo übrigens auch Kopien des berühmten Rietveld-Stuhls als Miniaturmodelle erhältlich sind.

Geht man wieder eine Gracht zurück zur Herengracht, so kann man in dessen vornehmer «Goldenen Biegung» einem besonderen Museum einen Besuch abstatten: dem Kattenkabinett. Ein Bankier gründete dieses Katzenmuseum in Andenken an seinen 1984 verstorbenen aristokratischen Kater mit Namen John Pierpont Morgan. Das erste, was man beim Betreten des Etablissements sieht, sind denn auch zwei Porträts des vornehmen Salontigers. Die ständige Sammlung an Katzenkunst besteht aus Bronzebildern aus dem alten Ägypten, japanischen und Art-déco-Darstellungen, Kupferstichen von Rem-

brandt bis zu Gemälden von Henriette Ronner, Sal Meijer und den Cobra-Künstlern Karel Appel und Corneille. Wechselausstellungen erhellen zum Beispiel die Funktion der Katze in der Reklame. Katzen sind beliebt in Amsterdam: kein Laden, in dessen Schaufenster sich nicht ein Exemplar in der Sonne aalt. Herumstreunende Katzen werden vom Katzenboot aufgefangen, für «Cattophile» erscheint unregelmäßig die *Poezenkrant*.

Parallel zur Herengracht befindet sich auf dem Singel das Mekka der Blumenfreunde: Amsterdams Blumenmarkt – als eine Art Beweisführung dafür, daß die berühmten «Tulpen aus Amsterdam» wirklich von hier stammen. Hollands Blumengeschäfte gehen bis ins 17. Jahrhundert zurück. Ihren Ursprung hatte die Tulpenzucht in der Türkei. In Amsterdam wurde die «Bolle» zum Spekulationsobjekt; dabei verspielen Amsterdamer ihre Grachtenhäuser oder ihre Landgüter an der Vecht. Geblendet von der Schönheit der Blume und in Erwartung immer höherer Preise, wurden bis zum Zusammenbruch des Marktes 1637 bis zu 30 000 Gulden für die Zwiebel bezahlt. «Tulipomanie» nannte man das. Der junge Goethe schrieb: «Man muß schon ein Holländer sein, um mit der Tulpe zu sympathisieren, und dann ist auch die Sympathie dieser Wassermänner sehr phlegmatisch.»

Im ausgehenden 19. Jahrhundert entstehen die großen Tulpenfelder auf den abgegrabenen Dünengebieten zwischen Haarlem und Den Haag. Tausende von Wanderarbeitern aus Westfalen verdingen sich hier als Tagelöhner. In den fünfziger Jahren dieses Jahrhunderts wird Hollands Blumenzucht zum internationalen Riesengeschäft. 11 000 Züchter, 2 500 Großhändler und neun Blumenauktionshäuser arbeiten in dieser auf Export ausgerichteten Branche. Das Nervenzentrum der Branche bilden die Auktionshallen der «Vereingde Bloemenveilingen Aalsmeer», nur einen Katzensprung vom Flughafen Schiphol entfernt. Rund zehn Millionen Blumen täglich werden hier verhandelt und in gekühlten Lastwagen und klimatisierten Blumencontainern per Flugzeug in alle Welt transportiert. 65 Prozent des Welthandels werden hier abgewickelt, doch der Preis, den Holland für die Blumenzucht bezahlt, ist hoch. Der Tourist kennt die Landschaft nur zur Zeit der Tulpenblüte, wenn der berühmte «Keukenhof» seine Tore geöffnet hat. Doch das Bollenland mit seinen kerzengeraden Kanälen und rechteckigen Beeten ist der sichtbar gewordene holländische Eigennutz. «Es ist eine sadistische Landschaft, ein nie eingelöstes Versprechen. Im Sommer kahl, im Winter ein bißchen grün, und immer weht der Seewind», erzählt Umweltschützer Hans Muilerman, der dort aufgewachsen ist. Doch das Schlimmste bleibe unsichtbar: «Bis zu 20 Meter Tiefe sind die Pestizide im Boden zu finden» – Folge der industriell betriebenen Schnittblumenzucht, die bis zu 130 Kilogramm Insektenbekämpfungsmittel pro Hektar einsetzt. Bis sich ein ökologischer Gartenbau durchsetzt, lautet der Aufruf an umweltbewußte Blütenfreunde: Keine Billigblumen kaufen, denn wer auf Masse setzt, muß am meisten Chemie versprühen.

Vorbei am Münzturm gelangt man über den Rokin zum Dam. Der erste Teil des Rokin ist noch schiffbar. Beim Standbild von Königin Wilhelmina fahren die Boote zur Grachtenrundfahrt ab. Danach ist der Rokin «gedempt» – zugeschüttet – und dient als Parkplatz. Am Haus mit der Nummer 85 erinnert eine kleine Gedenktafel daran, daß hier von 1937 bis 1947 der aus Leipzig stammende Maler Max Beckmann gewohnt und gearbeitet hat. Seine Malerei – von den Nazis zu «entarteter Kunst» erklärt – setzt er hier, abgeschieden und sozial stark isoliert, auf dem Dachboden eines ehemaligen Tabakmagazins fort. Allein fünf seiner neun großen Tryptichen entstehen in dieser Zeit, Werke, in denen er verschlüsselte Sinnbilder von Gewalt und Bedrohung formulierte. Das Stedelijk Museum besitzt lediglich ein einziges Werk von Beckmann in seiner Kollektion: das 1940/41 entstandene «Selbstporträt mit Quappi», Beckmann mit seiner zweiten Frau Mathilde. Leider scheiterten bislang alle Bemühungen, in Beckmanns Wohnhaus am Rokin zu seinem Andenken ein Museum einzurichten.

Pfeffersäcke und Korinthenkacker

Ein anderer großer Emigrant, René Descartes, schreibt im Mai 1631 über Amsterdam: «In dieser großen Stadt, in der ich mich befinde, da es in ihr außer mir keinen Menschen gibt, der nicht Handel triebe, [ist] jeder derart auf seinen Nutzen bedacht, daß ich mein ganzes Leben hier bleiben könnte, ohne je von jemanden aufgesucht zu werden …» Für diese Handels-Obsession entsteht am Rokin als Überbauung der Amstel ein eigenständiges Gebäude: die Kaufmannsbörse von Hendrik de Keyser; heute nicht mehr erhalten. Ein Eindruck davon, wie sie hier mitten in der Stadt gewirkt haben muß, gibt die Maquette, die in der Vorhalle des Königlichen Palastes zu sehen ist. Bald nennt man die holländischen Kaufleute Pfeffersäcke, Korinthenkacker und Philister. «Sie sind durch den Handel, die Preise und die Anteile, die Börse, vollkommen in Beschlag genommen.» Marquis de Sade fügt in seiner *Voyage de Hollande* hinzu: «Was ihnen kein Geld einbringt, interessiert sie nicht.» Dies offenbart sich noch heute, sogar beim Feste feiern. Am Koninginnedag, dem Geburtstag der Königin am 30. April, imitiert das Volk, was ihnen die Kaufleute vorexerzieren: Einmal im Jahr bekommen sie die Erlaubnis, Handel zu treiben. Amsterdam darf einen sogenannten «Freimarkt» abhalten, an dem alle – vom Schulkind bis zum Greis – teilnehmen. Die Amateurhändler markieren – argwöhnisch von den Profis der Straßenhändlergilde beäugt – schon am Vorabend ihre Standflächen am Straßenrand und harren oft die ganze Nacht aus. Am Festtag selbst wälzen sich fast eine Million Menschen durch die engen Grachten und Stege. Ganz Amsterdam wird dann zu einem einzigen Marktplatz.

Am Ende des Rokin gelangt man durch das «Beurspoortje» auf den Dam, dem Mittelpunkt der Stadt mit dem Königlichen Palast und dem Nationalen Monument. Vorbei am Grand Hotel Kransapolsky geht's durch die Damstraat zu den ehemaligen Burgwällen, den «Walletjes». Der Weg dahin ist gesäumt von Schaufenstern, in denen alle zum Haschisch- und Marihuanagenuß nötigen Accessoires angeboten werden. Ein Stück weiter, auf dem Oudezijds Achterburgwal 148, kann man im Haschisch-Museum mehr über Cannabis und seine Geschichte vom Anfang der Menschheit bis heute erfahren. Denn der Hanf und die Hanffaser sind uralt: Schon vor 6000 Jahren nutzten die Chinesen die Fasern der Cannabis Sativa zur Produktion von Tauen und Fischnetzen, die Holländer des 17. Jahrhunderts fabrizieren aus den Hanffasern Takelage und Segel für ihre Schiffsflotten, und in Kalifornien machte Levi Strauss seine erste Nietenhose daraus. Im Zweiten Weltkrieg wurden Zelte, Uniformen und Schlafsäcke sowohl für die Wehrmacht als auch für die US Army wegen Rohstoffmangel aus Hanf angefertigt. Das US-Landwirtschaftsministerium brachte sogar einen Propagandafilm heraus, um den kriegswichtigen Hanfanbau zu propagieren: *Hemp for Victory!* Im Rahmen der Anti-Drogen-Politik wurde die Hanfzucht nach dem Kriege fast überall verboten.

Heute haben Groninger Bauern bei Oude Pekela die Hanfzucht wiederentdeckt: Sie züchten bereits sogenannten «Produktionshanf», eine Cannabissorte ohne halluzinierende Nebenwirkungen. Auf einem Hektar können rund 60000 Kilo angebaut werden, ausreichend für mehr als 1000 Jeans. Die EU in Brüssel subventioniert sogar diesen Anbau pro Hektar mit 1700 Gulden. Doch im Vergleich zum Anbau von Haschisch und Marihuanapflanzen – Nederwiet steht an sechster Stelle holländischer Agrarprodukte – befindet sich die Hanfzucht noch in den Kinderschuhen.

Die «Walletjes» im roten Licht
Auf dem Oudezijds Achterburgwal weiterlaufend in Richtung Hauptbahnhof, gelangt man durch das

Rotlichtviertel. Die Grachten halten der Stadt einen Spiegel vor: Die in vielen Varianten leicht nach vorn gebeugten Giebeltypen der Grachtenhäuser, die Bäume und die Menschen erfahren eine Verdopplung, die unzählige Künstler zu immer neuen Gemälden und Filmbildern herausgefordert hat. Mit dem Einfall der Dämmerung vermischt sich das Abendlicht mit dem gelben Licht der Laternen zu einer märchenhaften Kulisse. Diesem Dekor wird auf den «Walletjes» noch die Signalfarbe «Rot» beigemischt: durch den Schein der ins rote Licht getauchten Schaufensterprostitution. 1963 beschreibt Günter Kunert für den DDR-Leser, was er hier vorfindet: «Elektrische Vagina – besser als jede echte! Rund um die Oude Kerk feiert der entfremdete Sexus fern jeder Liebe und jeder individuellen Beziehung seine archaischen Orgien, von manchen mit Freiheit verwechselt, die es doch nicht ist … Bürger der DDR, so schlimm ist das dort schon!» In Amsterdam sind von alters her «quade vrouwen» – böse Frauen – zu finden, die sich «omme gyften, omme myede, omme een vet mael ofte omme andere saken» – um Gaben, Geld, fette Gelage und andere Geschäfte – in sogenannten «unehrlichen Herbergen» prostituieren. 400 Huren gehen 1650 auf den Straßenstrich am Haarlemmerdijk, ein ausländischer Gesandter nennt sie in einer zeitgenössischen Quelle «die frechsten Huren, die ich je gesehen hatte». Dennoch sind sie den Fremden aus aller Herren Länder auch immer wieder einen Besuch wert: heimlich oder sogar offiziell. 1722 dokumentiert Cornelis Troost den Hurenbesuch des Prinzen Eugen von Savoyen von Österreich in einer Kreidezeichnung (zu sehen im Rijksmuseum). Die Unterschrift dazu lautet: «Prins Eugen und der Herr Renart, Konsul des Königs von Großbritannien, sind, ein Pläsier nehmend, zur Prinsengracht gegangen bei Madame Traëse … wo der Prins seine größte Freude erlebte, als er sie (die Huren) von hinten und von vorn intensiv betrachtete …». Bordelle sind zwar offiziell bis heute verboten, aber gegen Bezahlung von 500 Gulden gibt's eine Konzession für ein sogenanntes «Spielhaus». Auch gegen die Prostituierten wurde in der Hafenstadt nie wirklich vorgegangen: bezahlen sie ihre Steuern, so werden sie «gedoogd», das heißt geduldet. Um 1850 zählt Amsterdam über 200 Freudenhäuser bei einer Bevölkerung von knapp 200 000 Einwohnern. Der Zustrom von Frauen ist in Amsterdam immer erstaunlich groß. Aus Skandinavien, aus den baltischen Regionen, vor allem aber aus den niederdeutschen Gebieten und aus Westfalen kommen sie in großer Zahl nach Amsterdam. Um der Armut zu entfliehen, mit der Hoffnung auf Arbeit als Haushälterin oder um einen reichen Ehemann zu ergattern. Die Börsenmetropole ist internationale Heiratsbörse. Doch so mancher Neuankömmling, ob Mann oder Frau, kommt unter die Räder. Männer werden auf die Segler der Kompagnien verschleppt, Frauen kommen in die Bordelle. «Frauen erhalten dort vornehme Kleider, deren Kosten von den Einkünften abgezogen werden. So bleiben sie in der Macht der Huren-Wirtin.» Frauenhandel früher wie heute.

Die ehemalige Prostituierte Mariska Majoor betreibt im Schatten der von Bordellen umgebenen Oude Kerk neben den Schau-

Tagsüber im Rotlichtviertel, nachts werden hier Junggesellenfeste gefeiert

fenstern ihrer Kolleginnen das «Prostitutions Informations Zentrum». Untersuchungen zufolge geht es in der Amsterdamer Sexindustrie um Milliarden-Umsätze. Dabei genießt der holländische Fiskus mit. «Wir laufen regelmäßig durchs Rotlichtviertel, um den Besetzungsgrad der rund 400 Schaufensterbordelle zu beurteilen und mit den Angaben der Steuererklärungen zu vergleichen.» Die Gilde der Loddels nennt sich inzwischen «Vereinigung Exploitanten Relaxbetriebe». Nach dem Vorbild der Haushaltsgerätehersteller haben sie für ihre Etablissements ein «Warenzeichen» eingeführt: das «Erotikeur». Bordelle mit «Erotikeur» müssen Brandvorschriften und Hygieneanforderungen genügen, für die «Liebesdienste» gibt es feststehende Preistabellen: für französisch, russisch, griechisch, SM, Trio. Alles selbstverständlich «safe», mit Kondom. Auch die Eigentümer der Fensterpuffs haben inzwischen ihre eigene Interessenvertretung, «Samenwerkend Overleg Raamprostitutie». Die Prostituierten, die die Minizimmer stundenweise anmieten, organisieren sich seit Jahren in der Hurengewerkschaft «De Rode Draad». Zusammen mit einem Büro für Zeitarbeit, der Sozialversicherung und dem Gewerkschaftsverband FNV plant eine Projektgruppe des «Rode Draad» derzeit die Gründung einer Zeitarbeitsvermittlung für Dirnen. Schließlich haben sich in Amsterdam sogar die Stammfreier in einem Konsumentenbund zusammengeschlossen: im Verein «Mann & Prostitution». Zudem: Ganze Industriezweige existieren als Zulieferer für die kommerzielle Liebe. Dem Fiskus sind die Zahlen als Abzugsposten «Berufs-

kosten» in der Einkommenserklärung der Damen des horizontalen Gewerbes nur allzu bekannt: das Taxi zum Arbeitsplatz, das Make-up vom Bijenkorf, die Kondome von Durex und die Paletten Kleenex-Tücher von Albert Heijn. Fazit: Amsterdam «gedoogd» lieber seine Sexindustrie, statt mit anzusehen, wie die Zahlungsbilanz negativ ausschlägt, weil die Männer japanische Autos, taiwanesische Computer-Teile und amerikanische Sportschuhe kaufen. Wenn man am vude Kennissteeg links abbiegt kommt man über den Oudezijds-Voorburgwal und um die Oude Kerk herum zur Warmoesstraat. Hier in den Bars befinden sich die Treffpunkte der Gay-Leder-Szene.

Homosexueller Fluchtpunkt Europas

Für Männer, die Männer lieben, ist Amsterdam heute die Gay-Hauptstadt Europas. Im Sommer 1998 werden hier die «Gay Games» abgehalten, die Grachtenstadt rüstet sich, Welthomohauptstadt zu werden. Das war nicht immer so. Wie überall, so wurde auch in Holland ursprünglich Analsex oder Sodomie als Sünde betrachtet und mit dem Tode bestraft. Doch für eine aktive Verfolgung der «Sodomieten» gibt es nur wenig Beweise. Gleichgeschlechtlicher Sex ist in Holland nie als «unmännlich» verpönt. Bekannt ist, daß Statthalter Willem III von Holland kaum an Frauen interessiert war und zahlreiche leidenschaftliche Affären mit Männern hatte. In zahlreichen holländischen Städten gibt es auch in der Provinz an den Stadtwällen und in den Parks Homotreffpunkte. Schon am Ende des Goldenen Jahrhunderts tauchten die ersten homosexuellen Subkulturen auf. Es entstand ein eigener Jargon; Männer fingen an, weibliche Codes zu kopieren. Bis zur Einführung des «Wetboek van Strafrecht» 1811 blieb formell für Schwule die Todesstrafe bestehen. Hundert Jahre später traf sich die Amsterdamer Schwulenszene auf dem Heilige Weg, der den Beinamen «Rue de Vaseline» erhält.

1911 wurde ein Ableger des «Wissenschaftlich-Humanitären Komitees» von Magnus Hirschfeld in Amsterdam gegründet. Nach dem Einmarsch der deutschen Wehrmacht vernichteten die Freunde ihre Mitgliederkartei, Bücher und Zeitschriften wurden in Sicherheit gebracht, und erste Deportationen der Männer mit dem rosa Dreieck fanden statt. Heute erinnert das weltweit erste Homomonument am Westermarkt an den Naziterror gegen die Schwulen. Nach dem Zweiten Weltkrieg kam die gesellschaftliche Emanzipation in Gang; treibende Kraft war der «Club für Kontakt und Kommunikation», bekannt unter seinem Kürzel COC. Hier werden Clubabende, Vorträge und Colloquien abgehalten, Feste gefeiert; bald wurde Amsterdam zur Gay-Kapitale Europas. Wie weit Homosexualität in Holland inzwischen akzeptiert ist, zeigt sich auch bei dem Sinneswandel traditionell homophobischer oder homofeindlicher Organisationen wie Polizei und Armee. Die holländischen Streitkräfte sind die einzigen der Welt, die bewußt mehr Schwule einstellen. Die Armee soll ein Spiegelbild der Gesellschaft sein: Sind zehn Prozent der Bevölkerung homosexuell, dann sollen auch zehn Prozent der Soldaten dies sein. Es gibt sogar einen schwulen Batallonskommandeur, der in seinem Arbeitszimmer ein Plakat aufgehängt hat mit der Aufschrift: «Pervers ist, wenn Millionen vor dem Fernseher sitzen, um zwei Männer zu sehen, die sich die Köpfe einschlagen, während man sich geniert, wenn zwei Männer sich zärtlich berühren.»

Den Ausspruch «moet kunnen» – es muß möglich sein – hört man in Amsterdam häufig; traditionelle Lebensmuster lösen sich hier rascher auf als anderswo. Zwischen 1965 und 1985 steigen die Ehescheidungen um das Fünffache, während ein Viertel weniger Ehen geschlossen werden. Das Leben außerhalb der vier Wände lockte in den Sechzigern mit Minirock, Nacktbadestrand und Gruppensex-Experimenten. Bei den Pfarrern der protestantischfreisinnigen Fernsehgesellschaft VPRO trat 1966 das Hippie-Mädchen Phil Bloom nackt auf. Das Bewußtsein, daß jeder auf seine Art leben kann, stimmt zufrieden. Das Straßenbild ist denn auch ein Durcheinander, die friedliche Koexistenz aller möglichen Lebensstile: Popper und Punks, Alt-Hippies und Yuppies, Designer-Avantgarde und Gabbers. Keine Saubermänner, schon gar keine Politiker und Behörden, die sich in den Kopf setzen würden, den Bürgern Vorschriften zu machen, wie sie zu leben haben. Das war schon Voltaire aufgefallen, als er dichtete: «In Rom ist man Sklave, in London Bürger, die Größe eines Batavers ist es, ohne Meister zu leben.»

HISTORISCHE
SPAZIERGÄNGE

HAUPTSTADT DES HANDELS

DURCH MUSEEN ZU BILDERN UND GESCHICHTEN

Bereits der älteste erhaltene Stadtplan von Cornelis Anthonisz aus dem Jahre 1544 zeigt «die sagenhafte Kaufstadt» als Stadt des Handels. Vor der Stadt liegt «ein Wald von Schiffsmasten». Der Handel ist von der Seefahrt nicht zu trennen, doch die alchemistische Reaktion Handel plus Seefahrt gelingt erst wirklich im «Überseehandel», als die holländische «Driekleur», das Oranje-Blanje-Bleu, im Goldenen Jahrhundert auf allen sieben Weltmeeren flattert. So entsteht jenes Holland, das nach Ansicht von Karl Marx «die kapitalistische Musternation des 17. Jahrhunderts» bildet, deren Hauptstadt Amsterdam ist. Unsere Museen-Tour beginnt am Amsterdams Historisch Museum (AHM), geht dann quer durch die Innenstadt, vorbei an Packhäusern, Häfen und Börsen zum Scheepvaart Museum und von dort aus vorbei an den Herrenhäusern der reichen Kaufleute zur nationalen Schatzkammer, dem Rijksmuseum. Die Zeitreise zu den einzelnen Museen wird durch die Angaben im Infoteil (siehe S. 237 ff.) erleichtert.

Um 1500 ist Amsterdam noch eine Kleinstadt mit ungefähr 15000 Einwohnern. Doch die Stadt blüht, strotzt geradezu von Vitalität. Innerhalb von hundert Jahren hat sich die Bevölkerungszahl verdreizehnfacht: 1650 erreicht die Kaufmannsstadt die «Schallgrenze» von 200000 Einwohnern. Alte Stadtansichten und Karten geben uns einen Eindruck von der Stadt: fast immer aus der Perspektive der Seefahrer vom IJ aus. Im ersten Saal des Amsterdams Historisch Museum porträtiert Willem van de Velde de Jonge sie genauso. Hinter den Schiffsmasten ist die Silhouette der Stadt zu erkennen: von links nach rechts zu sehen sind das «Zeemagazijn» der VOC, Daniel Stalpaerts Oosterkerk, «s' Lands Zeemagazijn», die Türme der alten Stadtbefestigung, der Montelbaanstoren und der Schreierstoren und die Kirchtürme von Oudekerk und Zuiderkerk, deren Plätze der Maler allerdings fälschlicherweise verwechselt.

In Saal 6 zeigt Adriaen van Nieulandt den Mittelpunkt der Stadt, den Dam, auf dem noch das mittelalterliche Rathaus zu erkennen ist. Cornelis de Bie dokumentiert den Brand des alten Stadthauses 1652. Dann vollzieht sich eine Metamorphose, die Stadt bricht sprichwörtlich aus allen Nähten. Knapp fünfzig Jahre kolonialer Überseehandel machen

Handel mit Wissen: Büchermarkt in der Börse

Amsterdam reich. Die Kaufleute treiben Handel mit «Moor und Noormann», der Dam wird zum «Merktveld aller Waeren». Johannes Lingelbach malt ihn wie eine italienische Piazza: die Menschen grüßen einander, studieren Warenlisten, feilschen, begutachten, reden miteinander. In der Mitte steht noch die alte Stadtwaage, dahinter rechts die Mastenparade der Schiffe auf dem Damrak. Links entsteht etwas Neues: das Symbol der Patriziermacht, das Rathaus, noch von Baugerüsten umgeben. Zieht man von der Baustelle aus zwei Perspektivlinien, so treffen diese in einer Straßenszene in der rechten Bildecke zusammen, die Schlüsselcharakter hat: sie zeigt Amsterdamer Kaufleute im Gespräch mit in fremdländische Kaftane gehüllte Händler.

In Saal 7 verarbeitet Gerarde de Lairesse dies in einer Allegorie der Amsterdamer Städtemagd, die die Huldigungen der Völker empfängt – ein Motiv, dem wir auch in Wirklichkeit immer wieder begegnen: in den Marmorreliefs und Skulpturen, mit denen das Rathaus auf dem Dam, der heutige Königliche Palast, verziert wurde. Wenn man das Amsterdams Historisch Museum am Ausgang zum Nieuwezijds Voorburgwal verläßt, kommt man über diese Verkehrsachse nach wenigen Minuten zum Königlichen Palast.

Das Universum im kleinen und auf Karten

Schon das Fronton an der Rückseite drückt unmißverständlich das Selbstverständnis der Amsterdamer Kaufleute aus. Der Städtemagd zu Füßen liegen die Reichtümer der vier damals bekannten Kontinente: Europa, Afrika, Asien und Amerika. Drüber thront Atlas, der weise Gelehrte, Vogt des Janus und Verwalter des Königreiches Etruriens. Auf seinen Schultern trägt er die Welt. So sieht die Kaufmannsoligarchie sich selbst: Sie tragen die Welt, sie sind Herren der Welt, wissen, wo es langgeht, sind immer auf Kurs. Im Innern, im Bürgersaal, der eine Art überdeckte Verlängerung des Bürgerforums Dam ist, stellen im Fußboden eingelassene Mosaike die westliche und östliche Hemisphäre sowie den nördlichen Sternenhimmel dar. Wenn der Kaufmann durch den Bürgersaal spazierte, durchquerte er gewissermaßen die Welt, so wie die Seeleute es in Wirklichkeit taten. In der Realität bedarf es dazu unabdingbarer Navigationsinstrumente und Orientierungshilfen, vor allem in Form von Seekarten. Wenn man neben dem Palast um die Neue Kirche herumgeht, achte man in der Gravenstraat auf den Namen einer kleinen Seitengasse: Blaeustraat.

Hinter der Nieuwe Kerk war einst das «Blaeu-Erf», die Firma des aus Antwerpen stammenden Kartographen und Druckers Willem Jansz. Blaeu (1571–1638). Mit Globen und Seekarten wie *Spieghel der Zeevaerdt, Thresoor der Zeevaerdt* und *Spieghel der Werelt* lieferten Wissenschaftler, Geographen und Kartographen wie Simon Stevin (1548–1620), Petrus Plancius (1552–1622), Judocus Hondius (1563–1612) und Blaeu dem pionierhaft tätigen Seekaufmann Orientierung. Dabei wird die weit vorgetriebene Rationalität des kenntnisreichen Umgangs mit der Erde wie eine Art Erleuchtung verstanden: *Licht der Zeevaert* nennt Blaeu 1608 denn auch sein Buch der Seekarten und Segel-Anweisungen. Es

Auge fürs Detail: Diamanten-schleifer bei der Arbeit

ist möglich, das Meer, die Buchten und Küsten, die Seewege und die Seestädte durch genaue Zeichnung konkret vorstellbar zu machen. Eine weitere Informationsebene entsteht, als in die Karten, die aus der Architektur und vom Theater stammenden Ädikularahmen mit Szenen eingefügt werden. Mit diesen Karten verbinden sich Nachrichten, die man zur Kenntnis der Handelspartner benötigt, vor allem, wenn es sich um die exotischen Kolonien handelt: Informationen zu Personen, Sitten und Bräuchen, Ereignissen und Zuständen. Die Tatsache, daß die sichtbare Realität nun auch über ein Medium vermittelt wird, schafft eine neue Ebene des Bewußtseins: eine Meta-Ebene. «Man sieht die Welt aus einer anderen Welt» – gebrochen, gespiegelt, medial vermittelt.

Von der Kornscheune Europas zum weltweiten Handelsimperium

Die Route folgt wieder dem Nieuwezijds Voorburgwal bis zum Nieuwezijds Kolk. Hier steht das Korenmetershuisje aus dem Jahre 1620. Drei Gilden leben in Amsterdam ausschließlich vom Getreidehandel: die «Korenlichtermansgilde», die «Korenmeters- en Koren-zetters-Gilde» und die «Korendragers van de Groote Gangh». Die mit Getreide vollgeladenen Schiffe können die Untiefe in der versandeten IJ-Bucht bei der Insel Pampus nicht passieren. Die Seeschiffe liegen vor Pampus – «vor Pampus liegen» ist inzwischen ein geflügeltes Wort –, und die Ladungen müssen auf leichte Schuten, sogenannte «Lichter», umgeladen werden. Die «Korenlichters» bringen das Getreide mit ihren 250 Schuten bis zu den Speicherhäusern an den Grach-

ten. Mit Hilfe von Katzenrollen, Winden und dem an jedem Giebel herausragenden Holzbalken werden die Frachten auf die Speicherböden gehievt. Dort messen die Mitglieder der «Korenmeters- en zettersgilde» mit geeichten Schöpfmaßen das Korn «na de mate deser Stede». Der Gildenvater fungiert als Buchhalter und ist verpflichtet, die Mengen dem städtischen Steuerkontor zur Erhebung des Einfuhrzolls zu melden. Die rund achtzig Gildebrüder haben ihr Domizil im Korenmetershuisje. In den Speichern selbst muß das Getreide von Zeit zu Zeit gewendet werden, um Selbstentzündung und Brand zuvorzukommen: Frauenarbeit. Männerarbeit für «Männer zwischen 18 und 38 Jahren» hingegen ist das Tragen der Getreidesäcke durch die «Korendragers van de Groote Gangh», die für Transporte verantwortlich sind: zwischen Speicher und Seeschiff für den Export und für die Weiterverarbeitung in den Mühlen. Im Schatten des Getreidehandels leben Bierbrauer, Müller, Bäcker, Schiffsreeder, Händler für Schiffsausrüstungen, Säckemacher, Seil- und Taumacher und Zimmerleute. Der Getreidehandel schafft dadurch die Voraussetzung zur wirtschaftlichen Blüte Amsterdams im 17. Jahrhundert. Er wird auch als «Moedernegotie» – Mutterhandel – bezeichnet. Vier Fünftel der Speicherhäuser Amsterdams sind gefüllt mit Getreide. Der Handel nimmt so gewaltige Proportionen an, daß die Kaufleute sich täglich treffen: ab 1617 in der überdachten «Kornbörse» am Damrak, über Kolksteeg und Oude Brugsteeg zu erreichen.

Die Kornbörse am Damrak (nicht erhalten, heute Steiger der

Grachten für die Logistik der Handelsgüter

**Handel plus Seefahrt ergänzen sich
zum Überseehandel**

Rundfahrtboote) war auf 250
Pfählen ins Wasser hineingebaut.
Sie bestand aus einem viereckigen
Platz, der von drei Galerien umgeben war. Hier standen kleine Vitrinen mit Getreideproben. Ab
1585 wird Amsterdam zum Stapel-
markt, vor allem zur Kornscheune
Europas. «Wenn irgendwo auf der
Welt Hungersnot herrscht, dann
können die Amsterdamer Kornspeicher diese aufheben.» 1587
kommt es in der Toskana zur

Mißernte. Gegen Höchstpreise
versorgt Amsterdam nun Italien
mit Getreide. 1590 fahren 26
Getreideschiffe von Amsterdam
durch die Straße von Gibraltar
nach Livorno. Auf dem Rückweg
werden die Schiffe von den
Spaniern aufgebracht. Eine britisch-niederländische Armada unter seinem Admiral Jacob van
Heemskerck besiegt die spanische
Flotte 1607 in der Seeschlacht vor
Gibraltar – der Affenfelsen ist seit-

50

dem britische Kronkolonie. 261 Getreideschiffe aus Amsterdam – fünfmal mehr als normal – beliefern nach diesem Sieg noch im selben Jahr Italien mit dem Grundnahrungsmittel – zum Vorteil für Amsterdam. «Holland hat fast kein Getreide, doch Europa hat keine besser gefüllten Kornspeicher, es baut kein Flachs an, aber verarbeitet es massenweise zu Leinwand, es hat keine Herden, aber webt in Übermaß Wolle zu Laken, es besitzt keine Weinberge, aber kellert die besten der deutschen und französischen Weine, es hat keine Wälder, aber baut mehr Schiffe als im restlichen Europa zusammen», so eine zeitgenössische Quelle.

Ab ungefähr 1600 sind die Holländer die größten Reeder. Zwischen 1608 und 1610 wird die Handelsflotte mit 16 289 Schiffen und 159 825 Seeleuten angegeben. Bald trifft man in allen

Küstenregionen der damals bekannten Welt auf holländische Namen: von Spitzbergen in der Barents-See über dem Nordkap Europas bis nach Kapstadt an der Südspitze Afrikas, von Willemstad auf Curaçao bis Batavia auf Indonesien, von der Halbinsel Manhattan in Nordamerika bis Arnhemland und Tasmanien auf dem fünften Kontinent. Bald nennt man die Amsterdamer Kaufleute Pfeffersäcke, Korinthenkacker und Philister. Doch der Kölner Nuntius Palavicino lobt 1676 deren Sitte, «weniger auszugeben, als man verdient». «De cost gaet voor de baet uyt» − die Kosten gehen allen Gewinn voraus − steht am Dachfirst des Hauses an der Ecke Damrak / Oude Brugsteeg. Dies scheint das Geheimnis des Erfolgs der Amsterdamer Kaufleute zu sein, noch heute. Nach diesem Credo gelangt man in die einstige Hauptstraße von Amsterdam, in die Warmoesstraat. Die Route folgt der Warmoesstraat bis zum Dam, wo das Beurspoortje steht, das einst den Durchgang bildete zu Amsterdams erster Kaufmannsbörse von Hendrik de Keyser (nicht erhalten).

In der Höhle des Löwen: die Börse

Im März 1594 gründen neun Amsterdamer Kaufleute die «Compagnie van Verre» − Kompanie der Ferne − mit dem Ziel, Handelsflotten auszurüsten und nach Indien zu schicken. Kapital, Handelsgeist und Erfahrung auf dem Gebiet des Schiffsbaus und der Navigation sind ausreichend vorhanden. Doch wie kann man Asien erreichen? Welches ist die schnellste und billigste Route? Durchs Polarmeer nördlich von Rußland? Oder ums Kap der

Guten Hoffnung herum? Die erste Expedition unter Van Heemscerck en Barentsz endet mit der berühmten Überwinterung auf Novaja Semlja (1596/97, ausführlich im Rijksmuseum dokumentiert). Sie entdecken Spitzbergen, wo sie erfolgreich Wale jagen. Nach Gründung der «Noordse Compagnie» 1614 wird der Walfang sehr lukrativ. Daneben fischt man vor Neufundland Kabeljau und in der Nordsee Heringe. Wo sich am Dam heute das Warenhaus De Bijenkorf erhebt, war früher der Fischmarkt. Doch bald soll der Geruch von Pfeffer, Muskatnuß und Gewürznelken die Hering- und Holzluft vertreiben. Die enormen Gewinne, die der Gewürzhandel verspricht, fordert die Kaufleute heraus. Sie bündeln Kapital und investieren es in Überseeunternehmungen, mit dem Ziel, die auf den europäischen Markt begehrten Waren aus Asien zu holen. Die Erfahrungen eines Holländers sind ausschlaggebend: Jan Huygen van Linschoten. Zwölf Jahre lang ist er Sekretär des Erzbischofs des portugiesischen Handelspostens Goa an der Westküste von Indien. Nach seiner Rückkehr 1592 schreibt er auf, was er auf seiner Seereise bei den Portugiesen gesehen und gehört hat. Das Ergebnis sind zwei große Bücher: *Reysgeschrift* (1595) und *Itenarario* (1596). Darin beschreibt er Routen, Strömungen, Winde, Häfen, Küsten, Waren, Informationen über die einheimische Bevölkerung, ihre Dörfer, Städte, ihre Sprache, Religion und ihr Handelsgebaren − alles zusammen: eine frühe Form von Betriebsspionage. Ausgerüstet mit diesem notwendigen Knowhow − die Manuskripte des Itinarario befinden sich an Bord des Admiralschiffs −, verläßt am

2. April 1595 eine Flotte von vier gutausgerüsteten und bewaffneten Schiffen unter dem Kommando des dreißigjährigen Cornelis de Houtman die Reede von Texel mit Kurs Asien. Nach dreißig Monaten kommen drei der vier Schiffe und 169 der 249 Seefahrer zurück. Die mitgebrachte Ladung Pfeffer und Gewürznelken aus Bantam und von den Molukken deckt gerade die Expeditionskosten von 290000 Gulden. Doch das Ziel der Reise ist erreicht: Antwort auf die Frage zu geben, ob es möglich ist, trotz der Anwesenheit von Spaniern und Portugiesen, «Spezereien und Kaufmannschaften zum großen Vorteil der Niederlande und zum Profit des gemeinen Kaufmanns» nach Amsterdam zu bringen. Nach dieser «Informationsreise» meinte man, daß «es im Osten Reichtümer in Hülle und Fülle gibt», die man halt nur auflesen müsse.

Zwischen 1595 und 1602 sind insgesamt fünfzig Schiffe reich beladen nach Amsterdam zurückgekehrt. Der europäische Markt wird überschwemmt mit Pfeffer und Gewürzen. Die Preise beginnen zu sinken. In Asien hingegen steigen sie: Die einheimischen Händler nutzen die Konkurrenz der Käufer aus dem fernen Europa aus. Das Prinzip, billig einkaufen, um teuer weiter zu verkaufen, gerät aus den Fugen. Die Profite sind gefährdet. Kein Geringerer als der Ratspensionär Johan van Oldenbarnevelt mischt sich ein. Ihm ist an einer rentablen Unternehmung ebenso gelegen wie an einem probaten militärischen und wirtschaftlichen Machtmittel im Kampf gegen Spanier und Portugiesen, mit denen die junge Republik schließlich noch immer im Kriege liegt. Es gelingt ihm, die Interessen der Kaufleute mit der des Landes zu verbinden. Das Ei des Kolumbus: Die Kaufleute schließen sich zusammen und gründen am 15. Januar 1602 die «Vereinigte Ostindische Compagnie» (VOC).

Grachten und Gewürze: VOC

Die VOC wird als eine Art Aktiengesellschaft mit einem Stammkapital von annähernd 6,5 Million Gulden, das entspricht nach heutigem Wert ungefähr 350 Millionen DM, ins Leben gerufen. Mehr als die Hälfte davon wurde von der Amsterdamer Kammer aufgebracht. Laut Artikel 10 der Gründungsakte steht es jedem Bürger offen, Anteilseigner zu werden. Unter den ersten 1143 Aktionären waren neben den reichen Kaufleuten auch Handwerker, Prediger, Beamte und Arbeiter. Die Kapitaleinlagen variieren von 50 Gulden – sie stammen von der Witwe Trijntgen Pickers – bis zu 85 000 Gulden, die der aus Antwerpen stammende Isaac Le Maire investiert. Bürgermeister Pauw schenkt seiner Näherin und seinem Boten je eine Aktie von 100 Gulden fürs Alteneteil. Ein Viertel der Aktionäre sind Einwanderer aus den südlichen Niederlanden, sieben sind jüdische Flüchtlinge. Erst acht Jahre nach Gründung der VOC werden erste Dividenden ausgezahlt: in der Form von Naturalien, ab 1645 in harten Gulden. Der Wert eines Anteilscheins, ab 1606 kommt dafür der Begriff Aktie auf, hat sich bereits im Gründungsjahr der VOC verdreifacht. Die Kurse steigen ständig, liegen zeitweise bei 300 und 400 Prozent. Ein Handel in Aktien kommt auf. Neben Waren – alles, außer Getreide – werden hier weltweit erstmalig Aktien verhandelt. Einen ersten

53

Einblick in die Geheimwelt der Börsianer gewährt Don José Penso de la Vega, ein sefardischer Jude, in seinem Buch *Confusion de confusiones*, das 1688 in Amsterdam erscheint. Er definiert darin die Börse so: «Sie wird so genannt, weil die Kaufleute darin gefangen sitzen wie in einer Geldbörse, beziehungsweise weil sie dort so eifrig versuchen, die ihre zu füllen.» In der Börse wird nach seiner Meinung der Handel «zu einer spielerischen Beschäftigung, die den Kaufmann zum Spieler macht, zum Zocker oder gar zum Betrüger».

Von der Börse, wo die Aktien der VOC verhandelt wurden, zum Hauptsitz der größten Handelsfirma der damaligen Welt ist es nur ein Katzensprung: über Damstraat und Oude Hoogstraat kommt man in wenigen Minuten zum Oost-Indisch-Huis. VOC-Niederlassungen, sogenannte Kammern, gab es auch in Middelburg, Rotterdam, Delft, Hoorn und Enkhuizen. Jedes relativ autonom operierende Kontor verfügt neben einem Verwaltungssitz auch über Werften und Lagerhäuser. Die Hauptkammer befindet sich im «Oostindisch Huis» von Amsterdam. Hier tagte der siebzehnköpfige Aufsichtsrat, die «Heren XVII».

Dreimal pro Jahr fährt die Flotte aus. Rund 1000 Seeleute waren dann nötig. Makler in Menschenmaterial kommen auf: die sogenannten «Seelenverkäufer». Sie hatten es gemünzt auf vogelfreie Ausländer, denen sie Kost und Logis anboten. Waren diese pleite, stellten die Herbergswirte einen Schuldschein aus: ein «ceel» – daher der Name «Seelenverkäufer». Bei der Einschreibung des Matrosen nimmt die VOC diesen Schuldschein entgegen. Er wird aber erst bei der Rückkehr des Seemanns mit der ausstehenden Heuer verrechnet. Oft finden sich betrunkene Seeleute ernüchtert auf einem Ostindienfahrer wieder: völlig orientierungslos. Zwar besteht die Mehrheit der Besatzungen aus Holländern, doch ist überliefert, daß vor allem viele Deutsche und Balten anheuerten. Angemustert wurde im Innenhof der Oostindisch Huis. Ein Deutscher beschreibt 1694, wie es zugeht: «Sobald die Tore aufgehen, beginnt das Schlagen und Drängeln erst richtig, als ob's etwas umsonst gibt, während hier doch nichts anderes passiert, als daß man sich selbst als Sklave verkauft.»

Von Ostindisch-Huis ging es dann unter Bewachung zum Montelbaantoren. Der Routenverlauf ist: über den Kloveniersburgwal, durch die Nieuwe Hoogstraat, die Anthoniesbreestraat kreuzen und durch den Snoeksteeg zur Oude Schans. An der Ecke zur Waals Eilandsgracht steht der alte Stadtturm. «Einschiffung der Matrosen am Montelbaantoren» heißt ein Ölgemälde von Jacobus Stork aus dem Jahre 1687. Es zeigt, wie man sich diese «Einschiffung» vorstellen muß: als von bewaffneten Soldaten begleiteten Zug, der Trommler vorweg, die Bürger gaffen am Straßenrand. Vom Montelbaanstoren ging es zu den «Ostindien-Fahrern», den großen Segelschiffen der VOC, die bei der Insel Texel vor Reede lagen. Dem Montelbaanstorem schräg gegenüber befindet sich am 's Gravenhekje ein altes Speicherhaus. Man erreicht es über Kalkmarkt und Prins-Hendrik-Kade.

Nach dem Vorbild der VOC wird 1621 die «Geoctroyeerde Westindische Compagnie» GWC mit dem Ziel gegründet, durch

Piraterie und Krieg Spanien zu schwächen. Die GWC sollte an der Westküste Afrikas, zwischen dem Wendekreis des Krebses und dem Kap der Guten Hoffnung, sowie an der Ost- und Westküste Amerikas, von Terra Nova (Neufundland) bis zur Maghellanstraße, operieren. Die berühmten und gefürchteten Initialien der VOC und GWC sind im 17. Jahrhundert wie heute die Markenzeichen von Coca-Cola oder McDonald's bald auf der ganzen Welt zu finden: auf Kanonen, Schwertern, Kompassen, silbernen Kerzenhaltern und Bestecken, an Schiffen und Häusergiebeln. Sie sind besser bekannt, klagt der Klerus, «als das Heilige Kreuz der Kirche». Entlang der Prins-Hendrik-Kade trifft man zwischen Peper- und Foeliestraat auf Speicherhäuser der VOC für Pfeffer und Gewürze. Ein kleines Tor mit den Initialien der Amsterdamer VOC-Kammer gab Zugang zu der ehemaligen Rapenburg-Werft. Die Prins-Hendrik-Kade kreuzt hier die Zufahrt zum IJ-Tunnel, im Hafenbecken daneben liegt eine Nachbildung des VOC-Schiffs «Amsterdam» am Steeg des ehemaligen Zeemagazijn der Admiralität, das heute das Nederlands Scheepvaart-Museum beherbergt.

Schiffsmodelle bis zum Maßstab 1:1

In den ersten Sälen zeugen authentische Navigationsinstrumente, Globen, See- und Landkarten von der «stuurmanskunst» der holländischen Seefahrer. Im 16. Jahrhundert stammen die verläßlichsten Karten von Abraham Ortelius aus Antwerpen. 1570 gibt er die besten verfügbaren Karten in einem geschlossenen Band heraus mit dem bezeichnenden Titel: *Theatrum Orbis Terrarum*. Die Welt sollte so vollständig wie möglich dargestellt werden. Mit Hilfe von Karten wird, ähnlich den Meeren und Ländern, auch das Labyrinth der großen Stadt überschaubar gemacht.

Drei Amsterdamkarten vermitteln ein Bild von der Stadt und seiner Entwicklung zwischen der Mitte des 16. Jahrhunderts und der Mitte des 17. Jahrhunderts. Der erste Stadtplan Amsterdams aus dem Jahre 1544 stammt von Cornelisz Anthonisz – eine Kombination aus einer schräggestellten Vermessungskarte und eines Bildes, das Details anschaulich zeigt. So kann sich der Betrachter orientieren, bekommt aber gleichzeitig eine erste Vorstellung vom Konkreten: vom Aussehen der Kanäle, von Wegen und Häusern. Dafür gibt es ein berühmtes Vorbild: den Plan Venedigs von Jacopo de Barbieri. Cornelisz Anthonisz war sowohl Maler wie Lotse und Hydrograf, ein Begriff, der im Niederländischen «Gewässerbeschreiber» bedeutete. Sein Bild hing im Rathaus. Anthonisz übersetzte es in einen Holzschnitt von zwölf Blättern und vervielfältigte ihn. Es ist überliefert, daß die steinreiche Familie Six eine handkolorierte Version davon besaß. Die zweite Karte von Pieter Bast zeigt die Stadt am Ende des 16. Jahrhunderts. Neu ist die Produktionstechnik: im Kupferstich, wodurch die Vervielfältigung einfacher wird. Vier Blätter werden zu einem Format von 93×82 cm zusammengesetzt. Zu jedem Stadtgrundriß gehört bei Bast eine zweite Zeichnung, eine Ansicht der Stadt im «Profil». Von Amsterdam fertigt er sogar zwei solcher Ansichten an. In Basts Karte ist die große Stadterweiterung, die Projektierung des Drei-Grachten-Gürtels aufgenommen. Auf diesem Stadtplan basiert Balthasar Floris van Berckenrodes Karte. Zuerst 1625 erschienen, besticht sie durch Genauigkeit und Erkennbarkeit. Im Museum hängt ein Neudruck aus dem Jahre 1647.

Aufgrund der weltweiten Verbindungen der See-, Handels- und Kolonialstadt kommen ab 1600 eine Fülle von Karten, Zeichnungen, Stadtansichten und Stichen, Bilder und Informationen in Amsterdam zusammen. Sie werden in Mappen gesammelt, die man «Atlas» nennt: eine Sammlung von Stichen und Zeichnungen, die Bezug zu einer Stadt, einem Bezirk oder einem Land und seiner Geschichte haben – wie die topografischen, historischen Atlanten von Stolk oder Fouquet zum Beispiel.

In der 25 Minuten dauernden Multivisions-Show «Seylage naar Batavia» wird ein recht romantisches Bild von der Seefahrt nach Ostindien gezeichnet. Die Porträts der Kaufleute und Kapitäne zeigen gutgenährte Köpfe. Doch auf den gefahrvollen Reisen sterben zwei Drittel der Mannschaften an Skorbut und Beriberi. Oder sie werden von ihren Kapitänen kielgeholt, fallen im Kampf mit Piraten, Eingeborenen und fremden Kriegsschiffen. Nur in fünf Prozent der Fälle werden sie ein Opfer der Naturgewalten. Der Nachbau des VOC-Seglers «Amsterdam» vor dem Museum vermittelt einen kleinen Eindruck vom Seemannsleben an Bord. Ein Faksimile des «Reglements der VOC» dokumentiert, was die niedere Besatzung täglich trinkt und ißt: morgens ein halbes «mutsje» Genever und eine Kanne Bier pro Person und für je 100 Mann einen Eimer voll

Grütze, mittags zwei Eimer voll grauer Erbsen für je 100 Mann, 1 Topf voll Gurken und 1 «mutsje» Wein, abends wieder ein halbes «mutsje» Genever und die Reste vom Tage – einen klaren Kopf hat keiner. Am heiligen Sonntag wird das tägliche Einerlei der Speisekarte durchbrochen: dann gibt es neben frommen Sprüchen auch noch für vier Mann je einen getrockneten Stockfisch! Die calvinistischen Kaufleute zwingen ihre Seeleute an Bord der Segler zum täglichen Gottesdienst. Sobald es ums Geschäft geht, werden jedoch die Bibeln weggeschlossen.

Im Reich der Bilder

Nach dem Scheepvaartmuseum kann man auf zwei Arten zum Rijksmuseum gelangen: entweder mit dem Museumsboot durch die Grachten oder per pedes vorbei am ehemaligen Freihafen Entrepotdok, dem Zoologischen Garten Artis, den Hortus Botanicus und über Nieuwe Herengracht, Herengracht und Spiegelgracht zum Rijksmuseum, in die Abteilung für vaterländische Geschichte.

Bilder zu besitzen gehört zum kulturellen Standard einer großen Zahl von Kaufleuten. Der Verkauf von Bildern wird als umfangreicher Warentausch praktiziert. Bilder werden nicht nur von Auftraggebern bei Malern bestellt, sondern von Malern auch in Erwartung eines Marktes gemalt, die die Vorstellungen imaginärer Käufer antizipieren. Die Bilderflut in der Form von Gemälden ist gigantisch. Fast neun Millionen Bilder sollen in den Nördlichen Niederlanden zwischen 1580 und 1800 zustande gekommen sein: Gruppenbilder und Einzelporträts, Stilleben und Genremalerei, Landschaftsbilder und Historien-

Am Giebel des Königlichen Palastes:
Asien, Amerika, Afrika und Europa
huldigen der Amsterdamer Städtemagd mit Geschenken

Tableaus, Stadtansichten und Seeschlachten. Hendrick Cornelisz Vroom (um 1566–1640) zeichnet um 1600 die Seeschlacht bei Nieuwpoort. Er war einer der ersten Meister in diesem Genre. In seinen riesigen Marinebildern hält er detailliert die Gefechtshandlungen fest. So beispielsweise in seiner «Seeschlacht bei Gibraltar» (1607), wo er die entscheidende Phase ausmalt: den Augenblick, in dem das spanische Flaggschiff in die Luft fliegt (Ausgang Saal 101). Die britisch-niederländische Flotte unter Jacob van Heemskerck besiegt so die spanische Armada. Noch heute sichtbares Zeichen dieses Sieges ist der Status von Gibraltar als Kronkolonie des Empires.

Um 1630 malt Vroom Ostindienfahrer im Bereich der indischen Küste von Surat, betitelt «Friedlicher Handel in Ostindien». Es hängt im National Maritime Museum in London. Inzwischen hat das Gleichgewicht der Kräfte zur zwölfjährigen Waffenruhe (1609–1621) zwischen der Republik der Vereinigten Provinzen und Spanien geführt: in Europa. In Übersee wird mit allen Mitteln weiterhin Krieg geführt gegen Spanien und Portugal: in der Form der Kaperfahrt. Wie bereits 1603, als der spätere Held von Gibraltar, Jacob van Heemskerck, den reich beladenen portugiesischen Handelssegler «Catharina» überfällt und ausraubt. Im Auftrag der durch den Einfluß von Johan van Oldenbarnevelt zustande gekommenen VOC schreibt der Rechtsgelehrte Hugo Grotius sein Werk *De iure praedae* – vom Beuterecht. Der dritte Teil des Werkes *Mare Liberum* – *die Freie See* – *über das Recht der Bataver auf Handel in Indien* erscheint 1609 als eigen-

ständiges Werk. Damit wird er zum Begründer des modernen Seerechts. Seiner Meinung nach war die See wie die Luft eine Res Nullis, ergo frei und für jeden offen. Sein Hauptwerk über Krieg und Frieden «De iure belli et pacis» (1625) macht ihn zum «Vater des Völkerrechts». Es entsteht im Pariser Exil, wohin Grotius flüchtete, nachdem er zusammen mit van Oldenbarnevelt im Machtkampf gegen Statthalter Prins Maurits unterlag, der einen orthodoxen Calvinismus vertrat. Auf der Synode von Dordrecht (1618–19) wurden die liberalen Ideen verworfen, van Oldenbarnevelt des Landesverrats angeklagt und am 13. Mai 1619 enthauptet. Hugo de Groot bekommt lebenslänglich und wird im Juni 1619 auf Schloß Loevestein eingekerkert. Am 21. März 1621 gelingt ihm die Flucht in einer Bücherkiste (im Durchgang zu Saal 102 zu sehen).

Handel, Krieg und Piraterei

«Krieg, Handel und Piraterei, dreieinig sind sie, nicht zu trennen», das wußte auch Goethe. Im Prinzip sollten den Eingeborenen gegenüber «soete middelen» – süße Mittel – angewendet werden. Ist die Position der Holländer schwach, so versuchen sie auf friedliche Weise Handel zu treiben, gehen Kompromisse und Koalitionen mit den Landesfürsten ein. Fühlen sie sich stark genug, schrecken sie nicht vor List, Betrug und schließlich Gewalt zurück. 1605 erobert die VOC die Inseln Ambon und Ternate, 1621/22 wird auf barbarische Weise der Großteil der Bevölkerung der Banda-Inseln ausgerottet, der Rest versklavt. Bald reihen sich die Handelsposten der VOC in Asien wie eine Perlenkette aneinander, von Japan bis Arabien: Deshima in der Bucht von Nagasaki (1641), Fort Zeelandia auf Formosa (1624), Ayunthia in Siam in der Nähe des heutigen Bangkok (1607), Palembang auf Sumatra (1619), Fort Geldria an der indischen Koromandelküste (1613), Hougli in Bengalen (1656), Surat an der Nordwestküste Indiens (1616), Moccha in Arabien (1616). Saal 102 zeigt Gemälde von Hougli, Ambon und Batavia. Das «Brasilianische Panorama» von Frans Post verweist auf Hollands Kolonialgeschichte in Westindien.

Drei Jahre nach Gründung der Westindischen Compagnie erobert eine Flotte von 26 Schiffen Bahia de Todos os Santos in Brasilien. Zeitweise sind einige Küstenabschnitte des Subkontinents unter Maurits van Nassau niederländisch. Er schafft das Handelsdreieck zwischen dem afrikanischen Elmina, dem Zentrum des Sklavenmarktes, den Zuckerrohrplantagen Amerikas und Amsterdam. In den rund vier Jahrhunderten des Menschenhandels werden – vor allem unter dem Sklavenhändler Daendel – über zehn Millionen Afrikaner «verhandelt». Ab 1648 ist Curaçao der Hauptumschlagplatz. Erst 1863, dreißig Jahre nach den Briten, schafften die Niederlande als letztes Land in Europa die Sklaverei ab.

Der koloniale Reichtum, der nach Europa gelangt, wird auf verschiedene Art und Weise genutzt. Während Spanien die aus der Neuen Welt geplünderten Schätze für die Aufrechterhaltung der Feudalstrukturen benutzt, investieren England und Holland. John Maynard Keynes hat das Ergebnis der Kaperfahrten des berühmten Piraten Francis Drake «die Quelle und den Ursprung von Großbritanniens Überseeinvestitionen» genannt. Ähnliches gilt für Holland. Der Freibeuter Alexander Olivier Exquemelin schreibt 1678 in Amsterdam ein Standardwerk über die Buccaneers in der Karibik: *De americaense Zeerover* – später Vorlage für die besten Piratenfilme Hollywoods. Bislang unverfilmt blieb das Abenteuer von Piet Heyn: 1628 segelt er mit dem ausdrücklichen Befehl in die Karibik, die spanische Silberflotte zu kapern, was ihm vor Kuba gelingt. Noch 1926, anläßlich der Eröffnung des Kolonialinstituts (!) in Amsterdam, singt man das seitdem bekannte Volkslied von Piet Heyn: «Piet Heyn, zijn naam is klein, zijn daden bennen groot, hij heeft gewonnen de Zilvervloot» – «Piet Heyn, sein Name ist klein, doch seine Taten sind groß: er hat die Silberflotte gewonnen.» Originalstücke des Silberschatzes befinden sich in den Vitrinen von Saal 102. Den Schaden, der den Spaniern zugefügt wird, schätzt man auf 118 Millionen Gulden. Wenige Säle von Rembrandts berühmter Nachtwache entfernt, ist der aus den Kolonien stammende Luxus ausgestellt (Saal 257a im zweiten Stock). Ein Gemälde von Albert Cuyp aus dem Jahre 1620 ist ein entlarvendes Porträt: Es zeigt einen Oberkaufmann der VOC, der mit seinem Stab auf die reich beladenen Schiffe der Retourflotte an der Reede von Batavia weist, so als wolle er sagen: «Seht, worin ein kleines Land groß sein kann. Kaufleute sind ebenso in der Lage, Länder zu unterwerfen, Städte einzunehmen und Feld- und Seeschlachten zu gewinnen wie die größten Eroberer, auf Wegen, die weniger kostspielig sind als Kriege …»

PHANTASIE
AN DIE MACHT
DURCH PROVO-TOWN

Vom kulturellen Mittelpunkt der Stadt, dem Leidseplein, führt die Rebellen-Tour zu den Orten der Amsterdamer Volksaufstände, der Happenings und Bürgerinitiativen: von Provo bis Kabouter und Oranje Vrijstaat, quer durch das Volksviertel Jordaan, dem Neumarktviertel, wo einst die «beste Bürgerinitiative der Welt» operierte, bis zu den Zentren der Macht auf Dam und Waterlooplein.

Die Tour beginnt am Leidseplein, den man vom Hauptbahnhof mit den Straßenbahnlinien 1 und 2 erreichen kann. 1964: In den Cafés um den Leidseplein, vor allem bei den Rijnders und Eijlders, trifft sich die junge, zukünftige kulturelle Elite des Landes, nach dem Ort ihrer Zusammenkünfte «Pleiners» genannt. Sie stammen aus dem Bürgerstand, tragen echtes Leder und stehen auf Jazz. Gelegentlich rauchen sie Marihuana und lesen moderne Literatur. Im Gegensatz zu ihnen stehen die «Dijker», die sich am Nieuwendijk, in der Nähe des Hauptbahnhofs, treffen. Sie tragen Kunstleder, fahren Motorrad, stehen auf Rockmusik, rauchen schweren Shag und bringen ihre

Tage im Kino durch. Zwischen den «Dijkern» und den «Pleinern» liegen Welten.

Happenings am Leidseplein

Der Leidseplein und die ersten Beatniks und Dropouts mit ihrer Gegenkultur bilden das Dekor für «einen kleinen Mann mit auffallend blauen Augen», Robert Jasper Grootveld.

Als Fensterputzer am Hirsch-Gebouw, gegenüber dem Hotel Americain, sah er eines Tages folgendes: Die Polizei veranstaltet eine Razzia unter den Pleinern auf der Suche nach Marihuana, am Giebel des Polizeireviers Leidseplein (heute: Bull-Dog) wirbt dahingegen eine Neonreklame für Zigaretten. «Doch machte Nikotin, im Gegensatz zu Marihuana, abhängig und war tödlich; während die Marihuanahändler aufgebracht wurden und ins Gefängnis kamen, waren die Nikotinfabrikanten und -händler ehrenwerte Mitglieder der Gesellschaft.» Diese Einsicht verändert sein Leben; er wird «Anti-Rauch-Magier». Mit seiner Kreativität und Geltungssucht könnte er in der Werbung steinreich werden, er entscheidet sich statt dessen für die aus den USA nach Amsterdam übergeschwappte Alternativkul-

Protest, Aktion, Happening auf dem Dam und anderen Plätzen der Stadt

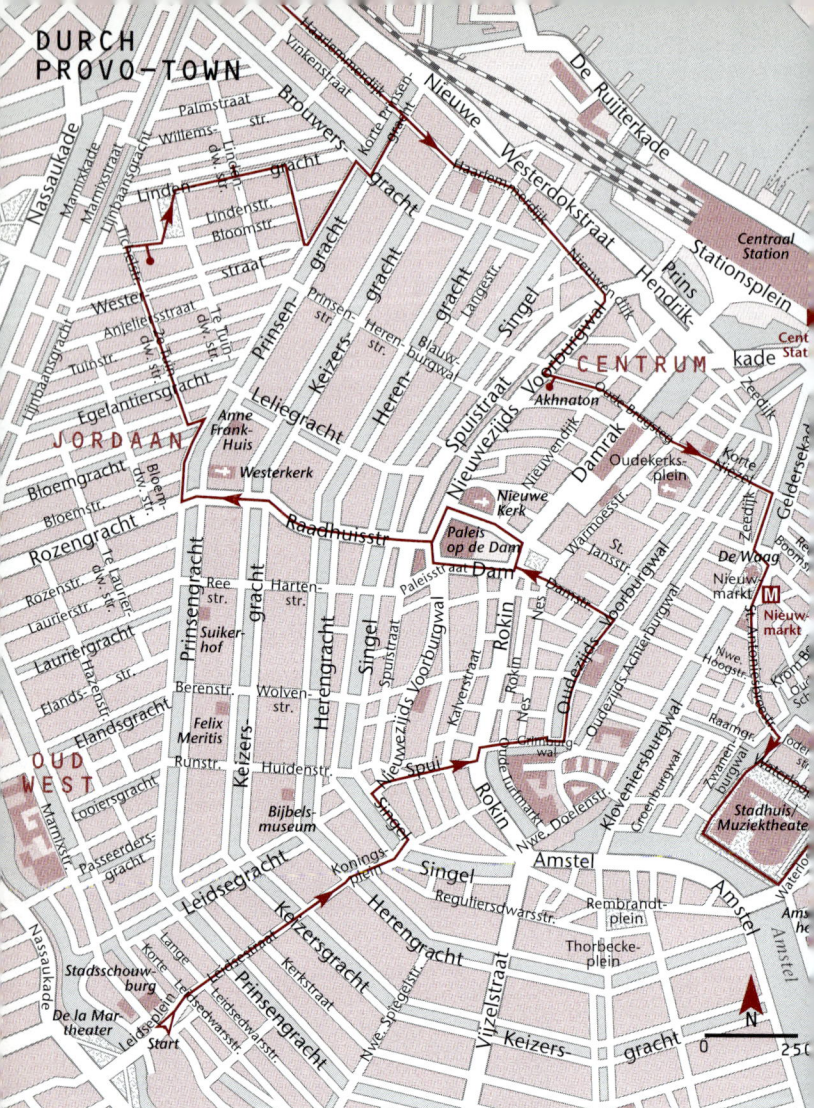

tur. So macht er statt Reklame Anti-Reklame. Grootveld erklärt Amsterdam zum «magischen Weltzentrum». Hier wird das Happening zur eigenständigen Kunstform mit Akteuren wie Johnny The Selfkicker, der sich auch der «Electric Goebbels» nannte, und mit der Blue Lady Marijke, the hippest chick of the town, von Fluxus-Künstlern wie Willem de Ridder und Wim T. Schippers. Grootveld selbst mietet um die Ecke, in der Korte Leidsedwaarsstraat 29, eine alte Garage und weiht sie als «K-Tempel» ein. Er feiert dort eine

Liturgie – angemalt wie ein Medizinmann –, die mit einer Predigt gegen die Zigarettenindustrie endet. Der K-Tempel wird zum Szene-Treff. Schriftsteller wie Harry Mulisch und Simon Vinkenoog, der Sänger Ramses Shaffy und Schachweltmeister Hein Donner verkehren dort.

Ritterschläge am Spui

Über die Leidsestraat, den Straßenbahnschienen folgend, erreicht man das Universitätsviertel mit dem Spui-Platz. Er war einst das Zentrum der Provo-Happenings. Man setze sich auf eine Terrasse und mache sich ein Bild von den Geschehnissen des heißen Sommers 1965 an diesem Ort.

Nachdem der Garagentempel abgebrannt ist, verlegt Grootveld im Sommer seine rituellen Praktiken zum «Lieverdje»-Standbild auf dem Spui, dem Symbol des Amsterdamer Gassenjungen, gestiftet von einer Zigarettenfabrik. Für Jasper Grootveld ein gefundenes Fressen: Er erklärt das «Lieverdje» zum Standbild «des versklavten Konsumenten von morgen» und hält dort jeden Samstagabend seine Happenings ab. «Während ihre Eltern auf Kühlschrank und Waschmaschine sitzen, mit dem linken Auge ins Fernsehen gucken und mit dem rechten zum Auto vor der Tür, in der einen Hand einen Mixer und in der anderen Hand den *Telegraaf*, begeben sich ihre Kinder samstagabends zum Spui … Exakt um null Uhr erscheint dort der Hohepriester in vollem Ornat aus einer Gasse kommend und beginnt magische Kreise rund um den nikotischen Dämon zu ziehen, während seine Anhänger rhythmisch klatschen und den ‹Uche-uche-Song› husten …» – das Establishment ist provoziert.

Man sieht die «Chance, diese Gesellschaft noch einmal nach herzenslust zu provozieren». Eine Bewegung nimmt ihren Anfang, ihr Name: Provo.

Provo ist noch vor der Studentenbewegung in Berlin, noch vor dem Pariser Mai 1968 die erste jugendliche Protestbewegung im Nachkriegseuropa. Provo ist seinem Wesen nach undefinierbar. Sie ist vor allem «ein Aufstand des Homo ludens, des spielenden Menschen». Provo zitiert Constant Nieuwenhuis, in den fünfziger Jahren ein Vertreter der Künstlergruppe Cobra: «… Der Aufstand des Homo Ludens. Die jungen Leute unserer Zeit kommen in Bewegung, getrieben durch eine nicht unterdrückbare Neigung. Sie wollen ihr Leben intensiver machen … sie wollen das Leben zu einem Spiel machen.» Constant Nieuwenhuis ist ein experimenteller Maler. Er entwirft die Zukunftsstadt «Neu-Babylon», in der die Menschen nicht mehr zu arbeiten brauchen und daher spielend kreativ tätig sein können. Die Provos nehmen auf diese Zukunft einen Vorschuß: «Sie spielen den Ernst in dieser Gesellschaft, die noch immer zwischen Spiel und Ernst ganz säuberlich trennt.»

Mit Politik haben die unschuldigen Veranstaltungen zunächst wenig zu tun. Die Amsterdamer Polizei reagiert darum gelassen: Jedes Dorf habe seinen Dorftrottel, warum sollen in Amsterdam nicht auch ein paar davon rumlaufen? Doch dann geht die Politisierung Schlag auf Schlag. Der Anlaß ist der Besuch von Prinzessin Beatrix und ihrem Verlobten Claus von Amsberg in Amsterdam. Beatrix will in der Hauptstadt Amsterdam Hochzeit halten. Und das mit einem Deutschen! Im ehemaligen «Jerusalem des Westens», dessen jüdische Einwohnerschaft notabene von den Deutschen deportiert wurde. Beatrix – ein Super-Provo? Am Vorabend des Besuches legen die Provos aus Protest Blumen am Nationalen Monument auf dem Dam. Zuhälter aus dem Rotlichtviertel vertreiben sie. Die Provokation am Nationalmonument schadet dem Geschäft. Die Polizei sieht tatenlos zu, als die Vertreter der Unterwelt auf die Jugendlichen losgehen. Kennen sie nicht den letzten Satz der Inschrift auf dem Nationalmonument, mit dem an die Befreiung Hollands von der Schreckensherrschaft der Nazis erinnert werden soll? Dort heißt es: «Bleibe dies uns in Erinnerung, Erlöste, die wir sind, aus der Schreckensherrschaft einer Unterwelt ...»

Der anarchistische Student Roel van Duyn erzählt am nächsten Tag dem Anti-Rauch-Magier Grootveld von den Geschehnissen auf dem Dam. Zwischen den Grootveld-Jüngern und den Anhängern von Roel van Duyn kommt es daraufhin zu einer «phantastischen, alchimistischen Reaktion, wobei unter großem Geblubber und Hitzeentwicklung eine Verbindung entsteht von Claus und Klaas, Republik und Genuß ... Atombombe und Hoempapa» (Harry Mulisch). Am 3. Juli 1965 werden die ersten Flugschriften von Provo gedruckt. Sie flattern auch ins Rundfahrtboot von Claus und Beatrix, als sie durch die Grachten von Amsterdam fahren.

Auf dem Pamphlet wird unmißverständlich Stellung bezogen: «Claus raus!, Claus – persona non grata!»

Am 12. Juli, eine Woche später, erscheint die erste Nummer der Zeitschrift *Provo*. Darin findet sich ein Artikel mit dem Titel «Ein Claus – ein Reich», in dem auf die «Klaas / Claus-Aktionen» eingegangen wird. Man sieht die Claus-Affäre als «prächtige Gelegenheit, gegen die Monarchie zu agitieren» und auch «in Widerstand zu kommen gegen die Autoritäten im allgemeinen». «Haben wir genug von Juliana und Bernhard, Beatrix und Claus?» fragen sie rhetorisch, um darauf die Antwort zu geben: «Natürlich haben wir genug von J & B, B & C; wir sind nicht die einzigen. Das Besondere bei uns ist nur, daß wir genug haben von jeglicher Monarchie, von jeglicher Republik, von jeglicher Staatsform, von jeglicher Regierung und jeglicher Autorität. Wer hätte das gedacht: wir sind Anarchisten!» Und schelmisch läßt man wissen: «Provo sieht ein, daß sie am Ende die Verlierer sein werden, aber die Chance, diese Gesellschaft zumindest noch einmal nach Herzenslust zu provozieren, will sie sich nicht nehmen lassen.» Und die Gesellschaft, vor allem die Obrigkeit, läßt sich provozieren: die Polizei schlägt sofort zu und beschlagnahmt *Provo Nummer 1*. Dadurch wächst Provo sehr schnell: «Die Polizei produziert Provos, während sie vorgibt, diese zu bekämpfen, um die Ordnung wiederherzustellen», heißt es ironisch. Das Polizeiverhalten ist einkalkuliert. Schon in *Provo Nummer 1* wird die Polizei als der beste Kamerad von Provo bezeichnet: «Die Polizei ist der unpopulärste Vertreter der Staatsmacht. Je mehr es gibt, je frecher und faschistischer sie auftritt, desto besser für uns. Die Polizei provoziert, genau wie wir, die Massen. Sie von der einen Seite, wir von der anderen ...». Der Name Provo wird in

Das «Lieverdje» am Spui: Standbild des versklavten Konsumenten von morgen

kürzester Zeit zum Ehrennamen. Die historische Parallele ist deutlich: So wie sich einst die Rebellen, die gegen die Spanier kämpften, den Ehrennamen «Geuzen» geben, so geben sich die ‹angry young men› jener Zeit den Ehrennamen Provo. Mit propagandistischem Talent wird eine ganze Reihe von Bezeichnungen kreiert, unter anderem die Titulierung aller Nicht-Provos als «Klootjesvolk», «der Brei, zu dem alle früheren Klassen geworden sind; im Wohlfahrtsstaat ist die Jugend die letzte revolutionäre Klasse: das Provotariat», so der Sympathisant Harry Mulisch.

Weiße Fahrräder für alle

Angesichts des Phänomens Provo sind die Regenten zunächst ratlos, doch reagieren sie unter dem Druck von Den Haag und Oranje am 31. Juli 1965: Die Polizei greift beim nächtlichen Happening um das Lieverdje ein, denn der «Dorftrottel Grootveld» ist zum staatsgefährdenden Anarchisten avanciert. Mit dem staatlichen Auftreten soll «ein Beispiel für die Zukunft gesetzt werden». Fortan bewacht die Staatsmacht das Standbild. Das spricht sich herum, und immer mehr Menschen kommen. Wenn Jasper Grootveld in gewohnter Weise erscheint, stürzen sich Polizisten von allen Seiten auf die Anwesenden. So erhalten immer mehr Menschen den Ritterschlag zum Provo mit dem Polizeiknüppel.

Als das Provo-Mädchen Koosje Koster beim «Lieverdje» Korinthen austeilt, wird sie wegen öffentlichen Ärgernisses festgenommen. «Die Rechtsordnung in den Niederlanden ist ins Herz getroffen – durch eine Korinthe. 100 Jahre soll man das in der Schule lernen», schreibt Harry

Mulisch. Als die Provos den «Weißen Fahrrad-Plan» lancieren, wird der folgende Aufruf verteilt: «Amsterdamer! Der Asphaltterror der motorisierten Bourgeoisie hat lang genug gedauert. Täglich werden Menschenopfer gebracht für die neueste Autorität, an die das Idiotenvolk sich ausgeliefert hat: die Auto-Autorität! Das erstickende Kohlenmonoxid ist ihr Weihrauch, ihre Statuen verpesten tausendfach Grachten und Straßen. Provos Fahrradplan bringt die Befreiung von den Automonstern. Provo lanciert die weißen Fahrräder in öffentlichem Besitz. Das Fahrrad ist niemals abgeschlossen. Es ist das erste kostenlose, gemeinschaftliche Verkehrsmittel. Das weiße Fahrrad ist eine Provokation für den kapitalistischen Privatbesitz, denn das weiße Fahrrad ist anarchistisch. Es kann von jedem benutzt werden, der es nötig hat, und es kann herrenlos wieder stehengelassen werden. Es sollen mehr weiße Fahrräder kommen, so daß schließlich jeder sie benutzen kann und die Autofahrer vertrieben sind. Das weiße Fahrrad symbolisiert Einfachheit und Hygiene gegenüber dem Protz und Dreck der autoritären Autos. Ein Fahrrad ist nämlich etwas, aber fast nichts!» Als die Provos diesen unschuldigen Text plakatieren, werden zwei von ihnen verhaftet. Und als die ersten weißen Fahrräder Amsterdams zur allgemeinen Benutzung am Lieverdje abgestellt werden, geschieht das Unglaubliche: die Polizei hat nichts Wichtigeres zu tun, als sie sofort zu beschlagnahmen. Der Berichterstatter Mulisch: «Die Polizei war regelrecht in die Falle gelaufen, die für sie aufgestellt war. Sie hatte vergessen, daß das Flugblatt den Namen ‹Provokation› trug … Was sich hier abspielte, war ein Lehrbeispiel der Provotaktik.»

Aber nicht nur die Polizei ist provoziert. Auch die Zuschauer. Über diesen Mechanismus von Provokation und Gegenprovokation heißt es in Mulischs «Bericht an den Rattenkönig»: «Plötzlich merkten die Jungs, die sich bis zu diesem Zeitpunkt amüsiert hatten, daß bestimmte Dinge in einem bestimmten Zusammenhang unmöglich waren. Nämlich das Hinstellen eines Fahrrads im republikanischen Zusammenhang. Und erst jetzt werden sie zu Republikanern – nicht weil sie Republikaner sein wollten, auch nicht, weil sie ein weißes Fahrrad hinstellen wollten (das war schließlich möglich – wenn man Monarchist war), sondern weil sie als Republikaner ein weißes Fahrrad hinstellen können. Darin lag die Dialektik der Provokation.» Wer aus dem Café Hoppe kommt, dort noch kein Provo war, wird nun blitzschnell durch die Polizeiknüppel dazu gemacht. Wie der junge Hans van Mierlo, heute Außenminister der Regierung Kok, der unter diesem Eindruck politisiert wird und im Sommer 1966 eine neue politische Partei gründet: die Demokraten '66.

Mittlerweile kommt der Heiratstermin von Prinzessin Beatrix und Claus von Amsberg näher. Überall in der Stadt erscheint die magische Aufschrift «Klaas kommt!». Die Bedeutung ist doppelsinnig: Einmal bezieht es sich auf Claus von Amsberg, andererseits kann man es aber auch auf den Nikolaus beziehen, den Schutzpatron der Stadt, der zur Freude der Kinder mit Geschenken aus Spanien im Dezember in die Stadt einzieht. Das schafft Erwartungen. Niemand weiß, wie

Provo reagieren wird – nicht einmal Provo selbst. So unpopulär die Hochzeit in Amsterdam zu werden droht, so populär ist die Hochzeit von Provo Rob Stolk und Sarah Duys. Auf einem weißen Fahrrad, die Braut auf der Lenkstange, fährt das Paar zum Rathaus am Oudezijds Voorburgwal. Wenn man vom Spui aus Kalverstraat und Rokin überquert, gelangt man an der ersten Gracht links zum ehemaligen Rathaus, heute: Luxushotel The Grand, damals Ort der Eheschließungen. Das wachsame Auge des Gesetzes kann nicht verhindern, daß diese Hochzeitsfeierlichkeiten zum Provo-Happening werden: Als der Standesbeamte eintritt, wird er mit den Ausrufen «Lebe die Autorität!» begrüßt sowie mit «Lebe die Revolution». Die Amsterdamer sind amüsiert. Die Autoritäten fürchten jedoch um die königliche Hochzeit, die für den März geplant ist. Bürgermeister van Hall klärt den zukünftigen Prinzgemahl sogar in einer amtlichen Rede darüber auf: «Amsterdam ist bekannt als eine ‹lästige Stadt›, und Amsterdamer sind ‹lästige Menschen›.» Man folgt jetzt der Route, die 1966 auch die Hochzeitskarosse genommen hat: die Gracht hinunter bis zur Damstraat und dann zum Dam, wo der Blick auf den Königlichen Palast fällt, weiter durch die Raadhuisstraat zur Westerkerk.

Die Rauchbomben-Hochzeit

Provo bereitet die Hochzeitsfeierlichkeiten als «Provo-Oranje-Komitee» mit dem Namen «Die Perle des Jordaan» vor. Ironisch so genannt, weil die Hochzeit in der Westerkerk (der «Perle des Jordaan») stattfinden soll. Sie fordern auf, für ein «Anti-Hoch-

67

zeitsgeschenk» zu sammeln. Warum? Provos Antwort: «Da der Polizeiapparat, die Justiz und die öffentlichen (?) Kommunikationsmittel, die aus aufrechter Überzeugung gewachsenen (1940–1945) Vorbehalte gegen die Hochzeit dieser Volksgruppen (lies Juden, Zigeuner, Kommunisten, Sozialisten, Provos, Republikaner und andere Realisten) regelmäßig vergewaltigt werden, bleibt unserem Komitee nur das letzte (traurige) Mittel: Provokation!»

Am 25. Februar 1966 kommt die auf Silberpapier ausgeführte «Oranjenummer» von Provo heraus. Es ist der Jahrestag des Februarstreiks: Am 25. Februar 1941 kam es aus Protest gegen die erste Judendeportation durch die deutschen Besatzer zum Generalstreik. Jetzt, 25 Jahre später, will Prinzessin Beatrix als erste Oranierin nach dem Kriege in der holländischen Hauptstadt heiraten: ausgerechnet einen Deutschen! «Man könnte fast meinen, sie wäre Provo. Aber das Umgekehrte ist wahr: Es ist Verstocktheit. Sie provoziert nicht, sie ist provoziert.» Und: «Ganz Amsterdam rast vor Wut. Obendrein muß die Stadt die Hälfte der Hochzeitskosten aufbringen.» Es werden viele Pläne geschmiedet: Luftballons mit Hakenkreuzen sollen hochgehen, aus Lautsprechern soll das Geräusch von Maschinengewehren kommen.

Der Tag der Hochzeit: Schon die ersten Fernsehbilder liefern den Beweis: Die Straßen sind wie leergefegt – so leer, daß hinter der Kutsche fast ausschließlich Polizei und Militär zu sehen sind. Amsterdam, die «lästige Stadt», boykottiert die Oranje-Hochzeit. Auch die Provos sind zunächst ganz woanders: am Standbild des Dockarbeiters am Jonas-Daniel-Meyer-Plein, wo sie zum Andenken an den Februarstreik Blumen niederlegen. Danach ziehen sie über die Amstel und den Rembrandtsplein in Richtung Westerkerk.

Als der Hochzeitszug durch die Raadhuisstraat in der Nähe der Westerkerk kommt, platzen die ersten Rauchbomben, für die Fernsehzuschauer und der ganzen Welt sichtbar. Die Polizei arbeitet fieberhaft, doch bis in die Kirche hinein ist der Ruf «Lebe die Republik!» zu hören. Während die Polizei Schlagstock schwingend noch stundenlang durch die Grachtenstadt auf der Suche nach «Unruhestiftern» ist, feiern die Provos ihren Sieg. Ohne selbst Gewalt zu benutzen, ist es gelungen, vor aller Welt die «Gewalttätigkeit der Regentenmentalität» aufzuzeigen, so Harry Mulisch.

Ein aufmüpfiges Viertel: der Jordaan

Am Fuße der Westerkerk, jenseits der Prinsengracht, liegt das Volksviertel Jordaan: aufmüpfig von jeher. Kein Wunder, daß auch hier die Wurzeln von Provo liegen. Wo die Bloemgracht in die Prinsengracht mündet, geht die Rebellen-Tour in das Straßenlabyrinth des Viertels hinein. Man überquert eine Gracht und fünf Gassen, biegt rechts in die Karthuizerstraat ein und steht bei der Nummer 14 am ehemaligen Provo-Hauptquartier, wo einst Drucker Rob Stolk und «Chefideologe» Roel van Duijn wohnten. Hier wurden viele Aktionen bedacht, die Texte für die Provogazette formuliert. In Nummer 3 wird die Provobewegung in den historischen Kontext zu den Amsterdamer Volksaufständen im Jordaan gesetzt. Frappierend ist

In der Raadhuisstraat platzen beim Passieren des Hochzeitszuges von Beatrix und Claus 1966 die Rauchbomben

der Vergleich mit dem «Aal-aufstand» von 1886.

Quer über den Platz Karthuizer-plantsoen gehend, erreicht man die inzwischen zugeschüttete Lindengracht, den historischen Ort der Erhebung am 25. Juli 1886: Die Einwohner der Linden-gracht vergnügen sich beim «pa-ling trekken», beim Aaleziehen. Das ist ein ziemlich grausames Volksvergnügen im Jordaan: Über der Gracht wird ein mit Schmier-seife eingeriebener lebender Aal an einem Seil aufgehängt. Der «Aal-Zieher» wird auf einem wackligen Kahn unter den Aal durchgefahren. Im richtigen Au-genblick muß er das glitschige Tier fangen. Ein blutiges Ver-gnügen, das dem Aal das Leben kostet. Die Regierung möchte es den Jordaanbewohnern verbie-ten. Diese empfinden das Verbot jedoch als eine Einmischung in ihre inneren Angelegenheiten und als heuchlerisch, denn: gegen das Enthäuten von lebenden Aalen für die Nobelrestaurants der Superreichen sagt die Regierung nichts. Als ein übereifriger Polizist das Seil, an dem der Aal hängt, durchschneidet, ist das Maß voll. Es kommt zu Prügeleien. Zwei Tage später wird ein Polizist bei seinem Streifengang mit Dach-ziegeln beworfen: Großalarm für die Amsterdamer Ordnungshüter. Sie kommen, um zweihundert Mann Infanterie und berittener Husaren verstärkt, dem armen Polizisten zu Hilfe. Die Jor-daanezen nehmen die Heraus-forderung an: Sie errichten Bar-rikaden, der Aufstand hat begon-nen. Einen Tag später kann man die Bilanz ziehen: 23 Tote, 40 Schwer- und über 100 Leicht-verletzte. Deutlich ist: Der Aal ist buchstäblich nur der Aufhänger. Es geht um einen ganz anderen Konflikt, um die Lebensverhält-nisse der Menschen im ausgehen-den 19. Jahrhundert. Die Zeitung *Recht für alle* räumt ein, daß alles zwar mit dem grausamen Aalspiel angefangen habe, doch die, die sich darüber aufregen, sollen sich an die eigene Nase fassen ... «Und sollen wir vielleicht an das Mißhandeln von Menschen erin-nern ... täglich werden viele zu Tode gemartert – darüber spricht die Gesellschaft nicht!» Die Parallele zu 1965 sieht so aus: Die Obrigkeit verbietet die Happe-nings der jungen Amsterdamer, aber nicht die Rituale der konser-vativen Studentenbünde. Mulisch sagt in seinem *Rattenkönig*, daß sich der Provoaufstand im Kern gegen die Regentenmentalität richtet. «Früher kam ein Stadt-viertel in Aufstand, heute eine Generation.»

Wenn man die Lindengracht rechts weiterläuft, gelangt man über die Noorderkerkstraat zum Noordermarkt und kommt damit wieder zurück zur Prinsengracht. Einst brach hier der Kartoffel-aufruhr aus: Im Sommer 1917 wird den Amsterdamern deutlich, daß der Mangel an Kartoffeln da-her rührt, daß diese für den Export nach Deutschland und England bestimmt sind. Auf dem Rangiergelände Rietlanden (öst-lich des Hauptbahnhofs) stehen Waggons voller Erdäpfel. Jetzt kommen die Hungernden aus dem in der Nähe gelegenen Hafenarbeiterviertel Kattenburg. In aller Eile wird Militär einge-setzt. Das Ende vom Lied: zehn Tote und mehr als hundert Ver-letzte. Die Volksaufstände verlau-fen alle nach dem gleichen Muster: In der Stadt herrscht ein «heißes Sommergefühl voller Unbehagen», dann kommt es zu vereinzelten Verhaftungen, «Den

Haag zweifelt an den Fähigkeiten der Amsterdamer Obrigkeit», für Ruhe und Ordnung zu sorgen. Dies führt zu einer Überreaktion durch hartes Polizeiauftreten, Amsterdam ist zum Pulverfaß geworden, am Ende ziehen Soldaten ein. Auf diese Art und Weise wird immer wieder «Amsterdam besetzt durch die Niederlande» (Harry Mulisch).

«Der Hunger geistert durch die Stadt»

Viele Jordaanezen erinnern sich noch an den «Jordaan-Oproer» von 1934. Die Wirtschaftskrise von 1929 hatte auch Auswirkungen auf die Niederlande: Ein Drittel aller Schiffe der niederländischen Handelsflotte liegt auf dem Trockenen. Die Regierung muß mit Milliardenbeträgen aushelfen, um die Flotte vor dem Untergang zu bewahren. Viele Seeleute werden in den Häfen von Rotterdam und Amsterdam brotlos. Darunter viele Chinesen, die notgedrungen in Holland bleiben müssen. Um zu überleben, verkaufen viele von ihnen Erdnußplätzchen, mit großen Blechbüchsen laufen sie durch die Straßen. Auf ihnen steht: «pinda, pinda, lekker: 5 cent». Die «Pinda-Chinesen» sind eine von vielen Krisenerscheinungen. In den Jahren 1932 und 1933 gehen allein 4500 Firmen pleite. Die Übriggebliebenen konkurrieren mit allen Mitteln um den schrumpfenden Inlandsmarkt. Mit der Losung «Kauft niederländische Waren – dann helfen wir uns gegenseitig» wird an die nationalen Gefühle appelliert. Tausende von Menschen müssen von einer kargen Arbeitslosenunterstützung leben, ohne daß die Regierung Aussicht bietet auf eine Verbesserung der Situation. Im Gegenteil: Im Rahmen der Sparmaßnahmen werden sogar die Stempelgelder um zehn Prozent gekürzt. Den Alltag der Arbeitslosigkeit beschreibt Jan Musch in seinem Roman *Menschen ohne Geld*: «Die Grachten stinken, und über den Proletarierhütten hängt das Damoklesschwert der Senkung der Stütze. Noch größere Not, noch größeres Elend, das Leben wird so zur quälenden Last. Der Hunger geistert durch die Stadt, pfeift seine Melodie in die schmalen Stege hinein … doch es gibt nichts mehr, was sie noch verlieren könnten. Sie nehmen den einzigen Ausweg, der ihnen noch bleibt: die Straße!» Der Unmut unter der Arbeiterschaft in Amsterdam über die Politik in Den Haag wächst.

Am 4. Juli 1934 wird erstmals weniger Stempelgeld an die arbeitslosen Hafenarbeiter Amsterdams ausbezahlt. Am Abend findet im Jordaan eine organisierte Protestversammlung statt. Die Wut ist groß, und nach der Veranstaltung kommt es zu ersten Reibereien mit der Polizei. Zwei Tage später ähnelt das Viertel einer belagerten Festung. Überall werden Barrikaden aufgeworfen, Militär und Polizei, unterstützt von Panzerfahrzeugen, versuchen in die dichtbevölkerten Gassen vorzudringen. Steine und Dachziegel begrüßen die Uniformierten. Hier und da werden rote Fahnen gehißt, die «Internationale» erklingt: «Rood Front» schallt es durch das Viertel. Ist das die Revolution?

Der Aufstand wird blutig niedergeschlagen, die Bilanz: sechs Tote, dreißig Verwundete. Die Kürzung der Arbeitslosenunterstützung wird nicht zurückgenommen. In der Arbeiterbewegung herrscht Uneinigkeit. Die

**Phantasie an die Macht: mit Bade-
wannen paddeln**

Sozialdemokraten und die Ge-
werkschaft distanzieren sich von
der Gewalt, die Kommunisten
sind (noch) zu schwach. Doch
dann kommen die Kommunal-
wahlen von 1935. Hier sind die
Kommunisten die großen Ge-
winner: Sie können ihre Sitze im
Gemeinderat fast verdoppeln, auf
sieben der 45 Sitze.

Provo stellt sich zur Wahl

Hinter der Brouwersgracht haben
die Provos auf der Korte Prinsengracht 1967 in einem Keller
ihr Provo-Zentrum «Der weiße
Neger» («De witte neger») eingerichtet. Auf dem Haarlemmerdijk
82, im damaligen Kino Apollo,
halten sie «Teach-ins» ab. Die
Provos weisen nach, daß die ver-
stockte Regentenpolitik sich konkret in Amsterdam auswirkt: als
Kommunalpolitik. Die Alternative
dazu, Provos Wahlprogramm, ergibt sich aus den «Weißen Plänen»: weiße Fahrräder zum Null-
tarif für jedermann, saubere Luft
aus weißen Schornsteinen und
«Amsterdam autofrei». Leerstehende Häuser werden weiß ange-
strichen, zum Zeichen, daß jeder
darin wohnen darf. Das Königs-
palais auf dem Dam soll wieder
Rathaus werden. Der «Weiße-
Hennen-Plan» fordert statt knüp-
pelschwingender Polizisten weiß
gekleidete Sozialarbeiter, die statt
mit Pistole und Schlagstock mit
Streichhölzern, Verhütungsmit-
teln und Heftpflaster ausgestattet
sind. Mit diesem Programm ge-
winnt Provo auf Anhieb 13 000
Stimmen (2,5 Prozent). Damit
kommt ihr Kandidat Bernhard de
Vries ins Stadtparlament.

Beim Provozentrum um die
Ecke, auf dem Haarlemmerdijk
166, wohnte einer der geistigen
Ziehväter von Provo: Ferdinand

Domela Nieuwenhuis. Nach ihm haben die Amsterdamer Studenten zeitweise ihre Universität benannt. Sein Standbild steht am Ende des Haarlemmerdijk, hinter dem Stadttor nach Haarlem auf dem Nassauplein. Domela Nieuwenhuis ist ein wichtiger Impulsgeber der frühen Arbeiterbewegung und eine der schillerndsten Gestalten der sozialen Bewegung Europas, ein «typischer» Amsterdamer: 1846 als Sohn eines berühmten Predigers geboren, wird er selbst zunächst calvinistischer Prediger, dann Freidenker, dann Sozialist. Zum Zeitpunkt des Aalaufruhrs sitzt er wegen Majestätsbeleidigung im Gefängnis. Das macht ihn zum Volkshelden. Seine Anhängerschaft steigt gewaltig an, und 1888 kommt er als erster Sozialist ins Haager Parlament. Isoliert, geschnitten, einflußlos, gehaßt, fällt er auf durch allerlei querköpfige Anträge. Die Gesellschaft draußen erlebt Krisenjahre. Arbeitslosigkeit, Forderung nach allgemeinem Wahlrecht. Demonstrationen der Sozialisten. Hungermärsche der Arbeitslosen. Im Parlament wird nur geschwafelt. Domela Nieuwenhuis wendet sich gegen Parlamentarismus und Reformismus. 1897 zieht er sich zurück und wird konsequent anarchistisch. Statt Parteiarbeit interessiert ihn nun mehr die Arbeit in kleinen autonomen Gruppen, die unabhängig voneinander operieren, ohne irgendwelche Führung, und lediglich bei bestimmten konkreten Aktionen zusammenarbeiten. Domela plädiert für einen unorthodoxen individualistischen Anarchismus, der keine Macht kennt. Denn: Macht korrumpiert. Die Arbeiter sollen selbst politisch handeln und es

nicht gewählten oder selbster-
nannten Vertretern überlassen.
Damit wird Domela zum Zieh-
vater vieler späterer Bewegungen
in Amsterdam. Nach seinem Tod
1919 erhält Domela Nieuwenhuis
spontan den größten Leichenzug
der Amsterdamer Geschichte.

Nach rechts, in Richtung Hauptbahnhof gehend, erreicht man
über die Haarlemmerstraat den
Nieuwendijk und den Nieuwezijds
Voorburgwal.

Am 13. Juni 1966 demonstrieren die Bauarbeiter gegen eine Entscheidung ihrer eigenen Gewerk-
schaft. Bei einer Auseinandersetzung fällt plötzlich ein Arbeiter
tot um. Viele Leute glauben: Die
Polizei hat einen Menschen totge-
schlagen. Die Boulevardzeitung
De Telegraaf verbreitet die Version,
der Arbeiter sei durch einen Stein
tödlich getroffen, den ein anderer
Arbeiter geworfen habe. Am nächsten Tag rufen die Bauarbeiter
zum Streik auf und ziehen durch
die Stadt. Im Zeitungsviertel
kommt es zur Konfrontation mit
der Polizei. Die Gewalt eskaliert,
die Straßenschlachten halten den
ganzen Tag an. «Mit dem Gewehr
im Anschlag stehen die behelmten
Polizisten unter den Transpa-
renten mit der Aufschrift: Holland
Festival.» Erst eine spätere Ausgabe
des *Telegraaf* verrät die wahre To-
desursache: Herzinfarkt. Die Behörden kommen zum gleichen
Schluß. Doch in Amsterdams Straßen wütet der Bürgerkrieg. Den
Haag erklärt den Ausnahme-
zustand. «Amsterdam wird vollge-
stopft mit Tausenden von Soldaten – genauso wie Vietnam
eben mit amerikanischen Soldaten. Amsterdam ist von den Niederlanden besetzt worden.» Vor
diesem Hintergrund ist es für die
Provos an der Zeit, sich zu be-
sinnen: Kann man noch spielen-

derweise zu einem ‹lebbaren›
Amsterdam kommen? Man
kommt zu dem Schluß: Der Mohr
hat seine Schuldigkeit getan, er
kann gehen!» Am 12. Mai 1967
löst Provo sich im Vondelpark offiziell auf. Für Harry Mulisch liegt
das Verdienst von Provo darin, daß
sie «die Mentalität der Regenten
ins Rampenlicht gestellt haben».

Einige von ihnen treffen sich
mit Roel van Duyn 1970 an der
Ecke Nieuwezijds Kolk im
Akhnaton. Am 5. Februar gründen die Anwesenden einen eigenen Staat: den Oranje Vrijstaat
mit einer Stadtpost und eigenen
Briefmarken und Botschaftern.
Die Jugendzeitschrift *Hitweek*
wird ihre Staatszeitung. Im Oranje
Vrijstaat leben Kabouter – Hein-
zelmännchen. Mit der eigenen
Partei «Amsterdam Kabouterstad»
nehmen sie an den Kommunal-
wahlen teil. Sie erhalten auf
Anhieb 38000 Stimmen und damit fünf Sitze von 45 im Stadtparlament. Mit zwölf Sitzen für
die Sozialdemokraten, acht für die
Kommunisten, vier für die pazifi-
stischen Sozialisten der PSP und
drei Sitzen für Hans van Mierlos
linksliberale «Demokraten '66»
wird Amsterdam zu einer linken
Stadt, in der die konkrete Utopie
realisierbar erscheint. Doch dann
kommen die Auseinandersetzun-
gen im Neumarkt-Viertel 1975.

Der Witz der Kabouter

Man erreicht das Viertel vom
Nieuwezijds Kolk aus über den
Oude Brugsteeg, Korte und Lange
Niezel und Zeedijk. Die Geschichte des «Kampfes um das
Neumarktviertel» ist als eine Art
öffentlicher «Protestfolklore» auf
dem U-Bahnsteig Nieuwmarkt für
die Nachwelt dokumentiert. Man
sieht Abrißbaustellen, umringt
von einem Kordon aus Bereit-

schaftspolizei. Dann eine ironische Aufschrift: «Grüße aus dem Neumarktviertel». Die Bürgerinitiative «D' Oudte Stad» (Die alte Stadt) zieht auf einer freistehenden Brandmauer Bilanz: «Wohnungsverluste durch Krieg: 366. Durch 10 Jahre Sanierung: 353. Für die Metro: 113.» Nur eine U-Bahn-Station weiter: der Waterlooplein mit seinem Duokomplex Stadhuis / Opera, «Stopera» genannt.

Von Anbeginn ist die Kritik an dem Prestigeobjekt der Stadt groß. Bürgerinitiativen besetzen den Bauplatz und führen den «Anti-City-Zirkus» auf. Am Ende entsteht die Stopera doch. Und wieder einmal heißt es für die Rebellen: «uithuilen en door gaan» – ausheulen und weitermachen. Die ewige Auseinandersetzung mit dem Regenten geht weiter. Im Rathaussaal verrät die Liste der Abgeordneten den Namen eines Rebellen von damals. Ex-Provo und Ex-Kabouter Roel van Duyn ist noch immer aktiv. Einer der Hochzeitssäle ist mittlerweile vom Fluxuskünstler Wim T. Schippers im offiziellen Auftrage der Stadt ausgestaltet. Sichtbares Zeichen der Integrationskraft der Stadt. Festzuhalten ist: Die «Lästigkeit» der Amsterdamer hat durch die Jahrhunderte hindurch viele Moden, Rituale und Symbol: die rote Fahne, die geballte Faust, das rosa Dreieck, das «gebrochene Gewehr», weiße Figuren auf weißen Fahrrädern. Viele Aktionen und Happenings liefen der jeweiligen «Allgemeinen Polizeiverordnung Amsterdams» zuwider. Gängig war und ist das Aufbrechen des Straßenpflasters, das Bauen von Barrikaden, das Einwerfen von Fensterscheiben und das Kaputtwerfen von Lampen. Amsterdamer Aufruhre sind nichts für deutsche Revoluzzer, schon von der Mentalität her nicht. Schließlich gilt es, die ungeschriebenen, historisch gewachsenen Spielregeln zwischen Regenten und Rebellen zu respektieren. Politikstil und Polemik sind selten – bei aller Härte der Auseinandersetzung – ein «Kampfstil». «Phantasie an die Macht» lautet die Zauberformel der Unterdrückten, und daher sind die Aktionen spielerisch. Die Neigung zu Protesten ist nirgendwo so groß wie in den Niederlanden, Bürgerproteste werden von einer überwiegenden Mehrheit der Bevölkerung grundsätzlich gutgeheißen, für «unkonventionelle politische Aktionen» gibt es eine deutliche Vorliebe – zu diesen Ergebnissen kamen einst britische Politologen in einer vergleichenden Studie über Demokratien in Westeuropa. Nonkonformismus wird nicht nur geduldet, sondern auch respektiert. «Lieber ein Protestierender als einer, dem alles nichts ausmacht. Lieber eine Proteststimme als gar keine Stimme. Lieber eine kaputte Scheibe als eine beschlagene!» sagte Hollands ehemaliger sozialdemokratischer Premier, der Amsterdamer Joop den Uyl, in den bewegten sechziger Jahren. Der unkritische «Ja-Knikker» ist den holländischen Bürgern ein Alptraum. Schließlich versteht sich die Gesellschaft als eine Form der Koexistenz konkurrierender Gesinnungen, einschließlich alternativer. Dabei ist deren Absorptionsvermögen groß: Was wenige Jahre zuvor noch als «extremistisch» galt, genießt wenig später politische Legitimität. Regenten erschrecken nicht, wenn Rebellen den Aufstand proben. Nicht zuletzt, weil sich die Arrivierten von heute in den neuen Rebellen oftmals wiedererkennen.

VOM KATHOLISCHEN BOLLWERK ZUR NEW-AGE-BASTION

RELIGIONS-TOUR

Versteckt hinter unscheinbaren Fassaden, schmalen Gängen und unauffälligen Pforten befinden sich mitten im Stadtgewühl ehemalige Geheimkirchen, «Hofjes», und liliputhafte Wohninseln: Oasen der Stille und der Meditation. Der Spaziergang auf den Spuren der Sozial- und Kulturgeschichte des Glaubens in Amsterdam beginnt an der Oude Kerk, mitten im Rotlichtviertel der Altstadt, und führt quer durch das Geschäftsviertel um Kalverstraat und Dam bis zur Noorderkerk im Volksviertel Jordaan. Einen halben Tag sollte man für diese Tour einplanen.

Im Jahre 1306 entstand die Oude Kerk, und 1334 wurde Amsterdam eine selbständige Kirchengemeinde, unabhängig von der Mutterkirche in Ouderkerk an der Amstel (siehe S. 202). Diese gotische Hallenkirche ist dem heiligen Nikolaus gewidmet, dem Schutzpatron der Stadt. Ein nahezu getreues Duplikat der Kirche, wie sie im 14. Jahrhundert aussah, findet man heute noch im Ijsselmeer-Städtchen Edam. Im Laufe der Jahrhunderte wurde der Bau ständig erweitert: um den Sint-Joris-Chor und die Sint-Sebastians-Kapelle sowie um die Huiszitten-

76

«Vom Giebel der Antoniuskirche streckt Christus die Arme dem Volk auf dem Waterlooplein entgegen», so Egon Erwin Kisch

Kapelle. Dort teilten ab 1380 die vier von der Stadt angestellten «Huiszittenmeesters» Geld, Brot, Butter, Käse und Torf an Bedürftige – der Beginn des sozialen Wohlfahrtsstaates in Holland. Im Jahre 1509 wurde im Nordwestteil der Kirche die von hanseatischen Kaufleuten finanzierte «Hamburger Kapelle» eingeweiht, 1555 die mit farbigen Glasfenstern ausgestattete Maria-Kapelle. Neben der Grabeskapelle der Regentenfamilie De Graeff findet man die Epitaphe von Seehelden wie Jacob van Heemskerck sowie das Grab von Rembrandts Frau Saskia van Uylenburgh. Gedenksteine und bescheidene Epitaphe erinnern an Dichter wie Roemer Visscher und Maria Tesselschade, an Maler wie Carel van Mander und Jacob de Wit sowie an den Organisten und Komponisten Jan Pieterszoon Sweelinck, der hier die holländische Orgelmusik zu großer Meisterschaft führte (siehe S. 141). Heute steht die Oude Kerk mit ihren kleinen Häuschen und Läden an den Außenmauern, umgeben von Bordellen, mitten im Rotlichtviertel.

Um 1400 wurde die Nieuwe Kerk oder Sankt-Catharinen-Kirche an der gegenüberliegenden Seite des Amstelflusses, der «neuen Seite», gebaut. Nach den beiden Kirchen wird die Altstadt Amsterdams bis heute in die alte und neue Seite aufgeteilt: in rechtes und linkes Amstelufer. Die Straßennamen «Oudezijds Voorburgwal» und «Nieuwezijds Voorburgwal» verweisen darauf. Ab 1578 war die Oude Kerk im Zuge des Übergangs Amsterdams zum Calvinismus protestantisch, den Katholiken wurde 1580 verboten, ihre Gottesdienste öffentlich abzuhalten, mit Ausnahme von Zusammenkünften in sogenannten «Schuil-kerken», in Wohnhäusern versteckten Geheimkirchen. Eine Liste der «papistischen Versammlungsorte» weist im 17. Jahrhundert 62 solche katholischen Schlupfkirchen aus.

Unser Heiland auf dem Dachboden

1954 besuchte Albert Camus Amsterdam und verarbeitete seine Eindrücke in seinem Roman *Der Fall*, für den er 1957 mit dem Nobelpreis ausgezeichnet wurde. Darin erzählt die Hauptfigur, der in seiner Existenz gescheiterte Advokat Clamence, einem Touristen in einer Hafenkneipe des Zeedijk seine Lebensgeschichte und auch von der Geheimkirche am Oudezijds Voorburgwal / Ecke Heintje-Hoeksteeg, das heute Museum ist: «Schauen Sie, ein paar Straßen von hier gibt es ein Museum mit dem Namen Unser Heiland auf dem Dachboden. Zu jener Zeit hatten sie ihre Katakomben unter dem Dach. Hierzulande werden die Keller eben überschwemmt. Aber seien Sie unbesorgt, heute befindet sich ihr Heiland weder auf dem Estrich noch im Keller. Sie haben ihn in der geheimsten Kammer ihres Herzens auf den Richterstuhl gesetzt und da urteilen sie über die Menschen und richten über sie – in seinem Namen …» Wer sich heute ins Museum Amstelkring begibt, den erwartet das 17. Jahrhundert in authentischer Form: der Wohnraum des katholischen Kaufmanns im klassischen holländischen Stil. Über steile Treppen, vorbei an der Kaplanskammer, gelangt man in die eigentliche Speicherkirche, die sich über drei schmale Dachböden erstreckt und zwei Stockwerke hoch ist. Ein Kuriosum ist, daß die Kanzel zur Predigt aus dem Altar herausgedreht werden kann – um Platz zu sparen. Dem Raummangel zum Trotz gibt es sogar eine voll funktionsfähige Kirchenorgel im Miniaturformat; die Marienkapelle, Skulpturen von Petrus und Paulus, Taufbecken und Beichtstuhl befinden sich jedoch außerhalb des eigentlichen Kirchenraumes im Treppenhaus hinter dem Altar. Über 200 Jahre lang wurde dieses Glaubensdomizil benutzt, bis 1887 die neue Gemeindekirche, die St. Nicolaaskerk, gegenüber dem Hauptbahnhof fertiggestellt war. Sie ist heute die wichtigste katholische Kirche Amsterdams und dem Schutzpatron der Stadt, dem heiligen Nikolaus, gewidmet. Der 5. Dezember, der Namenstag des Heiligen, der als Retter in Seenot verehrt wurde, ist für die niederländischen Kinder, «was für die unsrigen Weihnachten ist – das größte Fest im Jahre: weil ihnen allerhand Bescherungen von ihren Eltern, Freunden und Verwandten einbringt» so ein deutscher Reisender. Der Maler Jan Steen, der selbst aus einer katholischen Familie stammte und wahrscheinlich «Schlupfkirchgänger» war, dokumentiert die katholischen Volksbräuche in den sechziger Jahren des 17. Jahrhunderts: das Dreikönigsfest oder Bohnenfest (die Werke hängen in Boston und Kassel) und das Sint-Nicolaasfeest, das im Amsterdamer Rijksmuseum zu sehen ist. Darin zeigt er nahezu alle Rituale dieser Feste, die vornehmlich im häuslichen Kreise gefeiert wurden. Dieses Fest hat die Jahrhunderte überdauert. Heutzutage hält «Sinterklaasje», wie ihn die Kinder nennen, sogar in aller Öffentlichkeit seinen festlichen Einzug in Amsterdam: Mit seinem Dampfer aus Spanien kommt er an der Kade vor dem Portal der Nikolaus-Kirche an

und reitet dann auf seinem Schimmel, umringt von Mohren, unter dem Gejubel der Amsterdamer Kinder in einem stundenlangen Defilee durch die Stadt – als Phänomen vielleicht am ehesten mit den Rosenmontagsumzügen im Rheinland zu vergleichen.

Christus und Buddha teilen sich den Zeedijk

Bei der Nikolaus-Kirche liegt am Eingang zum Hafenviertel am Zeedijk die Schiffahrtskirche Sankt-Olof, nach der Oude Kerk die zweitälteste Kirche der Stadt. Gegründet wurde sie 1450 von norwegischen Seeleuten, die sie nach König Olaf von Norwegen benannten. Admiral de Ruyter, Hollands größter Seeheld, der an der Prins-Hendrik-Kade wohnte, ging hier zum Gottesdienst, und der aus Antwerpen stammende Petrus Plancius, der den Seeleuten das Navigieren anhand von Himmelsgloben und Paßkarten lehrte, predigte hier. Von 1578 bis 1615 trafen sich auch die Kaufleute in dieser Kirche – der ersten Kaufmannsbörse der Stadt.

Als im Laufe der Jahrhunderte immer weniger Amsterdamer in die Kirche gehen, werden viele Gotteshäuser anderweitig genutzt: Das Domizil der Freien Gemeinde etwa wird zum weltbekannten Poptempel Paradiso, die runde Luther-Kirche am Singel wird Kongreßsaal, die Sankt-Olofs-Kapelle verleibt sich das Hotel Barbizon als Konferenzort ein – erreichbar nur von der Hotellobby aus durch einen Tunnel unter dem Asphalt. Am Ende des 20. Jahrhunderts nehmen lediglich noch drei Prozent der Amsterdamer aktiv am Kirchenleben teil. Für den Heiligen Vater in Rom ist die einst vorbildliche und mittlerweile abtrünnige Kirchenprovinz längst zur Diaspora verkümmert, wo es wieder Seelen zu missionieren gilt. Die Holländer indes läßt kalt, was «Popie Jopie» in der Ewigen Stadt von ihnen denkt. Steht der Kopf des Zeedijk in christlicher Tradition, an seinem anderen Ausläufer, wo Amsterdam zu Chinatown wird, steht er im Zeichen einer anderen großen Religion: des Buddhismus. Die chinesischen Kaufleute haben hier ihren Tempel zu Ehren des «Erleuchteten».

An der Waage mündet der Zeedijk in den Nieuwmarkt. Von hier aus führt die Metro nach Bijlmermeer, wo das Urchristentum seine Wiedergeburt erlebt. «I want you to clap for Jesus» – «Yeah». «I say, I want you to clap for Jesus» – «Give Jesus a big hand!» Mehr Ansporn benötigt die ghanaische Gemeinde des True Teaching of Christ Temple in der Tiefgarage des U-Bahnhofs Ganzenhoef in Amsterdam-Bijlmermeer nicht. Als die Band zu spielen beginnt, klatschen alle mit, tanzen und singen – die Kirche mit Unterleib. Allein hier in dieser Trabantenstadt gibt es ein Dutzend solcher urchristlicher Gemeinden von Ghanaern, Surinamern und Antillianen. Die traditionelle kirchliche Gottesauffassung ist hier durchtränkt mit «religiöser Intuition» und «innerlichem Wissen», die an die Stelle der Dogmen treten.

Geburtsstunde des Protestantismus

Der Monnikensteeg am Nieuwmarkt, die Mönchsgasse, erinnert an die Klosteranlagen, die sich hier befanden: das Gelände des Minderbroeder-Klosters – des größten Männerordens der Stadt (nicht erhalten). Klöster waren lange Zeit öffentliche soziale Einrichtungen,

aber im ausgehenden 16. Jahrhundert vermochten sie ihre Aufgaben immer weniger zu erfüllen. Im Volk wuchs der Unwille: Die Kirche hatte «einen großen Magen», schluckte viel Land und Geld, ernährte ein Heer von Geistlichen, deren Tätigkeit immer weniger produktiv erschien. Der immense Reichtum der katholischen Kirche provozierte arme und reiche Leute gleichermaßen. Zudem waren Katholizismus und spanische Zentralbürokratie zwei Seiten derselben Medaille, die Unterdrückung hieß. Der Widerstand dagegen, der gesellschaftliche und politische Streit gegen die Spanier, nahm auch eine theologische Form an. Der Gedanke, daß man für Geld seine Seligkeit erkaufen konnte, wurde von vielen Gottgläubigen verworfen.

Die Bloedstraat, die vom Neumarkt abzweigt und zum Oudezijds-Achterburgwal führt, verdankt ihren Namen der «Blutkammer» des Minderbroeder-Klosters, wo die Aderlässe durchgeführt wurden. Diesen lukrativen Ablaßhandel sahen die Menschen als Beweis dafür, daß die katholische Amtskirche nur auf Geldgewinn aus war. In Deutschland brachte Martin Luther dieses Gefühl mit seinen Thesen zu Wittenberg 1517 zum Ausdruck: die Geburtsstunde des Protestantismus, der in Amsterdam viele Formen annehmen sollte. 1523 gab der katholische Magistrat von Amsterdam den Auftrag, Versammlungen der Lutheraner aufzulösen. Weyn Sybrantsdochter und acht weitere Protestanten wurden verhaftet. Die relativ milde Haltung der Obrigkeit aber wurde aufgegeben, als radikale Wiedertäufer auf der Bildfläche erschienen. Innerhalb weniger Monate ließen sich vor allem die Armen in den holländischen

Städten Leiden und Amsterdam zu Wiedertäufern bekehren. 1530 entstand die erste Wiedertäufergemeinde in Amsterdam. Der Regent Jan Hubrechtsz unterstützte als Beigeordneter insgeheim die Wiedertäufer, wurde dafür 1534 von der Landesregierung seines Amtes enthoben. Der neue Stadtrat ließ Schiffe durchreisender Wiedertäufer, die nach Münster wollten, im Hafen «an die Kette legen». Unter Leitung von Jan van Geelen probten die Wiedertäufer den Aufstand, doch die Machtübernahme scheiterte, und Hunderte von Wiedertäufern wurden zur Abschreckung gehängt.

Nach der Reorganisation des Magistrats schlug die Heilige Inquisition erst richtig zu. Kirchen- und Staatsterror brachten die Armen, die Reichen und die Intellektuellen noch mehr auf, sie bildeten Volksmilizen. Obwohl die offizielle Führung Amsterdams im Rathaus formell dem spanischen König untergeben war, deckten Ämter zunehmend den Widerstand, liefen die Leute scharenweise zur neuen Lehre über, veranstalteten protestantische Calvinisten vor den Toren der Stadt Gottesdienste unter freiem Himmel, auf denen sie ihre Protestpredigten hielten. Im Sommer 1566 kam es zum «Bildersturm»: Katholische Kirchen und Klöster wurden geplündert, die Heiligenbilder zerstört. Schließlich bietet die Stadt den Calvinisten die Minderbroeders-Kirche als Gebetsstätte an, und am 15. Dezember 1566 feierten die Calvinisten erstmalig in Amsterdam das Heilige Abendmahl. Doch noch war die Freiheit von kurzer Dauer. Herzog Alva zog mit seinen Truppen in die Stadt ein, und noch einmal schlug die Inquisition zu.

Sechzehn Klöster zwischen Hauptbahnhof und Münzturm

Die Mönche gelten als Pioniere der Zivilisation. Sie konnten lesen und schreiben, verwandelten das Marschland in Kultur. Die Ländereien waren Eigentum der Klöster und an Bauern verpachtet. Im Gegensatz zu Adel und Bürgertum bezahlte aber der Klerus keine Steuern. Er genoß vielmehr das Privileg, für alles, was auf den Ländereien angebaut wurde, selbst Abgaben erheben zu dürfen. Dadurch wurde die Kirche zu einem der mächtigsten Großgrundbesitzer. Die zwanzig Klöster Amsterdams verfügten über ein Drittel der Stadt. Jedes sich selbst respektierende Kloster baute eine Kapelle und einen Friedhof, Ställe und Wirtschaftsgebäude, legte einen Obst- und Gemüsegarten an. Sobald irgendwo in der Stadt eine neue Abtei gegründet wurde, erlebte der Stadtteil eine Metamorphose: Das Kloster breitete sich in kürzester Zeit aus wie ein Tintenfleck, die Nachbarschaft wurde aufgekauft. Als die Tyrannei des spanischen Herzogs Alva nicht mehr auszuhalten war, bildeten sich Partisanengruppen – aus armen Leuten, oppositionellen Kaufleuten und Adligen. Sie nannten sich «Geuzen», Bettler, und ihr Anführer war Willem von Oranien. Er war katholisch erzogen, heiratete eine Lutheranerin und konvertierte zum Calvinismus. Am 8. Februar 1578 nahmen seine Truppen Amsterdam ein. Die Klöster wurden aufgehoben. Baugrund für Vermögende. Die letzten aus dem Mittelalter stammenden Klosterkapellen sind heute die ehemalige Paulusbruderkirche am Walenplein und die Agnietenkapelle am Achterburgwal. Die Paulusbruderkirche heißt heute Walenkerk, genannt nach den 1587 aus Wallonien geflüchteten, französisch sprechenden Protestanten. Das Cäcilienkloster zwischen Voor- und Achterburgwal wurde Gästehaus der Stadt, der «Prinzenhof», später Rathaus und ist heute ein Luxushotel. Ein Stück weiter die Agnietenkapelle, die heute als Universitätsmuseum dient und zugänglich ist. Die bleiverglasten Fenster schmückt eine Darstellung der «alten Seite» mit ihren mittelalterlichen Klosteranlagen. Gegenüber befindet sich die Gasse «Gebed zonder eind» – das Gebet ohne Ende –, wo auf kleinster Fläche einst fünf Frauenabteien dicht nebeneinander lagen. An deren Ende gelangt man über den Langebrugsteeg zur anderen Seite Amsterdams, zur neuen Seite am Spui.

Oase der Stille: Begijnhof

Am Spui-Platz kann man eine kleine Pause einlegen, entweder im Café Esprit oder vis-à-vis im Grand Café Luxembourg. Anschließend kann man durch einen kleinen Durchgang direkt gegenüber dem Maagdenhuis in den ältesten Wohnhof der Stadt gelangen: in den Begijnhof. Verwitwete bürgerliche Frauen mit Vermögen, die in ausgeprägt christlicher Weise leben, aber nicht in ein Kloster gehen wollen, sind die Bewohner der seit dem 12. Jahrhundert in den Niederlanden entstehenden Beginen-Höfe. Das Beginenleben ist eine typisch niederländische Form gelebter Religion: eher praktisch und alltagsnah, statt auf klösterlich abgeschiedene Lebenssituationen eingestellt – und auf Veränderung, denn die Beginen können, im Gegensatz zu den Nonnen, den Hof wieder verlassen und heiraten. Luxus ist verboten. Sie arbeiten, stellen Spitzen her und widmen sich der Armenfürsorge. Im Mittelalter hatte fast jede Stadt einen Beginenhof. In Belgien sind noch 38 erhalten, in den nördlichen Niederlanden lediglich zwei: in Breda und in Amsterdam. Der Beginenhof in Amsterdam – gegründet 1346 und 1389 erstmalig urkundlich erwähnt – brannte in seiner ursprünglichen Form 1421 und 1452 nieder. Das Haus Begijnhof 34 ist das älteste erhaltene Wohnaus Amsterdams und stammt aus dem Jahre 1470. Die anderen Häuser des Hofes wurden im 17./18. Jahrhundert neu gebaut. Im Innenhof mit kleinen Vorgärten steht – wie andernorts die Dorfkirche auf dem Anger – die Begijnenkerk, die ab 1607 zur Englisch-Presbyterianischen Kirche wurde. Im Chor befindet sich eine Glasmalerei, die die Abfahrt der Pilgrimfathers aus Delftshaven in die Neue Welt zeigt. Im Zweiten Weltkrieg fungierte die Kapelle als «Standortkirche» der Wehrmacht. Begraben ist hier der italienische Violinist und Komponist Pietro Locatelli, der ab 1729 auf der Prinsengracht 506 wohnte, wo heute ein Giebelstein an ihn erinnert. Der Kirche direkt gegenüber liegt ein auf den ersten Blick recht unauffälliges Gebäude. Durch eine kleine Tür kann man es betreten; es entpuppt sich als katholische «Schlupfkirche» des heiligen Johannes und der heiligen Ursula und stammt aus dem Jahre 1671. Die Gemälde im Innern zeigen die mittelalterlichen Mirakelprozessionen.

Man kann den Begijnhof neben der presbyterianischen Kirche über den Begijnsteeg verlassen, überquert die Fußgängerzone der Kalverstraat mit seinen Geschäften und erreicht dann wieder die Verkehrsader des Rokin.

Schwimmende Buddhas im Vondelpark

Das Wunder von Amsterdam und die Kirche der Könige

Eine Säule am Rokin/Ecke Wijde Kapelsteeg erinnert an das Mirakel von Amsterdam. Zwischen den beiden Gassen Enge und Wijde Kapelsteeg hatte sich in einem Wohnhaus an der Kalverstraat in den Augen der Amsterdamer am 15. März 1345 ein Wunder vollzogen. Ein todkranker Mann, der eben die Letzte Ölung bekommen hatte, erbricht, sobald er die Hostie eingenommen hat. Der «Leib Christi» widersteht dem Feuer, bewegt, ist in einer Kiste zeitweilig unsichtbar – für die mittelalterlichen Menschen magische und mirakelhafte Geschehnisse. Die Folge: Hier entsteht ein Wallfahrtsort: die «Heilige Stede». Der Magistrat legt einen Weg an für die Pilger aus Richtung Amstelveen und Sloten: den «Heilige Weg». Eine Seitenstraße der Kalverstraat heißt noch heute so. Zum Andenken an das «Wunder von Amsterdam» wird alljährlich am 13. März mitten in der Nacht der «Stille Omgang» abgehalten, bei der die Heilige Hostie durch die Stadt getragen wird wie bei einer Fronleichnamsprozession.

Durch den Wijde Kapelsteeg kommt man auf die Kalverstraat, wo am St. Luciensteeg ein reich verziertes Zugangstor zu einem Besuch im Amsterdamer Historischen Museum verführt (siehe S. 44). Der riesige Gebäudekomplex des ehemaligen Lucien-Klosters wurde von 1580 bis 1960 als Bürgerwaisenhaus genutzt, seit 1975 ist es Historisches Museum. Das authentische Relief über dem Zugangstor aus dem Jahre 1581 zeigt Mädchen und Jungen um eine Taube herum, die den Heiligen Geist symbolisieren soll. Eine Besichtigung des Komplexes sollte man mit einem Museums-besuch verbinden. Verschiedene Säle erklären die Geschichte des Glaubens und die Taten der Barmherzigkeit. Wenn man sich jedoch mit dem Menschenstrom auf der Kalverstraat Richtung Dam mittreiben läßt, passiert man nach wenigen Metern ein unscheinbares, neogotisches Portal, an dessen Seite Hinweisschilder zu «einer Viertelstunde mit Gott» einladen. Flankiert von einem Papagei und dem heiligen Josef, gelangt man in das Innere der ehemaligen katholischen Schlupfkirche St. Josef, die im Volksmund «De Papegaai» genannt wird.

Am Ende der Kalverstraat erreicht man den Dam mit dem Königlichen Palast und daneben – getrennt von der Moses- und Aronstraat – die Nieuwe Kerk. Fast hundert Jahre führte der Kirchgang der Katholiken, die auf der «neuen Seite» wohnten, gezwungenermaßen über die Amstel auf die «alte Seite» zur mit Gläubigen überfüllten Oude Kerk. Am 15. November 1408 gab Frederik von Blankenheim, Bischof von Utrecht, seine Zustimmung zum Bau der zweiten katholischen Parochiakirche Amsterdams. Die Kirche überstand die Stadtbrände von 1421 und 1452 und den Bildersturm, brannte aber durch die Nachlässigkeit eines Handwerkers 1645 völlig aus. Doch zu dem Zeitpunkt war Amsterdam reich, auf dem Höhepunkt des Goldenen Jahrhunderts. 1648 feierte man das Ende des Achtzigjährigen Krieges gegen Spanien, der mit dem Friedensschluß in Münster besiegelt wurde. Baumeister Jacob van Campen erhielt den Auftrag, einen Glockenturm für die Neue Kirche zu entwerfen. Die Modelle befinden sich in Amsterdams Historischem Museum. Doch der Plan sollte nie völlig realisiert werden. Durch die See-kriege mit England ab 1652 fehlte wieder das Geld.

Wer sich in die Kirche hinein-begibt, ist verwundert über die profane Gestaltung des Interieurs aus hellem Kalkstein, rotgebrann-ten Ziegeln und Naturstein sowie dem hölzernen Kreuzgewölbe. Im Kontrast dazu befindet sich das Prunkgrab von Admiral Michiel de Ruyter, das der aus Antwerpen stammende Rombout Verhulst in Form eines barocken Hochaltars aus seiner flämischen Heimat ge-staltete. Bescheidene Grabmäler und Gedenksteine erinnern an Amsterdamer Bürgermeister, Kün-stler, Historiker, Diplomaten. 1814 wurde hier König Willem I. feier-lich vereidigt. Von ihm bis zu Königin Beatrix im Jahre 1980 wurden alle Oranjefürsten gemäß der Verfassung «feierlich vereidigt und eingesetzt (ingehuldigd) in-nerhalb der Stadt Amsterdam». Im Alltag wird die Neue Kirche heute vor allem als Ausstellungs- und Kulturzentrum genutzt.

Katholischer Baumeister von calvinistischen Gnaden

Nach dem Übergang Amsterdams zum Calvinismus im Jahre 1578 veränderte die Stadt ihr Antlitz. Die katholischen Kirchen wurden enteignet, Oude und Nieuwe Kerk den Protestanten übertragen und die Klöster säkularisiert. Doch die Klosterangehörigen und Geist-lichen bekamen vom neuen calvi-nistischen Magistrat eine lebens-lange Pension, was nicht zuletzt der Imagepflege diente. Schließ-lich trieb die Stadt Handel mit den Katholiken auf der ganzen Welt, verkaufte Weizen nach Ita-lien, erwarb Gewürze in Spanien, betrieb Handelsniederlassungen in Frankreich. Der Katholik blieb Kunde. Und fünfzehn Prozent der Bevölkerung Amsterdams bleiben katholisch.

An der Rückseite des König-lichen Palastes führt die Raadhuis-straat über Singel, Heren- und Keizersgracht zum Westermarkt und damit zur Westerkerk. Bau-meister war der Katholik Hendrik de Keyser. Nachdem er bereits für die Protestanten 1609 die Zuider-kerk entworfen hatte, begann er 1620 mit dem Bau der monumen-talsten Renaissancekirche des Landes. Von dem weithin sichtba-ren Turm erklingt regelmäßig das Glockenspiel: ein aus 48 Teilen bestehendes Carillon der berühm-ten Glockengießer-Dynastie des Elsässers François Hemony aus dem Jahre 1658. Nachdem man durch einen relativ schmalen Eingang ins Innere der Kirche ge-langt ist, fällt dessen Schlichtheit auf, was durch die Helligkeit und Höhe des Schiffes noch betont wird. Wenig Kirchenmobiliar, eine Kanzel, ein Taufbecken und die Bänke der vornehmsten Re-genten, ansonsten ist der Raum leer. Die Westerkerk ist die Gra-beskirche von Rembrandt und sei-nem Sohn Titus. Begraben liegen hier zudem berühmte Amster-damer wie der Kupferstecher Ro-mijn de Hooghe, der Atlanten- und Kartendrucker Blaeu sowie der Jenever-Destillateur Ferdi-nand Bols.

Für die orthodoxen Calvinisten baut Hendrik de Keyser am Ende der Prinsengracht, am Norder-markt, 1622, die Noorderkerk. Im Mittelpunkt dieser Kirche steht nicht der Altar, sondern der Pre-digerstuhl. Noch heute lesen die Calvinisten hier ihre Bibel in der Übersetzung von 1637. Die älteste Holländerbibel datiert aus dem Jahre 1322. Die erste protestanti-sche Übersetzung ist das Mat-thäusevangelium, nach dem von

Erasmus 1522 in Amsterdam herausgegebenen lateinischen Text. Da die Übersetzungen viele Irrtümer nach sich zogen, beschloß die Dordrechter Synode 1618 die Neuausgabe einer Heiligen Schrift. Diese bis heute verbreitete Ausgabe ist die sogenannte «Statenbibel», die 1637 von den Generalstaaten gutgeheißen wurde. Im Amsterdamer Bibel-Museum (Herengracht 366) sind alle Exemplare zu bestaunen: von der Reimbibel Jakob van Maerlaents (1271) bis zu den modernsten Fassungen. Das Bibel-Museum gehört zu den ältesten Museen des Landes und geht auf die Sammlung des Predigers Leendert Schouten (1828–1905) zurück. Hier findet man Originale und Duplikate archäologischer Funde (Hieroglyphen, die Toten-Meer-Rollen, Steine von Nebukadnesar, Thora-Rollen), Mumien, Sarkophage und Modelle (von Jerusalem, dem Tempel von Salomon und von Herodes).

Kaufmannsgeist und Calvinismus

Religiöse Vielfalt ohne Blutvergießen wurde zum konstituierenden Element der Amsterdamer Geschichte. Nach Johan Huizinga handelte es sich dabei um «ein System, das weder Religionsfreiheit noch prinzipielle Toleranz heißen kann, das aber mittels Augenzudrücken und hin und wieder mit einer leichten Bestechung das Los der anderen Konfessionen sehr erträglich machte ...» Religionsgeschichte ist in den Niederlanden weder die Geschichte von Kirchenfürsten noch die Geschichte einer akademischen Theologenelite. Sie ist vielmehr das Werk eines religiös aktiven Volkes selbstbewußter Laien: bibelkundiger und Bildung

suchender Handwerker, Fischer, Seeleute, Kaufleute und Patrizier. Die Bibel bringt Menschen zusammen und spaltet sie in feindliche Lager auf. Im 17. Jahrhundert wurde alles aus der Perspektive der Schrift interpretiert: denn das Epos des Alten Testaments ist noch unvollendet, die Juden warten auf die Ankunft des Messias, die (reformierten) Christen auf die Rückkehr von Jesus. Die zahlreichen Sekten, die vielen «Christen ohne Kirche» stoßen auf die Anhänger der großen Konfessionen – Calvinisten, Katholiken, Juden – in ungeduldiger Heilserwartung. Alle sind ständig damit beschäftigt, die Bibel zu entziffern: auf der Suche nach dem Datum der Ankunft des Heilbringenden. Religion und Handel gehen dabei eine Verbindung ein. Der «mercator sapiens», der kluge Kaufmann Amsterdams, vereinigt in sich zwei Welten: kommerzielle Tugenden und doppelte Buchführung ebenso wie kontemplative «beschouwing» und Studium der Bibel. Dabei ist die Lust an theologischen Kontroversen, an Debatten über Themen wie die Prädestinationslehre oder die Folgen eines bestimmten Lebenswandels für den Platz im Jenseits groß. So viele Diskussionsteilnehmer, so viele Standpunkte und Auffassungen. Die «Freiheit des Gottesdienstes», schon 1617 in der Union von Utrecht beschlossen, macht es möglich, daß ein jeder nach seiner Fasson selig werden kann.

Doch es ist vor allem der Calvinismus, der sich in Amsterdam ausbreitet. Vielleicht deshalb, weil Calvin den Aufstand gegen das gottlose Spanien gutheißt, vielleicht aber auch, weil die nüchterne und praktische Lehre des Calvinismus sich gut mit dem

Kaufmannsgeist der Amsterdamer verbinden läßt. Der religiöse Mythos der niederländischen Nation lautet: Wilhelm von Oranien «ist Moses, der das Volk von dem spanischen und römischen Pharao befreit und das zweite Israel in das neue Kanaa führt. Hier verfährt Gott mit den Niederländern wie Jahwe mit den Juden: ein frommer Lebenswandel wird mit Freiheit und Wohlstand belohnt; Abfall von Gott zieht Unterdrückung und Elend nach sich.» Nach Meinung des zum Christentum konvertierten Juden Isaac da Costa ist das holländische Volk von Gott auserkoren gewesen, die Stelle des alten jüdischen Volkes einzunehmen. Doch der Holländer habe Gott im Stich gelassen und sich statt dessen auf den Pfad der Freisinnigkeit begeben, wodurch der Glaube untergraben worden sei. In seinem Pamphlet *Bezwaren tegen de Geest der Eeuw* (salopp übersetzt lautet der Titel: *Kritik am Zeitgeist*) fordert er 1823 eine «Neuorientierung auf die Bibel». Nicht ohne propagandistisches Talent organisiert er Zusammenkünfte, wo missionarische Lieder gesungen werden: «Städter lobet den Herren. Hofft auf die alte Wohlfahrt von früher. Für den Kaufmann lebendigen Handel, für den Geschäftsmann klingende Kassen!» Der Mittelstand und das Kleinbürgertum sind begeistert. Der kleine Mann auf der Straße, zum Beispiel hier im Volksviertel Jordaan, findet sein Seelenheil woanders: beim Prediger Jan de Liefde, dem Gründer des Bildungsvereins «Zum Heil des Volkes» und nicht zuletzt beim Predigersohn und Anarchisten Ferdinand Domela Nieuwenhuis.

Diese Tour endet hier im Volksviertel Jordaan, wo die Kulturen und Religionen wie nirgendwo sonst in Amsterdam aufeinanderstoßen. Hier leben flämische Katholiken neben Hugenotten, Juden, Wiedertäufern, Calvinisten und überzeugten Atheisten auf wenigen Quadratkilometern zusammen. Wer mit offenen Augen durch die Stadt läuft, trifft auch heute noch überall auf die Zeichen der religiösen Vielfalt. Mystiker und Kabbalisten, Hinduisten und Buddhisten, alte und neue Christen, Juden und Muslime – für alle hat Amsterdam seine Orte. Gottesdienste werden in englisch, französisch, italienisch, polnisch, portugiesisch, spanisch und in deutsch abgehalten. Orthodoxe Kirchen sind armenisch, koptisch, russisch, serbisch und syrisch. Mohammedaner treffen sich in zu Moscheen umgebauten Kinos und Lagerhallen, vor allem in dem um den Grachtengürtel gelegenen Ring von Arbeiterstadtteilen. Zudem kommen unter dem Etikett New Age mannigfaltige Strömungen zusammen: in Ashrams und Yogizentren, bei Schamanen und Theosophen, in der Freien Gemeinde und zum spirituellen Shopping in New-Age-Supermärkten wie Oibibio und De Roos. Die Suche ist so alt wie die Menschheit – die Erscheinungsformen veränderlich. Im holländischen Wohlfahrtsstaat, wo alles von der Wiege bis zum Grab geregelt ist, wächst bei vielen das Bewußtsein, daß es «mehr gibt zwischen Himmel und Erde», als man – nüchtern, wissenschaftlich und rationell erzogen – wahrzunehmen gelernt hat. Hier keimt die Saat der Spiritualität – immer wieder neu.

VOM KATHOLISCHEN BOLLWERK …

SPURENSUCHE IM JÜDISCHEN AMSTERDAM

MOKUM–TOUR

Die Tour führt zu Fuß quer durch die ehemalige Judenecke um den Waterlooplein, dann mit der U-Bahn zum Stadtteil Rivierenbuurt, wo man auf den Spuren Anne Franks wandelt und ein Stück des heutigen jüdischen Amsterdam kennenlernen kann. Danach geht's mit der Straßenbahn wieder ins Zentrum zu den Orten des Schreckens, der Razzien und der Deportation. Die Tour endet am Nationalen Monument auf dem Dam, wo jährlich am 4. Mai der Toten gedacht wird.

Die Amsterdamer haben für ihre Stadt noch einen anderen Namen: Mokum, nach dem hebräischen Wort «Makoom» für Stadt. Für Hollands Juden war Amsterdam die Stadt und alles andere die «Mediene», die Provinz. Als zweite thorafeste Stadt galt Amsterdam als das Jerusalem des Westens – das Gegenstück in Osteuropa war Wilna.

Im 17. Jahrhundert wurden die Juden überall verfolgt, in Spa-

nien, in Frankreich, in England, in italienischen, deutschen und osteuropäischen Städten lebten sie in Ghettos, in der ständigen Gefahr, Opfer von Razzia und Pogrom zu werden. Amsterdam und die Vereinigte Republik der Niederlande bildeten eine rühmliche Ausnahme: Hier konnten Juden ihren Gottesdienst in Freiheit ausüben, sich frei bewegen und Handel treiben. Daß ein christliches Land Juden zuließ, stieß im Ausland auf Unverständnis. Als Ludwig XIV. dies monierte, antwortete ihm einer der Amsterdamer Regenten, Coenraad van Beuningen: «Sire, angesichts der Tatsache, daß alle Länder sie verjagen, muß Amsterdam sie eben aufnehmen!»

Amsterdams erste Juden stammten von der Iberischen Halbinsel, aus Spanien und Portugal. Diese sephardischen Juden flüchteten vor der katholischen Inquisition, die sich vor allem gegen die «Marranos» richtete, zum Katholizismus konvertierte Juden. Während des Dreißigjährigen Krieges kamen ab 1635 die

Hier ging einst Anne Frank zur Schule. Heute ziert ein Fragment aus ihrem Tagebuch die Fassade: «... weil ich noch stets an das Gute im Menschen glaube»

ersten askenasischen Juden und bildeten bald eine zweite «Joodse Natie» in der Amstelstadt.

«Eine Kathedrale auf jüdisch»

An der Ecke zum Mr. Visserplein kann man die Synagogen der hochdeutschen Juden, in denen heute das Joods Historisch Museum untergebracht ist, überschauen. Gebaut wurde ab 1670: zuerst die «Grote Synagoge» (1670), die «Drittsjoel» (1700) und die «Obbene Sjoel» (1686), schließlich die «Nieuwe Synagoge» (1752), die wegen des anhaltenden Anwachsens der jüdischen Gemeinde notwendig wurde. Auf der gegenüberliegenden Straßenseite entstand zwischen 1671 und 1675 die Portugiesisch-Israelitische Synagoge: mitten im Dritten Englischen Krieg, bei dem die Engländer in ihrem Streit gegen die Holländer vom französischen Sonnenkönig Ludwig XIV. sowie von den Truppen der Bischöfe von Münster und Köln unterstützt wurden. Die Grundsteinlegung erfolgte durch die «Heeren Jeronimo Nuñes da Costa, Antonio Alvares, Ymanuel de Pinto en David de Pinto». Am 2. August 1675 wurde der «Tempel der Jooden tot Amsterdam» in Anwesenheit von Bürgermeistern und Schöffen feierlich eröffnet. Eines «Baumanns Meisterstück» nannte Kupferstecher Romeyn de Hooghe das Werk des Amsterdamer Stadtbaumeisters Elias Bouman in seinem Lobgedicht. Bouman ließ sich inspirieren von dem Modell des Tempels von Salomon (eine Maquette aus dem 18. Jahrhundert von Professor Mill kann man im Bibelmuseum an der Keizersgracht sehen). Die damals größte Synagoge der Welt, eine «Kathedrale auf jüdisch», so Egon Erwin Kisch, avancierte bald zur Sehenswürdigkeit für in- und ausländische Besucher.

Auf der gegenüberliegenden Seite des Mr. Visserplein markiert ein modernes Geschäftshaus den Beginn der breiten Judengasse, der Jodenbreestraat, einst die Hauptstraße der Judenecke. Im Gegensatz zu Venedig hat Amsterdam – mit Ausnahme der Besatzungszeit im Zweiten Weltkrieg – durch die Jahrhunderte hindurch nie ein Ghetto für die Juden, sie wohnen überall in der Stadt. Als Anfang des Goldenen Jahrhunderts die Stadt aus allen Nähten zu platzen droht, wird über die Oude Schans – die alte Schanze – hinaus gebaut: auf den künstlichen Inseln Uilenburg, Valkenburg, Rapenburg (siehe Straßennamen) und auf Vlooyenburg, dem späteren Waterlooplein. Hier wohnen vor allem die armen Schlemihls aus Osteuropa, die wohlhabenderen sephardischen Juden leben zunächst in der Breestraat, zum Beispiel der Bankier Isaac de Pinto (Pintohaus Nummer 6), und zu beiden Seiten der Amstel an der Herengracht (Nummer 568 ist der Prunkbau von Manuel Isaak Nuñes, Baron von Belmonte) sowie an der Joden-Herengracht, heute Nieuwe Herengracht, wo die Da Costas und Curiëls ihre Patrizierhäuser haben.

Die sephardischen Juden unterhalten auf der ganzen Welt (Handels-)Beziehungen und Kontakte: fast überall in Europa, in Nordafrika und vor allem in Nord- und Südamerika. Einige von ihnen gehen nach Brasilien, später nach Suriname und in die Karibik nach Curaçao und St. Eustatius sowie nach Neu-Amsterdam, dem heutigen New York. Auf der Karibikinsel Curaçao sind die Juden zunächst nicht willkommen.

«Warum schickt ihr Juden nach Curaçao?» schreibt der Gouverneur Peter Stuyvesant an die West-Indische Compagnie in Amsterdam, «niedriges, schlechtes Volk ist das, nicht zu vertrauen …» Doch die Heren XVII sind weitsichtiger und weisen ihren untergebenen Statthalter in Übersee zurecht. Noch heute zeugen die nach Amsterdamer Vorbild in Willemstad auf Curaçao gebaute Synagoge – die größte der westlichen Hemisphäre – und die Namen der führenden Bankhäuser – Maduro und Curiël – vom Erfolg der sephardischen Juden aus Amsterdam.

Diamanten, Bilder und Bücher

Hinter der Jodenbreestraat befindet sich an der Uilenburgergracht mit Gassan die größte, noch in Betrieb befindliche Diamantenschleiferei der Stadt. Die Diamantenindustrie entwickelten die sephardischen Juden schon im 17. Jahrhundert. Als die portugiesische Kolonie Brasilien 1624 unter Maurits von Nassau in niederländische Hände fällt, verfügen sephardische Juden aus Amsterdam nicht nur über den Alleinhandel mit Tabak (Pareira und Pina), sondern auch über den Import brasilianischer Diamanten. Diese werden in zunächst noch handwerklich organisierten Schleifereien portugiesischer Juden bearbeitet, die nach dem Fall von Antwerpen (1585) in die Amstelstadt kamen. Der Diamant ist ein Mineral von reinem Kohlenstoff, der wegen seiner Härte nur mit einem anderen Diamanten bearbeitet werden kann. Die vier hauptsächlich vorkommenden Bearbeitungen sind das Sägen, Schneiden, Ausbessern und Schleifen. Nach der Entdeckung großer Diamantenfelder in Brasi-

lien (um 1730 und ab 1845) entwickeln sich die Diamantenschleifereien Amsterdams in rasantem Tempo, denn fast nirgendwo anders – außer in Antwerpen – waren die Fachkräfte zu finden, die die Rohdiamanten bearbeiten konnten. Anfänglich wurden die Schleifsteine per Hand betrieben, ab 1852 mit Dampf (Coster auf Vlooyenburg). Wirklich goldene Zeiten brechen ab 1871 an, als die sehr reichen Diamantenfelder von Kimberley in Südafrika entdeckt werden. 1845 importiert Amsterdam jährlich rund 200 000 Karat Rohdiamanten, 1872 rund eine Million und bis 1880 bis zu drei Million Karat aus der Kapkolonie. Das Schleifen von Diamanten wird zur Industrie. David Levie van Moppes gründet kurz nach 1870 seine erste Fabrik an der Plantage Middenlaan und in den folgenden Jahren mehrere Zweigniederlassungen in verschiedenen Stadtteilen. Boas eröffnet 1878 auf Uilenburg die bis dato größte Diamantfabrik der Stadt, heute Gassan. Die Spezialität der Amsterdamer ist der Schliff von sehr kleinen Steinen. Aber auch die größten je gefundenen Rohdiamanten werden hier bearbeitet. 1905 wird der Cullinan – 3420 Karat, zehn mal sechseinhalb mal fünf Zentimeter groß – hier zu 96 kleinen, sieben mittleren, zwei großen und vier ganz großen Brilanten verarbeitet: für die Britischen Kronjuwelen.

Zurück auf der Jodenbreestraat trifft man neben dem Holland-Experience im Saskia-Haus auf das Museum Rembrandthuis. Amsterdams und Hollands größter Maler Rembrandt Harmensz van Rijn wohnte hier von 1639 bis 1660, «mitten im Fegefeuer, im Schmelztiegel der Nationen, der Sprachen und der Religionen»

(Georges Duhamel). Er porträtiert die vornehmen sephardischen Juden, beispielsweise Ephraim Bueno und Rabbi Menasseh Ben Israël, dokumentiert aber auch das Leben der vielen Pechvögel aus Osteuropa. Die askenasischen Juden, die ab 1635 nach Amsterdam kamen, bildeten eine zweite «Joodse Natie» in der Amstelstadt. Von den 280 Radierungen, die Rembrandt gefertigt haben soll, sind 245 heutzutage im Rembrandthaus zu sehen. Für Menassehs Buch *Piedra Gloriosa de la Estatua de Nebuchadnesar* (Amsterdam, 1655) fertigte er vier Kupferstiche an. Das Buch handelt von der Ankunft des Messias. Der Glaube an die Prophezeiungen von Daniel, das «Fünfte Königreich» stehe vor der Tür, hat das ganze 17. Jahrhundert durchzogen.

1666 steht das jüdische Amsterdam kopf. Der Grund: ein Brief der Rabbis aus Jerusalem, daß die Ankunft des Messia nunmehr unmittelbar bevorstände. In allen jüdischen Häusern werden Dankeslichter gebrannt. Abraham Pereyra, damals der reichste Amsterdamer Jude, schifft sich nach Palästina ein. In Amsterdam macht «Ain Shain Lied von Moshiach» (ein schönes Lied vom Messias) die Runde. Doch der läßt auf sich warten. Bald kursiert statt dessen die Einsicht, man möge sich vor falschen Propheten hüten. Gewonnen bei dieser Rage hat auf jeden Fall die hebräische Buchdruckkunst, deren führender Vertreter Menasseh Ben Israel ist, der unter anderem das erste jüdische Gebetbuch druckt. Er ist ein Freund Rembrandts und verkehrt mit den flämischen Emigranten und Gelehrten Barlaeus und Vossius. In einer Zeit, in der die europäischen Juden verfolgt werden, ermöglicht Amsterdam ihnen nicht nur hier ihren Gottesdienst auszuüben, sondern gibt ihnen auch die Freiheit, ihre religiösen Bücher zu drucken: ob auf hebräisch oder in Latein, spanisch, portugiesisch oder jiddisch. Amsterdam gilt als die Welthauptstadt des jüdischen Buches. Während der Frankfurter Buchmesse 1634 schließen Menasseh Ben Israël und der nichtjüdische Amsterdamer Verleger Jansonius die Übereinkunft, den massenhaften Druck von Bibeln für die Juden Polens zu organisieren. Das jüdische Buch wird zur Wachstumsbranche. Und in Frankfurt, der Stadt der Buchmesse? Statt an und mit den Juden zu verdienen, wütet dort ein Pogrom. Georg Keller (1568–1634) hat es in seinen Radierungen «Plünderung der Judengasse zu Frankfurt am Main, 22. August 1614», und «Auszug der Juden» (1380 Personen) vergegenwärtigt. Wie anders in Amsterdam: Im Jahre 1612 leben nur rund 500 Juden hier, sechzig Jahre später 7500 – rund 2500 sephardische und rund 5000 askenasische Juden.

Ein gottloser Gottsucher: Spinoza

Wenn man beim Rembrandthaus um die Ecke biegt, gelangt man auf den Waterlooplein (heute Flohmarkt), die frühere Insel Vlooyenburg, damals die letzte Stadtausdehnung rund um die Werften von Uilenburg. Hier, zwischen den ärmsten Ostjuden, wurde neben der Moses-und-Aronkerk am 24. November 1632 einer der berühmtesten Söhne Amsterdams geboren: der Philosoph Baruch Benedictus de Spinoza (1632–1677). Seine wichtigsten Werke sind die *Theologisch-*

Ende des 17. Jahrhunderts entsteht in Amsterdam die damals größte Synagoge der Welt

politische Abhandlung und *Ethik*. Er widersetzt sich der Auffassung, daß die Bibel die Quelle aller Wahrheit sei. Statt dessen unterscheidet er drei Erkenntnisstufen: die Erkenntnis durch Vorstellung (sinnliche Erfahrung), durch Ableitung (wie in der Mathematik) und – als höchste Stufe – die intui-tive Erkenntnis. Das Gedankengut Spinozas, der sich selbst als Holländer sah («mca patria»), bringt ihn mit 24 Jahren in Konflikt mit der sephardischen Gemeinde, der er angehört. Sie spricht über den «gottlosen Gottsucher» am 27. Juli 1656 den Bannfluch aus: «mit dem Bann, mit dem Joshua

Jericho verbannte, mit dem Fluch, mit dem Eliza die Knaben verfluchte». 1660 wird er auf Betreiben der Rabbiner sogar vom Magistrat aus Amsterdam vertrieben. Spinoza findet an der Amstel bei Ouderkerk auf dem Landgut «Tulpenburg» seines Freundes Dirk Tulp Unterschupf. Am 21. Februar 1677 stirbt Spinoza in s'Gravenhage, dem heutigen Den Haag.

Vom Judentum geprägte Alltagssprache

«Vom Giebel der Antoniuskerk streckt Christus die Arme dem Volk auf dem Waterlooplein entgegen. Meine Herrschaften, ruft er, kommen Sie doch zu mir. Ich führe die gleiche Ware, die Sie bisher von Moses & Aron bezogen haben, nur ist mein Haus eleganter als das Ihres jetzigen Lieferanten … Noch beschwörender als der Christ strecken die jüdischen Budenbesitzer ihre Arme aus, noch lobpreisender, noch beteuernder, und der Passant ist vollauf mit der Prüfung der feilgehaltenen Ware beschäftigt; Mißbilligung markierend, fragt er nach dem Preis des von ihm ausgewählten Stücks, feilscht, geht, kommt wieder …» so beginnt der «rasende Reporter» Egon Erwin Kisch in seinem Beitrag *Auswanderer, derzeit Amsterdam – Berichte aus sieben Ghettos* die Beschreibung des jüdischen Lebens, das er vorfindet. Rund 80 000 Juden leben in Amsterdam, rund zehn Prozent der Bevölkerung. In einigen Stadtteilen wohnen vermehrt Juden: in Amsterdam-Ost, in Süd und eben um den Waterlooplein herum, damals mit seinem Markt am Fuße der Moses-und-Aronkerk. Hier drehte sich alles um «beisies» (10 Cent), «heitjes» (25 Cent), «voor-» und «achterwiel» (Vor- und Hinterrad: 1 Gulden und 2,5-Gulden-Stücke) und natürlich um «meier» und «halve meier» (100 Gulden und – halber Hunderter – 50 Gulden). Jüdische Ausdrücke für das holländische Geld, die man auf den Märkten Amsterdams noch heute hören kann. Oft ist es nicht mehr möglich, die Herkunft und die Bedeutung der vielen Ausdrücke zu erklären. Gängig ist es zum Beispiel, einem Kind für eine kleine Gefälligkeit einen «kwartje» – das sind 25 Cent – zu geben: «een heitje voor een karweitje», nennt man das in Amsterdam.

Der Amsterdamer Dialekt des Holländischen ist nur so gespickt mit ursprünglich jüdischen Redewendungen und Begriffen. «Mit aan tooches kan men nit uf zwaa chassens sitzen», heißt in etwa: Man kann nicht auf zwei Hochzeiten gleichzeitig tanzen. «Tooches» ist in Amsterdam inzwischen ein Ausdruck für Hinterteil geworden. Ein «goser» ist ein junger Kerl, du bist «mesjogge» heißt, du bist verrückt, und wenn man einen Laden verläßt, grüßt man anstatt mit «dag» in Mokum mit «De Mazzel» – viel Glück. Eine typisch Mokumer Redewendung ist: «Hij is al op de Hakkelaarsbrug» (wörtlich: «er befindet sich bereits auf der Hakkelaarsbrücke», will sagen, er befindet sich bereits mit einem Bein im Grab). Erklärung: Die Hakkelaarsbrücke war die letzte Haltestelle der «Gooise Stoomtram», einer Überlandstraßenbahn, die früher ins «Gooi» nach Hilversum führte, vor Muiderberg, wo sich der jüdische Friedhof befindet. Auch der jüdische Humor hat auf Amsterdam seinen Stempel gedrückt. Tausende von Geschichten erzählt man sich von «Mossie», der mit seiner Sara in der Judenecke wohnt: dem Amsterdamer Schlemihl schlechthin. «Gein» – den jüdischen Witz – versteht jedoch nicht jeder. Was ist zum Beispiel eine «Gotspe» – eine Ungeheuerlichkeit? Wenn ein Junge, der seine beiden Eltern ermordet hat, vor seinem Richter für mildernde Umstände plädiert, weil er doch nun Vollwaise sei.

Dieser Spaziergang durch das jüdische Amsterdam geht an dieser Stelle in eine kurze Metrofahrt über: vom Waterlooplein zum Amstel-Bahnhof. Die U-Bahn-Linie führt unter der Weesperstraat entlang, wo einst ein Teil der jüdischen Arbeiterschaft in Mietskasernen wohnte. Dort, wo die Hauptstraße des Judenviertels zum Weesperplein wird, entsteht 1910 die Diamantenbörse. Die Diamantenindustrie ist ein konjunkturabhängiger Wirtschaftszweig. In Zeiten wirtschaftlicher Depression liegen die Fabriken danieder, das Personal wird auf die Straße gesetzt. Doch die spezialisierten Facharbeiter organisieren sich 1894: zum jüdischen «Algemene Nederlandse Diamantbewerkersbond» (ANDB). Ihr Gründer, der jüdische Sozialist Henri Polak, unterstreicht die Macht der Solidarität: «Es gibt auf der ganzen Welt nicht mehr als 12000 Fachleute, der größte Teil davon in Amsterdam.» Henri Polak wird zum charismatischen Gewerkschaftsführer, zum «Rebbe der Diamantarbeiter». Die Wohngebiete der rund 10000 Diamantarbeiter (7000 Juden), der Waterlooplein, die Weesperstraat, aber auch der Jordaan und De Pijp werden zu Hochburgen der Sozialdemokratischen Arbeiterpartei (SDAP). 1903 zieht Polak als erster Sozialist in den Gemeinderat Amsterdams ein. Namen jüdischer Sozialisten wie Rodrigues de Miranda, David Wijnkoop, Sam de Wolff und De Levita sind in der Amsterdamer Arbeiterschaft bald in aller Munde. Unter den sozialdemokratischen Stadträten Florentinus ‹Floor› Wibaut – die vorletzte U-Bahn-Station vor dem Ausstieg trägt seinen Namen – und Samuel Rodrigues De Miranda wird Amsterdam in den zwanziger und dreißiger Jahren zum Mekka des Volkswohnungsbaus. Vom Amstelbahnhof führt die Berlage-Brücke, über die 1940 auch die Wehrmacht und fünf Jahre später die kanadischen Befreier in die Stadt einmarschierten, in den Stadtteil Rivierenbuurt.

Ein ungewöhnlicher Stadtteil: Rivierenbuurt
Alle Straßen sind hier nach niederländischen Flüssen benannt. Um die Rijnstraat herum entstehen Arbeiterwohnungen, Wohnungen für den Mittelstand baut man zwischen Victorieplein und Scheldestraat, an der Beethovenstraat wohnt die Hautevolee. In den dreißiger Jahren kommen immer mehr Juden in den Stadtteil: soziale Aufsteiger wie die Diamantenschleifer und wohlhabende jüdische Flüchtlinge aus Deutschland. 1937 wird im Stil der Neuen Sachlichkeit an der Lekstraat 63 eine Stadtteilsynagoge gebaut: Der jüdische Bevölkerungsanteil beträgt inzwischen fast ein Drittel, das sind rund 17000 Einwohner. Als in Berlin 1933 die Nazis an die Macht kommen, wird die Grachtenstadt – wie schon so oft in ihrer Geschichte – einmal mehr zur «großen Flüchtlingsarche». Die Amsterdamer Öffentlichkeit ist über die politischen Entwicklungen in Deutschland durchweg sehr gut informiert. Der niederländische Journalist Nico Rost publiziert bereits 1933 ein Buch über das KZ Oranienburg, wo Erich Mühsam 1934 ermordet wurde, und Walter Hornung schreibt das vielgelesene Buch *Die Hölle von Dachau*. Nicht zuletzt unter dem Eindruck dieser Publikationen werden schon früh die ersten Hilfskomitees aktiv: das jüdische «Comité van Bijzondere Joodsche Belangen» und das «Comité van Kunstenaars en Intellectuelen», das auch die niederländische Ausgabe des *Braunbuchs des Hitlerterrors* über den Reichstagbrand und den vielbeachteten Prozeß gegen den holländischen Anarchisten Marinus van der Lubbe herausgibt. Nach dem Erscheinen

von Langhoffs Buch *Die Moor-soldaten* in Holland streitet das «Carl von Ossietzky-Comité» für die Freilassung des Nobelpreisträgers, der im KZ Esterwegen, nur einen Steinwurf von der holländischen Grenze entfernt, von den Nazis gefoltert wird.

Als nach dem Machtantritt Hitlers die jüdischen Exilanten nach Amsterdam kommen, finden viele in der Rivierenbuurt eine neue Heimstatt. Folgt man der schnurgeraden Allee, die heute Vrijheidslaan heißt, dann kommt man zum Victorieplein mit dem «Wolkenkrabber» und dem Standbild des Architekten Berlage. Hinter dem «Wolkenkratzer» befindet sich ein dreieckiger Platz: der Merwedeplein. In der Nummer 23 wohnten in den dreißiger Jahren die Berliner Kabarettisten Herbert und Rudolf Nelson. Nelsons Revuen sind vor 1933 sehr populär: am Kurfürstendamm hatte er sein eigenes Theater, in Amsterdam bespielt er den Kabarettsaal La Gaieté des Tuschinski-Kinos. Nur ein paar Häuser weiter, Merwedeplein Nummer 37, zieht 1933 eine jüdische Kaufmannsfamilie aus Frankfurt am Main ein: die Familie Frank mit den Kindern Anne und Margot. Anne bekommt zu ihrem 12. Geburtstag im Sommer 1942 ein Tagebuch geschenkt, das später als *Tagebuch der Anne Frank* weltberühmt werden soll. Von 1935 bis 1942 besucht Anne Frank die Montessori-Schule in der Niersstraat. Wenn man durch die Roerstraat bis zur Maasstraat läuft, in diese links hineingeht und dann die erste Querstraße rechts einbiegt, hat man ihren Schulweg absolviert und erreicht die Schule, die heute ihren Namen trägt. An der Außenmauer sind Teile aus Annes Tagebuch in ihrer Originalhandschrift angemalt. Am Ende der Niersstraat erreicht man die Scheldestraat. Hier weisen hebräische Schriftzüge und die Abkürzung O. R. T. daraufhin, daß der Bäcker, der Metzger und die Snackbar von Sal Meijer nur koschere Kost verkaufen, die unter Aufsicht eines Rabbiners hergestellt wurde. Wer will, kann über Churchill- und Apollolaan bis zur Beethovenstraat weiterlaufen, um dort an der «Tramhalte Beethovenstraat» – so der Titel von Grete Weils legendärem Exilroman – die Straßenbahnlinie 24, den «Palestinaexpreß», in Richtung Zentrum (Centraal Station) zu nehmen. Man kann aber auch gleich an der Ecke zur Churchill-laan in die 25 steigen; die Route ist ab Ceintuurbaan dieselbe.

Kein Volk, das vor Tyrannen weicht

An der Stadhouderskade passiert die «Tram» die Heinekenbrauerei. Gegenüber, neben der Abfahrtstelle der Rundfahrtboote, mahnt eine Backsteinmauer: «Ein Volk, das vor Tyrannen weicht, wird mehr als Hab und Gut verlieren, dann erlischt das Licht ...» Während 1936 die Jugend der Welt (noch) um Medaillen kämpft, organisieren die Amsterdamer zusammen mit deutschen Exil-Künstlern am Blumenmarkt im Gebäude De Geelvinck (Singel 530) eine Ausstellung mit dem Titel: DOOD (zu deutsch: TOD), zugleich die Abkürzung für «De Olympiade Onder Dictatuur». Neben den Werken antifaschistischer Künstler aus Deutschland – unter anderem Gerd Arntz' Holzschnitt «Das Dritte Reich» – zeigt die Ausstellung auch Dokumente aus dem Alltagsleben im nationalsozialistischen Deutschland. Aufgrund einer Intervention der Deutschen Botschaft in Den Haag wird die Ausstellung von der Polizei geschlossen und Gerd Arntz' Bild (Format 30×21 cm) beschlagnahmt.

Im November 1938 verfolgt man mit Angst und Grauen die antijüdischen Pogrome der sogenannten «Reichskristallnacht». Eduard Hoornik schreibt unter diesem Eindruck das sehr bekannt gewordene Gedicht «Pogrom», in dem er die bange Frage stellt: «Ist dies die Spree und das die Grenadierstraße …?» und wo es ahnungsvoll heißt: «es ist die Amstel, Amsterdam … die Jodenbreestraat … es ist mal grade zehn Stunden mit dem Zug nach Berlin.»

Die Ahnung und Angst ist nicht unbegründet: am 10. Mai 1940 überfällt die deutsche Wehrmacht die neutralen Niederlande und besetzt sie (nach dem Bombardement auf Rotterdam und der Drohung, auch Amsterdam dem Erdboden gleichzumachen) in fünf Tagen. Kaum Zeit bleibt denen, die die braunen Machthaber am meisten zu fürchten haben: den deutschen Exilanten, den politisch Verfolgten und den Juden. Viele versuchen an jenem Pfingstwochenende über den Kanal nach England zu entkommen, die meisten müssen jedoch ernüchtert in ihre Wohnungen zurückkehren. Sofort fällt der große Schlagbaum zwischen denen, die lediglich besetzt sind, und denen, die sofort in akuter Lebensgefahr schweben. Über 300 Amsterdamer – darunter der sozialistische jüdische Stadtrat Emanuel Boekman und der Literat Menno Ter Braak – begehen an diesem Wochenende Selbstmord. Andere tauchen unter, gehen in die Illegalität.

Am Münzturm ausgestiegen, geht die Tour wieder zu Fuß weiter durch die Reguliersbreestraat, vorbei am Kino Tuschinski (siehe S. 127 ff.) zum Rembrandts- und Thorbeckeplein, dem Vergnügungszentrum der Stadt. Hier versuchten die holländischen Nazis, die Schwarzhemden der Nationalsozialistischen Bewegung (NSB) des Utrechter Wasserbauingenieurs Anton Mussert, nach dem Muster ihrer großen Vorbilder, der SA in Berlin, die Straße zu erobern. Um das Café Alcazar, dessen Eigentümer sich weigert, das Schild «Für Juden verboten!» aufzuhängen, entbrennt eine wahre Feldschlacht. Vom Rembrandtsplein zum Waterlooplein, dem Zentrum des Judenviertels, sind es nur wenige hundert Meter. Im Februar 1941 haben die Schwarzhemden genug Mut versammelt und marschieren zum Sonntagsmarkt auf dem Waterlooplein. Als sie durch die Amstelstraat auf die Blaauwbrug zumarschieren, stellt sich ihnen ein Möbelwagen in den Weg. Aus ihm springen mit Eisenstangen bewaffnete Mitglieder einer jungen jüdischen Widerstandsgruppe heraus – unter ihnen befindet sich Bennie Bril, der zwölfmal niederländischer Meister im Boxen gewesen ist. Sie stellen sich den prügelnden Schwarzhemden Musserts entgegen. Die Schlägerei fordert ein Todesopfer: der holländische SA-Mann Koot kommt ums Leben. Damit haben die niederländischen Nazis ihren Märtyrer, ihren Horst Wessel. Der Vorfall wird zum Anlaß für die erste Großrazzia im Judenviertel genommen: 425 junge jüdische Männer werden von der Straße weg nach Mauthausen deportiert. Razzia, Deportation, Vernichtung – nach diesem Schema soll fortan die «Endlösung der Judenfrage» abgehandelt werden: planmäßig und mit deutscher Gründlichkeit. Und die Jodenbreestraat wird in der Tat zur Berliner Grenadierstraße, wie das Gedicht «Pogrom» es prophezeite. Mit Stacheldraht, Wachposten und hochgezogenen Zugbrücken wird das alte Judenviertel um den Waterlooplein hermetisch abgeriegelt. Heute steht an der Amstel / Ecke Zwanenburgwal das Denkmal für den jüdischen Widerstand. Man erreicht das Denkmal, indem man von der Blaauwbrug aus am rechten Amstelufer bis zum Knick weiterläuft. Eine Ehrenliste der gefallenen jüdischen Widerstandskämpfer enthält 165 Namen, 200 weitere jüdische Widerstandskämpfer überlebten. Der jüdische Anteil am Widerstand gegen die Nazis ist oft übersehen worden. Noch immer kursiert das Bild von den Juden, die sich wie Lämmer zur Schlachtbank führen ließen. Am Beispiel Amsterdam läßt sich nachweisen, daß dieses Bild nicht stimmt. Hier waren Juden maßgeblich am Widerstand beteiligt.

Streik, untertauchen, Widerstand

Vom Denkmal zurück zur Blaauwbrug und durch die Nieuwe Amstelstraat, vorbei an der Skulptur «Der Stern», erreicht man gegenüber dem Jüdisch-Historischen Museum das Monument des Dokwerker auf dem Jonas-Daniel Meijer-Plein. Es erinnert an den berühmten Februarstreik der Amsterdamer: Nach der ersten Großrazzia gegen die Juden ruft die im Untergrund operierende Kommunistische Partei Hollands am 25. Februar 1941 zum Generalstreik auf. Er wird befolgt, ganz Amsterdam hört auf zu arbeiten: Die Straßenbahnen bleiben in den Depots, die Dockarbeiter aus Amsterdam-Nord kommen mit den Fähren durch den Hafen in die Innenstadt. Geschäfte, Warenhäuser, Schulen und Universitätsinstitute, Kontore und Fabriken schließen. Mittags formiert sich in der Innenstadt ein Protestzug, angeführt von den Dockarbeitern. Der erste Antipogrom-Streik der Geschichte wird Realität.

Die deutschen Besatzer sind durch den Streik vollkommen überrascht. Diese spontane Erhebung übersteigt die Vorstellungskraft der damals noch sieggewohnten Nazis. Zwar wird die Erhebung im Laufe des 26. Februar von zwei aus Zandvoort aan Zee nach Amsterdam beorderten SS-Totenkopfverbänden niedergeschlagen, doch mit dem «Februarstreik» wird der Keim zum nationalen Widerstand in Holland erst wirklich gelegt. Zur Erinnerung an den Streik 1941 trifft man sich jedes Jahr am 25. Februar am Mahnmal des Dockarbeiters zu einem stundenlangen Blumendefilee.

Der Widerstand gegen die Besetzer ist auch eine Loyalitätserklärung an die Exilregierung und Königin Wilhelmina in London. Von dort sendet der BBC täglich Nachrichten in holländischer Sprache – im besetzten Holland «Tante Engelientje» genannt. Ab August 1940 kommt ebenfalls aus London «Radio Oranje» hinzu. Beides sind aktuelle Informationsquellen und moralische Stütze des wachsenden Widerstands. In Amsterdam erscheinen – zunächst in der Form von handgeschriebenen Pamphleten, später gedruckt – illegale Zeitungen: *Vrij Nederland, Het Parool*, die kommunistische *Waarheid* und die kirchliche *Trouw*. Ein Großteil der Zeitungen wird bei der klandestinen jüdischen Druckerei D. A. V. I. D. gedruckt: die allgemeine vrije illegale Druckerei, gut versteckt im «Hilfsstudio 2 der Maarten Toonder-Film» (Spuistraat 28). Papier erhalten sie von den sozialdemokratischen Druckern der jetzt gleichgeschalteten Tageszeitung *Het Volk*. Der Strom für die Maschinen wird unbemerkt von der benachbarten deutschen Akkufabrik abgezapft. Oft fungieren junge Mädchen als Kuriere, die mit Kinderwagen oder Fahrrad die Zeitungen an ihre Leser bringen. (Eines dieser Mädchen, Hannie Schaft, porträtiert der holländische Spielfilm *Das Mädchen mit den roten Haaren*.) Ein guter Trick ist, einige Exemplare in einen Umschlag zu stecken, der mit der Adresse der deutschen Staatssicherheit, des SD, versehen ist. So kann man sich bei Kontrollen herausreden, daß man gerade auf dem Wege ist, die illegalen Zeitungen bei der Post abzuliefern.

Der Widerstand nimmt in Amsterdam verschiedene Formen an. Er reicht von der individuellen Verweigerung – zum Beispiel in der deutschen Rüstungsindustrie zu arbeiten – bis zum organisierten Widerstand. Die wichtigste Aktivität des holländischen Untergrunds ist die Hilfe der vielen «Onderduikers», der Untergetauchten. Stellvertretend für viele steht das Schicksal von Anne Frank, das durch die Tagebuchaufzeichnungen des jungen Mädchens weltberühmt wurde. Im Sommer 1942 taucht die Familie Frank unter: über zwei Jahre leben sie zusammen mit den Familien Van Daan und Dussel vor der Außenwelt verborgen in einem Hinterhaus an der Amsterdamer Prinsengracht 263. Vier holländische Helfer versorgen die fünf Erwachsenen und drei Kinder in dieser Zeit mit Lebensmitteln, Büchern und Nachrichten von draußen. Doch die Untergetauchten entkommen ihren Häschern nicht. Sie werden verraten, entdeckt und nach Auschwitz deportiert. Anne Frank stirbt, völlig entkräftet, im Frühjahr 1945 im KZ Bergen-Belsen – wenige Wochen vor der Befreiung. Nur der Vater Otto Frank soll den Krieg überleben. Nach dem Krieg findet Miep Gies Annes Tagebuchaufzeichnungen im Hinterhaus. 1947 werden sie als *Tagebuch der Anne Frank* herausgegeben. In unzählige Sprachen übersetzt, wird das Buch seitdem in mehr als 20 Millionen Exemplaren weltweit verbreitet.

Das Hinterhaus ist heute ein Museum, das täglich von 2000 Menschen besucht wird: neben Rijks- und Van-Gogh-Museum das meistbesuchte der Niederlande (siehe S. 237 ff.). Mit dem Erlös aus den Eintrittsgeldern betreibt die Anne-Frank-Stiftung heute Aufklärungsarbeit über die Nazizeit und unterstützt Initiativen gegen Rassismus und Diskriminierung. Zum Beispiel in der Form aktueller Ausstellungen, Publikationen und Filme. Während der Untergrundperiode war es Anne Frank nur selten vergönnt, einen Blick nach draußen zu werfen. Aus einer Dachluke heraus konnte sie gerade eben den Glockenturm der Westerkerk sehen. Dort in der Westerkerk hielt Willy Brandt 1985 eine vielbeachtete Rede zum Andenken an Annes 40. Todestag. Er begann mit den Worten: «Ich stehe hier als Repräsentant des anderen Deutschland. Wäre ich das nicht, würde ich nicht wagen, hier vor Ihnen zu stehen.» Tatsächlich war

101

Willy Brandt ab 1933 aktiv im Widerstand. Während seiner Emigration in Norwegen fuhr er 1934 zu einem antifaschistischen Treffen junger Sozialisten ins niederländische Laren. Die holländische Polizei hatte die Zusammenkunft untersagt und lieferte die vier deutschen Teilnehmer an die Gestapo aus – Willy Brandt rettete nur sein norwegischer Paß.

Heldenhaft, entschlossen, barmherzig

Für über 300 000 Niederländer, darunter viele Juden, sorgte eine komplexe, illegale Organisation für falsche Papiere, Unterkünfte und Lebensmittel. Ein Drittel der jüdischen Untergetauchten wird entdeckt, nicht zuletzt durch Verrat wie im Falle von Anne Frank.

Es gehört zu den Gesetzmäßigkeiten des ungleichen Kampfes, daß Widerstandsaktionen immer dann Aussicht auf Erfolg haben, wenn fachkundig, listig und mutig vorgegangen wird. Allerdings gehört ein Quantum «Mazzel» zu jeder Aktion. So gelingen dem deutschen-jüdischen «Stadtpartisan» Gerhard Badrian allerdings einige Husarenstücke. Eine der bekanntesten Geschichten ist die, wo er, in SS-Uniform gesteckt, auf der Hauptwache der Amsterdamer Polizei vorstellig wird. Im schnoddrigen Offizierston befiehlt er, die dort soeben eingelieferten Widerstandskämpfer zu seiner Verfügung zu übergeben. Aufgrund der Beherrschung der deutschen Sprache und seines Wagemutes kann er so die Befreiung einiger unersetzbarer Fachleute des Widerstands erwirken: den Fälschern von Personalausweisen und Lebensmittelkarten. Ein andermal kündigt Badrian in der niederländischen Staatsdruckerei

in Den Haag seinen Kontrollbesuch als SD-Führer an, überwältigt den Betriebsleiter und nimmt 10 000 Blanko-Personalausweise mit. In Amsterdam befindet sich dafür die größte Fälscherzentrale des europäischen Widerstands: die «Persoonsbewijscentrale». Diese stellt etwa 70 000 Personalausweise und Tausende von Dokumenten her. Gerhard Badrian ist zeitweilig der Leiter dieser Organisation und wird darum zum meistgesuchten Widerstandskämpfer Hollands. Am 30. Juni 1944 wird er nach Verrat in eine tödliche Falle gelockt, wo er bei einem Feuergefecht mit der Polizei stirbt.

Ab August 1942 wurden die Juden gewaltsam aus dem Judenviertel zunächst in die Hollandse Schouwburg (Holländisches Schauspielhaus) und dann über Westerbork nach Auschwitz und Sobibór transportiert. Vom Dokwerker aus erreicht man die heutige Gedenkstätte der Hollandse Schouwburg in der Plantage Middenlaan 20 über die Nieuwe Herengracht. Der aus Lüdenscheid stammende Jude Walter Süskind organisiert eine Hilfsgruppe, der es gelingt, fast tausend Menschen herauszuschmuggeln. An den Rettungsaktionen für jüdische Kinder in der dem Theater gegenüberliegenden Kindertagesstätte sind verschiedene Widerstandsorganisationen beteiligt. 1943 sprengt eine Widerstandsgruppe den «Warteraum zur Hölle» in die Luft. Ebenfalls vor den Augen der Deutschen gelingt es, einen selbstgebauten Sprengsatz im für die Judendeportationen so wichtigen Einwohnermeldeamt der Stadt zu zünden, wo sich die Karteikarten mit den fatalen Judenvermerken befinden. Vor dem

Krieg hat die Amsterdamer Juristin Lau Mazirel vergeblich vor den Gefahren einer allzu umfassenden Registrierung der Bürger gewarnt. Jetzt war es zu spät. Und der Anschlag, der auf ihre Initiative hin unternommen wird, hat nur wenig Erfolg, ist letztlich eine Verzweiflungstat. An der Kreuzung zur Plantage Kerklaan befindet sich ein Hinweisschild am Gebäude neben dem Eingang des Amsterdamer Zoos «Artis». Dem Haupteingang gegenüber liegt im Gebäude «Plancius» das Verzetsmuseum, das Widerstandsmuseum der Stadt: daß es nicht nur ein Recht, sondern auch eine Pflicht gibt, bei Unterdrückung Widerstand zu leisten. Es sind nicht die Despoten, die ein Volk zu Sklaven machen, sondern es ist der Mangel an Freiheitsgefühl, der das Aufkommen von Tyrannen verursacht. Wo niemand Sklave sein will, kann kein Tyrann entstehen. «Widerstand beginnt nicht mit großen Worten», dichtete der holländische Schriftsteller Remco Campert, selbst Sohn eines bekannten Widerstandskämpfers, «sondern mit kleinen Taten ... So wie Liebe mit einem Blick, einer Berührung (beginnt), mit etwas, das dir auffällt in einer Stimme. Dir selbst eine Frage stellen, damit beginnt Widerstand, und dann die Frage einem anderen stellen ...»

Von hieraus bringt einen die Straßenbahnlinie 9 zum Dam, wo unsere Tour endet. Auf dem Weg kann man bei der Haltestelle Waterlooplein von der Straßenbahn aus über dem Eingang der Rathauspassage das Amsterdamer Stadtwappen sehen. Wegen der Haltung seiner Bürger, die die niederländische Hauptstadt im Zweiten Weltkrieg zum Zentrum des Widerstands machten, bekam das Stadtwappen von der holländischen Königin 1945 den Zusatz: «heldhaftig, vastberaden, barmhartig» – heldenhaft, entschlossen, barmherzig.

Viele Monumente, Gedenktafeln und Hinweise zeugen heutzutage vom Leidensweg und vom Widerstand der Amsterdamer während der Okkupationszeit. Die Vergangenheit ist gegenwärtig in der Stadt. Doch über fünfzig Jahre später gilt es auch festzustellen, daß es – allen Widerstandsaktionen zum Trotz – den Nazis dennoch gelang, ihre Vernichtungsmaschinerie so zu betreiben, daß von den 140 000 Juden Hollands nur rund 36 000 überlebten. Nach den Juden in Polen waren die Juden der Niederlande am schwersten betroffen. Jedes Jahr am 4. Mai um acht Uhr abends steht das Leben in Amsterdam für ein paar Minuten still: dann legen Königin, Regierung und Bürgermeister am Nationalen Monument auf dem Dam Blumen und Kränze nieder – Totengedenken.

Am Dam endet die Spurensuche durch das jüdische Amsterdam. «Amsterdam weint, wo es einst gelacht hat», heißt es in einem Lied aus der Nachkriegszeit. Doch Mokum, das jüdische Amsterdam, lebt – es lebt fort in der Erinnerung.

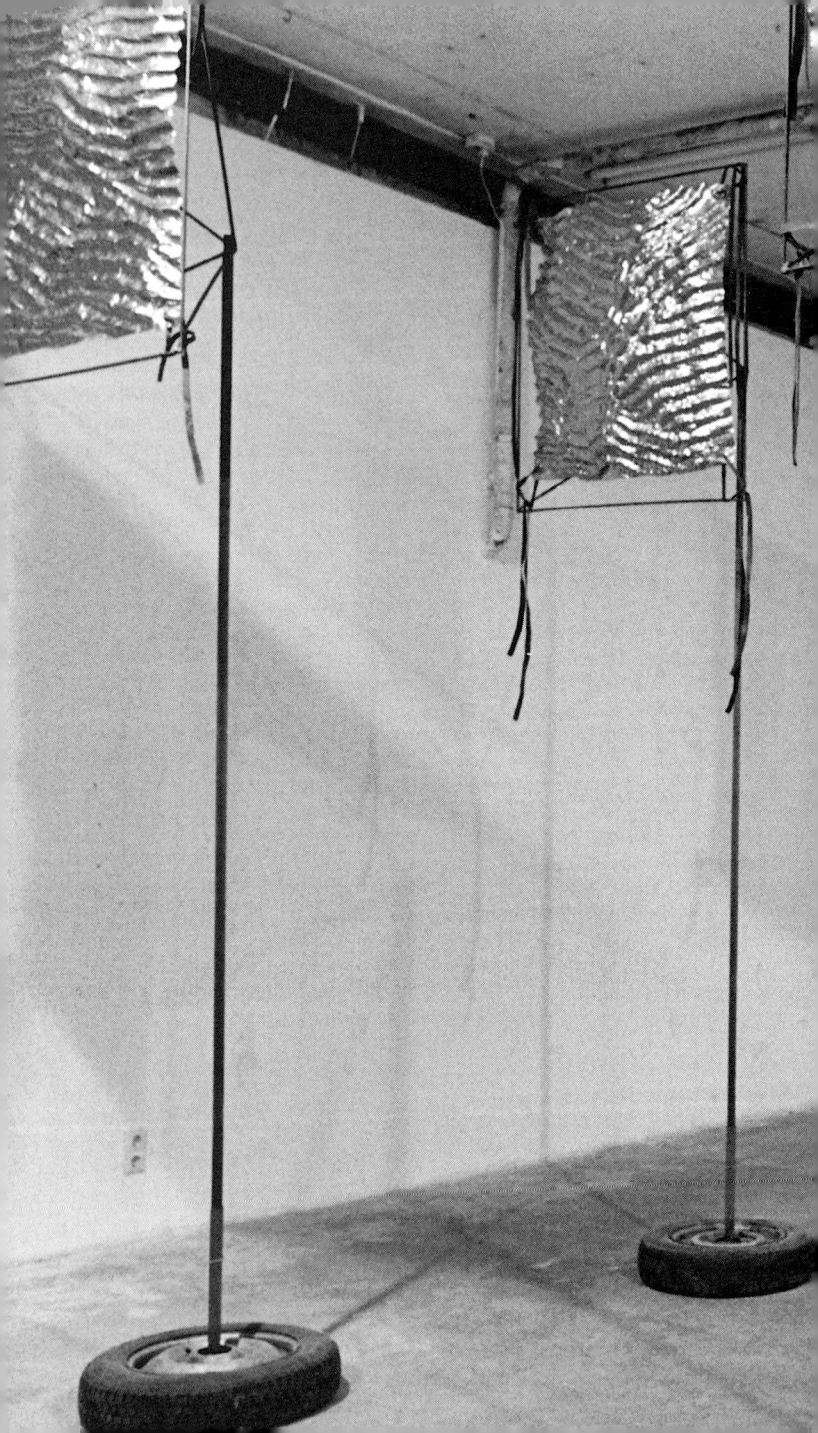

KUL–
TOUREN

DIE STADT ALS OFFENES BUCH

EIN LITERARISCHER SPAZIERGANG

«Die Stadt ist ein offenes Buch, der Spaziergänger sein Leser.» Man kann dem niederländischen Romancier Cees Nooteboom nur zustimmen. Amsterdam ist nicht nur formal die Hauptstadt des Königreichs der Niederlanden, es ist es vor allem kulturell. Denn: «Alles, was mit Kunst und Kultur zu tun hat, befindet sich in Amsterdam» – um den anderen großen zeitgenössischen Autor Amsterdams, Harry Mulisch, zu zitieren. Die Litera-Tour geht vom Spui aus quer durch die Altstadt, durch den Grachtengürtel und Jordaan vorbei am Leidseplein und endet im Vondelpark.

In ihrer Blütezeit wird die niederländische Klassik – die Werke von Marnix, Heinsius, Vondel, Hooft und Cats – von Opitz, Gryphius und Flemming ins Deutsche übertragen – als Musterbeispiel der Renaissancedichtung und Retter der ‹teutschen Poesy›. Goethe (*Egmont*) und Schiller (*Geschichte des Abfalls der vereinigten Niederlande von der Spanischen Regierung* und *Don Carlos*) haben kein Verhältnis zur holländischen Sprache oder zum Alltag des Volkes, bewundern aber die historischen Ereignisse des Freiheitskampfes gegen die spanische Unterdrückung. Jacob Grimm, Begründer der germanischen Philologie, sah in der niederländischen Sprache «manche Vorteile und Schönheiten», empfand sie aber letztendlich als durch das Französische «verdorben». Deutsche Wahrnehmungen.

Wie groß auch immer die Bedeutung von Literaten wie Verwey, Couperus, Van Eeden, Heyermans und Querido eingeschätzt werden mag, ein Platz in der Weltliteratur ist keinem beschieden. Holland blieb auf dem Gebiet der Literatur lange Zeit eine «Terra Incognita». Erst vor wenigen Jahren wurde das Augenmerk (das Wort stammt übrigens vom holländischen «oogmerk») auf

DICHTERS

OM

ORANJE

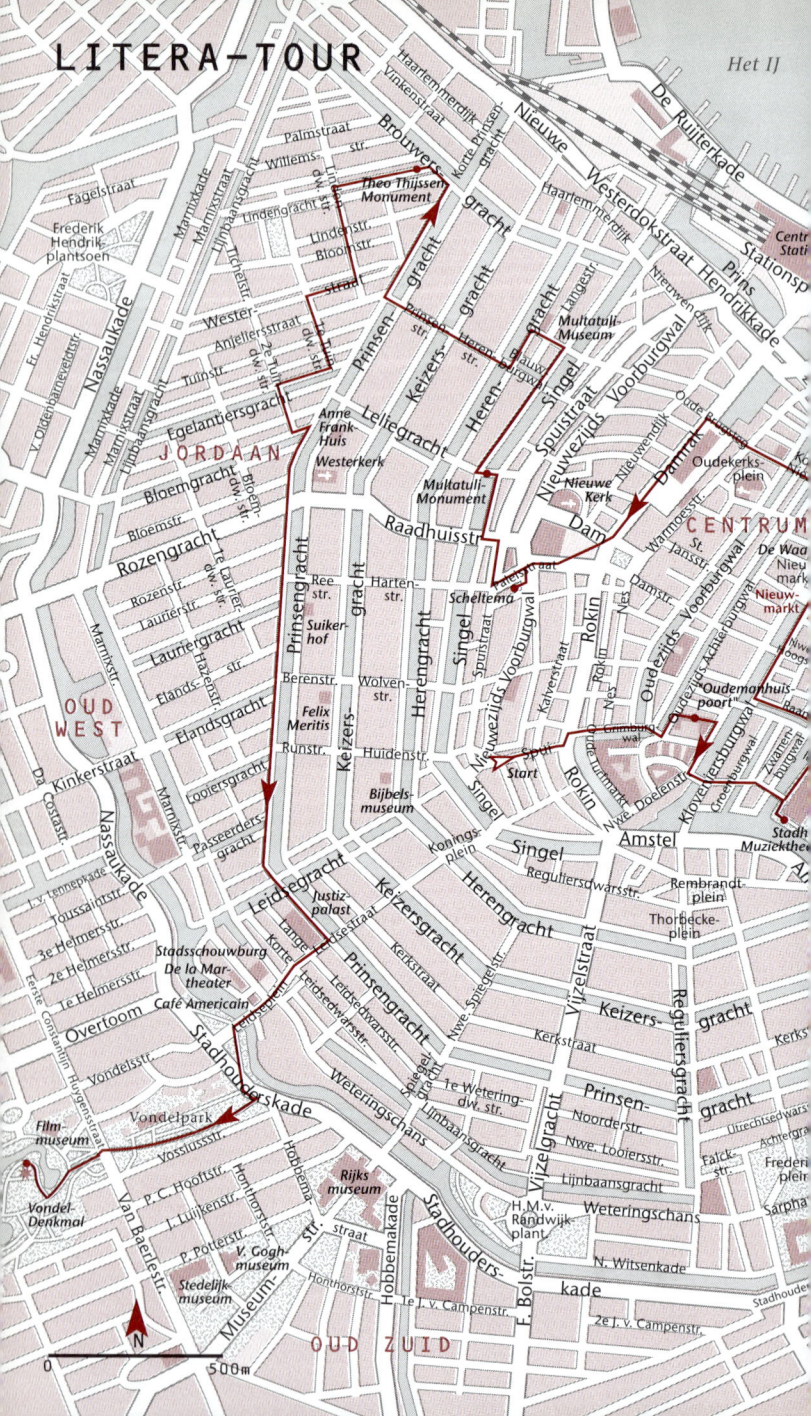

die Literatur dieses Landes gerichtet. Holland und Flandern wurden zum «Schwerpunktthema» der Frankfurter Buchmesse 1993. Seitdem steht im Buchladen Atheneum am Spui, wo die Litera-Tour ihren Anfang nimmt, ein besonderes Regal: Bücher holländischer Schriftsteller in deutscher Übersetzung.

Gedruckt in der Stadt der Freiheit

Hier am Spui («Schleuse»), beim Stadtbild «Het Lieverdje», fanden Mitte der sechziger Jahre die Happenings des Rauchmagiers Robert Jasper Grootveld statt (siehe S. 60 ff.). Harry Mulisch hat die Geschehnisse in seinem *Bericht aan de rattenkoning* dokumentiert. Amsterdam wurde zum magischen Zentrum, zum kosmopolitischen Dorf. «Auf dem Weg von nirgendwo nach nirgendwo entdeckt der Fremde in New Babylon ein spielerisches Gleichgewicht, das einzigartig in der Welt ist. In dieser Atmosphäre schliff Spinoza seine kosmischen Linsen, griff Rembrandt nach seiner Ätznadel …», so der andere Kronzeuge jener bewegten Jahre, Simon Vinkenoog, über den danach einsetzenden Zug der Blumenkinder nach Magic Amsterdam. 1982 faßte Remco Campert die Urbanität des Spui in seinem Gedicht *Lieverdje Revisited* in dieses Bild: «… Die Polizei arrestiert geräuschlos einen Bücherdieb / Bei Hoppe und Zwart stand die Hoffnung der Nation / Fünf Uhr, man kauft die NRC / es war Freitag, der falsche Mittag starb / ich schlug die Zeitung auf / Wieder einmal war Robert Jasper Grootvelds Boot verbrannt.» Heutzutage wird jeden Freitag auf dem Spui der Amsterdamse Boekemarkt abgehalten. Ein weiterer Buchmarkt befindet sich in den Kolonnaden des Oudemanhuispoort.

Man erreicht den Oudemanhuispoort vom Spui aus, indem man Kalverstraat und Rokin überquert und über den Lange Brugsteeg in die Oude Zijde hineingeht. Am Oudezijds Voorburgwal Nummer 231 gründeten Caspar van Baerle und Gerard Vossius in der mittelalterlichen Agnietenkapelle 1632 das «Atheneum Illustre» sowie die Stadtbibliothek. 1876 ging aus der Lateinschule die Universität von Amsterdam (UvA) hervor. Heutzutage studieren rund 12 000 Studenten an dieser Uni, deren Institute überall in der Stadt zu finden sind. Auf dem Gelände eines ehemaligen Männeraltersheims befindet sich das Hauptgebäude (Immatrikulation) der UvA. Der überdachte Durchgang (Oudemanhuispoort) beherbergt viele Antiquariate und Bücherstände. Die Atmosphäre hier erinnert an die «Stadt der Freiheit» im 17. Jahrhundert, als Amsterdam zur Wiege von Presse und Buchdruck wurde.

Die Freiheit des Handels war eine notwendige Bedingung für die Entstehung der Buchindustrie und der Presse. Die Amsterdamer Kaufleute hatten ein großes Interesse an einer aktuellen und seriösen Berichterstattung aus aller Welt. Ab 1585 kamen zunächst bedruckte Blätter heraus mit Angaben über die angebotenen Waren: rund 200 permanent erhältliche Artikel und ihre Preise. Eine solche Warenliste kostete vier Gulden, das war teuer. Doch die Informationen galten als so kostbar, daß die Kaufleute von Venedig bis Batavi die in französischer und italienischer Übersetzung erscheinenden Listen abonnierten.

Das Wissen war lebensnotwendig: Die Kaufleute wollten wissen, wo sich die Handelsflotten befanden, welche Ladung sie mit sich führten und wie die Ernten ausfielen. Die großen Handelshäuser richteten Postdienste ein und benannten Korrespondentenbüros in aller Welt. Ein neuer Beruf entstand: der des Journalisten. Die ersten Zeitungen in Holland wurden als Einblatt-Kleinfolio mit zweispaltig gedrucktem Text herausgebracht: die *Courante uyt Italien* und die *Courante uyt Duytschland* (ab 1618). Wenig später brachte Broer Janszoon seine *Tydinghen uit verscheyde quartieren* heraus und gründete ein modernes Pressezentrum für politische Nachrichten und Wirtschaftsberichte. Bald gab es auch Annoncenblätter für Gemälde, Kupferstiche und Bücher. Die Entwicklung der Presse, die aus einer Verfeinerung des Handels hervorging, hatte eine noch größere geistige Freiheit zur Folge. Der Amsterdamer Zeitungsleser war über das Weltgeschehen besser informiert als seine Zeitgenossen in anderen europäischen Ländern. Dadurch konnte man sich optimal auf die Wirtschaftszyklen einstellen. So berichteten Gazetten über die Handelsflotten, die aus Amerika zurückkehrten. Als 1623 die spanische Silberflotte wegen eines Sturmes aufgehalten wurde, brach in Sevilla Panik aus, und die Wirtschaft kam zum Erliegen. In Amsterdam aber schlossen die Kaufleute aufgrund ihres Vorwissens vorteilhafte Termingeschäfte ab.

Viele Bücher, die andernorts verboten waren, wurden in Amsterdam herausgegeben – oft mit dem Vermerk: «gedruckt in der Stadt der Freiheit». In Holland gedruckte Bücher genossen darüber hinaus einen sehr guten Ruf. Die Handwerkskunst von Druckern, Kupferstechern und Buchbindern hatte ein hohes Niveau. Zudem stimmte das Verhältnis von Preis und Qualität. Fast 30 000 Menschen lebten direkt oder indirekt von der neuen Buchindustrie. Schon um 1600 gab es 96 Buchverkäufer, 1699 wurden 273 gezählt.

Welthauptstadt des jüdischen Buchs

Am Ende des Oudemanhuispoort kommt man über den Kloveniersburgwal und durch die Staalstraat zum Waterlooplein, den Mittelpunkt des ehemaligen Judenviertels (siehe S. 91 ff.). Hier war im 17. Jahrhundert die Welthauptstadt des jüdischen Buches. Mit seinem Bestseller *Conciliador* wurde der Rabbiner und Verleger Menasseh ben Israël weltberühmt. Der kommerzielle Erfolg führte zur Gründung von Handelsgesellschaften mit jüdischen und nichtjüdischen Investoren, die sich vom Buchmarkt hohe Gewinne versprachen. Auflagen von mehreren tausend Exemplaren waren keine Seltenheit, Übersetzungen aus der hebräischen in die lateinische und in alle europäischen Sprachen nahezu die Regel. Das Amsterdamer Buch war vor allem Exportartikel, wurde zum wirtschaftlichen Faktor des Bruttosozialprodukts der Stadt. Neben Menasseh ben Israël gab es Platz für weitere jüdische Großverleger: für Emmanuel Benveniste und Joseph Athias, die zeitweilig das Monopol auf Bibeln besaßen: der eine für Polen, der andere für England. Papierverkäufer, Letterngießer, Buchbinder, Buchhändler und nicht zuletzt die Händler des Waterlooplein – sie alle profitierten vom Buchmarkt Amsterdams.

Das Buch als Chronik des Untergangs

Der Waterlooplein ist auch der Platz, an dem während der deutschen Besatzungszeit die erste Razzia gegen die Juden stattfand, im Februar 1941. Der Untergang des jüdischen Amsterdam ist in vielen Büchern beschrieben. Eines der eindrucksvollsten Chroniken ist Marga Mincos Erzählung *Das Bitterkraut* (1957). Als einzige aus ihrer Familie hat sie den Holocaust überlebt, und in ihrem autobiographischen Roman schildert sie lakonisch die Eindrücke, die ihr Leben so entscheidend prägten: das illusionäre Selbstvertrauen der Eltern («Sie tun uns nichts»), den Abtransport der Familie und ihr eigenes Untertauchen. *Das Bitterkraut* ist in 25 Auflagen, in mehr als 300 000 Exemplaren, erschienen und gehört zur Pflichtlektüre an holländischen Schulen. 1959 wurde es in deutscher Übersetzung beim Rowohlt Taschenbuchverlag Hamburg herausgegeben.

Das Thema Zweiter Weltkrieg läuft wie ein roter Faden durch die niederländische Nachkriegsliteratur. Verfolgung, Widerstand und Kollaboration sind die Themen. Noch während des Krieges, 1943/44, erscheint in der Illegalität eine Erzählung, die den Motiven nachspürt, die einem zum Faschisten und Kollaborateur werden lassen: *W. A. Mann* von Theun de Vries. Er behandelt eine Frage, die in der einen oder anderen Form immer wieder in den Büchern auftauchen soll. Im Befreiungsjahr 1945 bekommt er für *Der Stiefel* den «Staatspreis für Widerstandsliteratur». In seinem bekanntesten Roman, *Das Mädchen mit den roten Haaren*, porträtiert er die Tragödie der bekannten Widerstandskämpferin Hannie Schaft, die noch 1945 füsiliert wurde. *Februari* (deutscher Titel: *Stadt wider den Tod*) ist die Chronik des Streiks der Amsterdamer Bevölkerung gegen die ersten Judendeportationen am Waterlooplein 1941. Die Darstellung der Deutschen ist in diesen moralisierenden Romanen oft sehr eindimensional. Das gilt auch für Maurits Dekkers 1945 erschienenen und ebenfalls in Amsterdam spielenden Roman *Der Stiefel im Nacken*. Darin sind die Deutschen «das Biervolk, das auf groben Soldatenstiefeln in die stillen Garten Hollands hineinstürmt», «Nietzsches blonde Bestien».

Die literarische Reaktion auf den Zweiten Weltkrieg und die Besatzungszeit ist heftig. Doch schablonenhafte Schwarzweiß-Skizzen und ein Weltbild, in dem der gute, weil im Widerstand aktive Holländer dem bösen Deutschen gegenübersteht, weichen bald ersten Relativierungen und Ironisierungen: Simon Vestdijk in *Pastorale 1943*, und vor allem Willem Frederik Hermans in *Die Tränen der Akazie* und in *Die Dunkelkammer des Damokles* werfen erstmals Fragen auf nach Schuld und Verantwortlichkeit.

Als am 3. September 1971 Hermans Roman *Erinnerungen an einen Schutzengel* erscheint, eröffnet Bas Lubberhuizen am Kloveniersburgwal 59 sein literarisches Café. Er nennt es nach dem Buchtitel *Engelbewaarder*. Bas Lubberhuizen ist der Sohn des Verlegers Geert Lubberhuizen, der am 12. Dezember 1944 unter den Augen der deutschen Besatzungsmacht den illegalen Verlag «De Bezige Bij» (zu deutsch: «Die fleißige Biene») ins Leben rief. Als Untergetauchter hatte Lubberhuizen viele Geheimnamen, einer davon war Bas Ruysch. Weil er unermüdlich aktiv war, wurde er «bezige bas», «geschäftiger Bas» genannt. Und aus dem Wortspiel «Bas as busy as a bee can be» entstand der Verlagsname «De Bezige Bij». Noch vor Verlagsgründung druckte und verbreitete Lubberhuizen im März 1943 ein inzwischen legendär gewordenes und oft rezitiertes Gedicht: Jan Camperts *De achttien dooden*. Jan Campert – er selbst kam im KZ Neuengamme ums Leben – reagierte mit dem Gedicht auf die erste Exekution einer niederländischen Widerstandsgruppe 1941, die sich nach historischem Vorbild «Die Geusen» nannte. Die erste Strophe des Gedichts kennt in Holland ein jedes Schulkind. Sie lautet in deutscher Übersetzung: «Eine Zelle ist nur zwei Meter lang / und kaum zwei Meter breit / wohl kleiner noch ist der Stück Grund / den ich jetzt noch nicht kenne / wo ich jedoch namenlos ruhen werde / meine Kameraden ebenfalls / wir waren achtzehn an der Zahl / keiner wird den Abend erleben.»

Im Programm des Verlages «De Bezige Bij» findet man heutzutage neben Willem Frederik Hermans Autoren wie Harry Mulisch (*Der Anschlag*), Jan Cremer (*Die Hunnen*) und den Flamen Hugo Claus (*Der Kummer von Flandern*).

Dem Volks aufs Maul geschaut
Hinter der «Waag» auf dem Nieuwmarkt befindet sich ein Standbild zur Erinnerung an den Amsterdamer Dichter und Stückeschreiber Gerbrand Adriaenszoon Bredero (1585–1618). Bredero wurde im gleichen Jahr in Amsterdam geboren, in dem Antwerpen in die Hände der Spanier fiel (1585). Die Kaufleute und Patrizier der Scheldestadt flüchteten daraufhin in den befreiten Norden. Bredero war in seinen

Schwänken und Komödien ein Chronist dieser Ereignisse, registrierte den Kulturschock bis in die Sprache hinein, verspottete Chauvinismus und Fremdenfeindlichkeit der Amsterdamer ebenso wie die Arroganz und Prunksucht der Neuankömmlinge. Sein wichtigstes Werk: *Der spanische Brabander* (siehe S. 150).

Der Zeedijk, Korte Niezel, Lange Niezel, die «Wallen» und die Warmoesstraat mit ihrem Polizeirevier bilden den Schauplatz unzähliger Geschichten um Kommissar De Cock und seinen Adjutanten Vledder von A. C. Baantjer. Es sind Volksgeschichten mit zum Teil überzogenen Archetypen: der reichen Dame, dem Pechvogel und dem zwielichtigen Direktor, dessen Name immer vornehm auf «gh» endet. Amsterdams Dichterkönig aus dem 17. Jahrhundert, Joost van den Vondel, wird vielfältig zitiert. Die ähnlich angelegten Polizeiromane um das Duo Grijpstra und De Gier von Janwillem van de Wetering sind bekannter und haben auch in Deutschland eine große Fangemeinde bekommen: *Outsider in Amsterdam* (1977), *Der Commissaris fährt zur Kur* (1983), *Ketchup, Karate und die Folgen* (1982), *Rattenfang* (1986) und *De Gier im Zwielicht* (1993) erschienen in der rororo-Reihe «thriller».

Zentrum der deutschen Exilliteratur
Vom Rotlichtviertel aus gelangt man über den Oude Brugsteeg zum Damrak. In Richtung Dam befindet sich neben der Beurspassage bei C & A der traditionsreiche Buchladen und Verlag Allert de Lange. Zusammen mit dem Verlag Querido (Singel) bildete er ab 1933 das verlegerische

Zentrum der deutschen Exilliteratur. Auf halbem Wege zwischen den beiden Verlagshäusern trafen sich einst die Lektoren und Autoren im legendären Journalistencafé Scheltema (Nieuwezijds Voorburgwal). Man erreicht es, indem man den Damrak weiterläuft bis zum Dam; rechts in die Paleisstraat einbiegend, kommt man auf den Nieuwezijds Voorburgwal, wo sich zur linken Scheltema befindet. Hier hatte schon Joseph Roth gesessen und unter dem Genuß unzähliger Jenever an seinen Manuskripten gearbeitet. Zeit für eine kleine Pause und für einen Rückblick auf Amsterdam als das Zentrum der deutschen Exilliteratur.

Mit dem Reichstagsbrand, den Bücherverbrennungen und der Errichtung der nationalsozialistischen Gewaltherrschaft setzt 1933 «ein Massenexodus der Dichter» ein; noch nie zuvor in der Geschichte hat eine Nation innerhalb weniger Monate so viele ihrer literarischen Repräsentanten eingebüßt» (Klaus Mann). Klaus Mann selbst verläßt Deutschland am 13. März 1933. Als Sohn des berühmten Schriftstellers Thomas Mann ist er «Schutzbefohlener der holländischen Königin Wilhelmina». In Amsterdam trifft er auf den jüdischen Verleger Emmanuel Querido. «Der alte Sozialdemokrat haßte den Faschismus in jeder Form, besonders aber in der deutschen; gerade deshalb war ihm die Betreuung der antifaschistischen deutschen Literatur eine Herzenssache». Querido holt die Lektoren des Kiepenheuer-Verlags nach Amsterdam: Fritz Landshoff, Hermann Kesten und Walter Landauer. «Wie arbeitet ein deutscher Verlag außerhalb des deutschen Sprachgebiets ohne die Möglichkeit und ohne die Absicht, ein einziges Buch innerhalb Deutschlands abzusetzen? Wie hoch könnten deutschsprachige Auflagen von Titeln der in Deutschland verbotenen Autoren sein?» 3000 Exemplare wären ein beachtlicher Erfolg, so lautet die Schätzung der ehemaligen Berliner Lektoren. Im Herbst 1933 kann wesentlich mehr produziert und abgesetzt werden: Mit Heinrich Manns *Haß* erreicht man in zwei Auflagen 7000 Exemplare, mit Tollers *Jugend in Deutschland* 6000 und mit Feuchtwangers *Geschwister Oppenheim* sogar 25000. Das übertrifft die kühnsten Erwartungen. Insgesamt haben die beiden Verlagshäuser von 1933 bis 1940 über 150 Exilbücher herausgegeben: Werke von Lion Feuchtwanger, Arnold Zweig und Heinrich Mann, Ernst Toller und Anna Seghers, Egon Erwin Kisch und Bertolt Brecht. Beim Querido-Verlag läßt man sich sogar auf das Abenteuer ein, eine Exilzeitschrift zu verlegen: von 1933 bis 1935 gibt Klaus Mann unter dem Patronat von André Gide, Aldous Huxley und Heinrich Mann *Die Sammlung* heraus. «Mein Ehrgeiz war es, die Talente der Emigration beim europäischen Publikum einzuführen, gleichzeitig aber die Emigration mit den geistigen Strömungen in ihren Gastländern vertraut zu machen.»

Ab 1933 ziehen rund 30000 deutsche Flüchtlinge nach Amsterdam, zumeist Juden. Rund 7000 sind politisch Verfolgte. Unter ihnen befinden sich rund sechzig Schriftsteller, bekannte und unbekannte. Die meisten sind auf Durchreise wie Joseph Roth, nur wenige bleiben länger. Der aus Berlin kommende Konrad Merz debütiert mit einem Roman, der durch Hilfe des Literaten

Menno ter Braak 1936 bei Querido erscheinen kann: *Ein Mensch fällt aus Deutschland*. Es ist die autobiographische Geschichte eines Emigranten, der von Berlin nach Amsterdam kommt, das ganze Elend des Flüchtlingsdaseins durchlebt und – ohne Paß und Arbeitserlaubnis, aber voller Heimweh – sein Dasein fristet. Menno ter Braak nannte Merz' Erstlingswerk den «ersten wirklichen Emigrantenroman».

Onkel Toms Hütte auf holländisch

Vom Café Scheltema erreicht man über die Paleisstraat links eine Gracht, den Singel. Vorbei am Neubau der «Letterenfaculteit» (Literatur und Sprachwissenschaften der UvA) gelangt man zur breiten Torensteegbrücke zur Skulptur von Eduard Douwes Dekker, der unter seinem Pseudonym Multatuli («Ich habe viel getragen») publizierte. Sein Geburtshaus befindet sich wenige Meter von hier entfernt im Korsjespoortsteeg, heute Multatuli-Museum. Hier wurde er 1820 als Sohn eines Kapitäns geboren. Schon früh entwickelte er sich zum Rebellen, flog vom Gymnasium und gab auch seine Lehrstelle in einer Handelsfirma auf. Mit achtzehn wurde der jugendliche Querkopf – wie damals in Holland üblich – vom Vater auf Bewährung in die Tropen geschickt: in das damalige Niederländisch-Ostindien. In Batavia machte der exzentrische Dekker Karriere als Kolonialbeamter, auf dem Höhepunkt war er Assistent-Resident von Lebak auf West-Java. Doch in seinem Idealismus enttäuscht, quittierte er nach wenigen Jahren seinen Dienst. Zurück in Europa, schrieb er 1859 in wenigen Wochen in einer kleinen Brüsseler Mansarde den Roman *Max Havelaar oder Die Kaffeeversteigerungen der niederländischen Handelsgesellschaft* – sein Hauptwerk.

In der Form eines Romans verfaßt, klagt er die Ausbeutung der Javaner durch das Kolonialregime der Holländer unbarmherzig an. Multatuli beginnt seinen *Max Havelaar* in der öden Sprache des Pfennigfuchsers Batavus Droogstoppel («Ich bin Kaffeemakler und wohne auf der Lauriergracht, Nr. 37.»), läßt den fiktiven Verfasser Stern die traurige Geschichte der Liebenden von Lebak, Saidjah und Adinda erzählen und läßt Max Havelaar, Multatulis Alter ego, die Korruption bekämpfen. Der Epilog des Romans gipfelt in dem Ausruf: «Der Javaner wird mißhandelt!» In Den Haag schlug das Buch 1860 wie eine Bombe ein, in jenem Spitzenjahr, in dem die kolonialen Gewinne aus «Insulinde» 34 Prozent der Staatseinkünfte ausmachten. Das Parlament debatierte über das Buch, die Leserschaft war gespalten: peinlich berührt die einen, zornig und wütend die anderen. Zehn Jahre nach *Onkel Toms Hütte* wurde «*Max Havelaar*» zum aufrüttelnden Kolonialroman schlechthin. Multatulis Warnungen wurden jedoch – trotz des Riesenerfolgs seines Buches – von der politischen Elite nicht gehört, er selbst als Vaterlandsverräter verdächtigt. In seinem nachfolgenden Buch, *Urgeschichte der Autorität*, kam seine Resignation offen zum Ausdruck. Hier steht der wohl berühmteste Satz, den je ein Schriftsteller zur Kolonialpolitik seines Heimatlandes gefunden hat: «Es liegt ein Raubstaat an der See, zwischen Ostfriesland und der Schelde ...»

Das Multatuli-Denkmal erinnert an den Kolonialbeamten Eduard Douwes Dekker, der mit seinen Werken die Kolonialpolitik seines Heimatlandes anprangerte

Im Multatuli-Museum erwacht Niederländisch-Ostindien für den Besucher wieder zum Leben: Eine alte Karte läßt die Provinzen von Niederländisch-Ostindien neu entstehen. Ein alter Stich zeigt Bäume, Flüsse, einen Papagei – den Reichtum der Natur von Insulinde. Hier kann man träumen und sich in die gute alte Zeit in den Tropen zurückversetzen, mit exotischem Essen, braunäugigen Inselschönheiten und einer üppigen Flora und Fauna, die es im unwirtlichen Wasserland Holland nicht gibt. Doch dann meint man plötzlich die Stimme Multatulis zu hören: «Kaiser des prächtigen Reiches von Insulinde, das sich dort um den Äquator schlängelt als ein Gürtel von Smaragd … Mit Vertrauen frage ich, ob es ihr kaiserlicher Wille ist, daß dort mehr als dreißig Millionen Untertanen mißhandelt und ausgesaugt werden in ihrem Namen?» Im Innern des Museums führt eine steile holländische Treppe in den ersten Stock: in die gute Stube. Hier sind biographische Dokumente und Gedenkstücke aller Art ausgestellt, darunter das Chaiselongue von Ingelheim, auf dem er 1887 nach einem Asthmaanfall verstorben ist, das neubarocke Mahagonipult, das der Schriftsteller von seinen Bewunderern, die sich selbst «Multatulianen» nannten, zum 55. Geburtstag geschenkt bekam. An den Wänden hängen Fotografien, Gemälde, Stiche, auf den Simsen die Büsten Multatulis.

Anfänge holländischer Kinderliteratur

Vom Multatuli-Museum aus gelangt man über Herengracht und Herenstraat zur Prinsengracht mit dem Noordermarkt, dem einzigen Platz im Volksviertel Jordaan. Auf

ihm erinnert das Standbild von «Woutertje Pieterse und Femke» an Multatulis Roman *Die Abenteuer des kleinen Walter*. Vom Blickpunkt des Kindes aus beschreibt Multatuli darin die gesellschaftlichen Standesunterschiede, die Überlebensstrategien des kleinen Mannes und das Wohnungselend im Jordaan. Nirgendwo in Amsterdam hatte man so beengt gehaust wie hier. Eltern schliefen im Schrankbett, im Alkoven, Kinder in ausziehbaren Schubläden, die Kleinsten in Apfelsinenkisten. Die Heranwachsenden lebten überwiegend auf der Straße. Die Armut ließ sie zudem früh zu Fabriksklaven werden – Kinderarbeit wurde erst 1874 durch das «Kinderwet» verboten. In den christlichen Bewahrschulen lernten sie zu allererst das ABC der Selbsterniedrigung: «Ein Kind muß niemals denken, daß es viel weiß, sondern muß immer denken, daß es viel lernen muß …» Gegen dieses «Glaubensbekenntnis» zog der Schriftsteller und Pädagoge Theo Thijssen zu Felde. An der Ecke zur Lindengracht sitzt er bei einem Schuljungen auf der Bank. Wenn man die Prinsengracht bis zur Brouwersgracht weitergeht und links einbiegt, dann gelangt man an der Ecke zur Lindengracht zu diesem Standbild.

Thijssen fühlte sich mit dem Schicksal der Arbeiterkinder verbunden. Er selbst ist hier 1879 geboren und wächst unter erbärmlichen Bedingungen auf, was er in seinem Buch *Am Morgen eines Lebens* beschreibt. In seinen in den Niederlanden äußerst populären Büchern *Kees de Jonge* (1923) und *Das graue Kind* (1926) macht er Kinder zu Hauptpersonen. Kennzeichnend für diese Bücher ist die genaue Beschreibung der Psychologie des Kindes:

Wissen ist Macht: Büchertische in den Kolonnaden des Oudeman-huispoort der Universität von Amsterdam

erzählt wird aus seiner Perspektive, seine Welt wird damit nachvollziehbar. Thijssen gehört neben Multatuli zu den Vorläufern der Kinderliteratur in den Niederlanden. Heutzutage haben Kinderbücher aus Holland einen sehr guten Ruf im Ausland. Joke van Leeuwen erhielt beispielsweise für *Deesje* den Deutschen Jugendliteraturpreis. Und russische Kinder lernen mit Hilfe von *Jip und Janneke* von Annie M. G. Schmidt, die mit Recht die niederländische Astrid Lindgren genannt werden kann. In Holland selbst ist der Erfolg niederländischer Kinderbuchautoren seit langem an den Verkaufszahlen ablesbar: Mehr als 900 neue Titel pro Jahr erzielen einen Umsatz von fast 50 Millionen Gulden (1993). Zum Gedenken an Theo Thijssen ist in der Leliedwaarsstraat 16 das Theo-Thijsen-Museum eingerichtet. Im Literaturmuseum, Den Haag, gibt es inzwischen auch eine Kinderbuchabteilung.

Zurück auf der Prinsengracht gelangt man auf der linken Uferseite in Richtung Westerturm laufend zur Nummer 263. In diesem Haus, genauer in seinem Hinterhaus, entsteht während des Krieges das wohl berühmteste «Kinderbuch», das je in Amsterdam herausgegeben wurde. Sein Titel: *Het Achterhuis* – das Hinterhaus, weltbekannt als das *Tagebuch der Anne Frank*.

Das aus Frankfurt stammende jüdische Flüchtlingsmädchen Anne bekommt zu ihrem 13. Geburtstag am 12. Juni 1942 ein Tagebuch geschenkt. Wie viele andere Mädchen ihres Alters vertraut sie ihm ihre Gefühle, Gedanken, Wünsche und Sehnsüchte an. Es fungiert als Freundin. Ihre Eintragungen beginnt Anne denn auch mit «Liebe Kitty». Nachdem Annes ältere Schwester Margot am 5. Juli einen Aufruf zum Arbeitseinsatz bekommen hat, taucht die Familie unter. Anne trägt am 1. Oktober 1942 in ihr Tagebuch ein: «Wir sind so still wie Babymäuschen. Wer hätte vor drei Monaten angenommen, daß die Quecksilber-Anne stundenlang ruhig sitzen müßte und auch kann?» Schreiben ist für Anne im wahrsten Sinne des Wortes ein «Überlebensmittel»: «... werde ich jemals Journalistin und Schriftstellerin werden? Ich hoffe es so sehr! Mit Schreiben kann ich alles ausdrücken, meine Gedanken, meine Ideale und meine Phantasien» (5. April 1944). Bei dem Leben im Versteck fällt es schwer, den Mut nicht zu verlieren. «An einem Tag lachen wir über das Komische an unserer Untertauchsituation, aber am nächsten Tag, an viel mehr Tagen, haben wir Angst, und man kann die Spannung und Verzweiflung auf unseren Gesichtern lesen» (26. Mai 1944). Mit der Landung der Alliierten in der Normandie im Juni 1944 verknüpft sich die Hoffnung auf ein baldiges Ende der Untertauchperiode. «Das Hinterhaus ist in Aufruhr. Sollte denn nun wirklich die lang ersehnte Befreiung nahen, die Befreiung, über die soviel gesprochen wurde, die aber zu schön, zu märchenhaft ist, um je wirklich zu werden?» (6. Juni 1944). Mut, Hoffnung und Verzweiflung liegen oft dicht beieinander. Anne hält fest an ihrem Glauben an die Menschheit, als sie in einer der letzten Tagebuchaufzeichnungen schreibt: «Es ist ein Wunder, daß ich nicht alle Erwartungen aufgegeben habe, denn sie scheinen absurd und unausführbar. Trotzdem halte ich an ihnen fest, trotz allem, weil ich noch immer an das innere Gute im Menschen glaube. (…) Inzwischen muß ich meine Vorstellungen hochhalten, in den Zeiten, die kommen, sind sie vielleicht noch auszuführen!»

Für die Untergetauchten im Hinterhaus kommt die Befreiung indes zu spät. Verraten und entdeckt werden sie am 4. August, danach verhaftet und deportiert. Von den Untergetauchten überlebt nur Annes Vater, Otto Frank. Im Juni 1945 kehrt er nach Amsterdam zurück. Eine der Helferinnen, Miep Gies, hatte kurz nach der Verhaftung der Untergetauchten im Hinterhaus Annes Tagebuchaufzeichnungen gefunden und bis nach dem Krieg bewahrt. Otto Frank liest diese nun erstmalig. Er liest auch, was Anne am 11. Mai 1944 geschrieben hat: «Liebe Kitty, du weißt längst, daß es mein liebster Wunsch ist, einmal (…) eine berühmte Schriftstellerin zu werden. Nach dem Krieg will ich auf jeden Fall ein Buch mit dem Titel ‹Das Hinterhaus› herausgeben.» Otto Frank beschließt, Annes Wunschtraum und Vermächtnis zu erfüllen: 1947 erscheint das Tagebuch mit dem Titel *Het Achterhuis* in Holland. Inzwischen sind ihre Aufzeichnungen in über sechzig Sprachen übersetzt und mehr als 20 millionenmal verkauft worden.

Frauenliteratur:
Die Scham ist vorbei

Der Prinsengracht folgend, gelangt man an der rechten Uferseite nach zehn Minuten zur Nummer 290 und damit zum Frauenbuchladen Xantippe. Mit ihrem Roman «*Die Scham ist vorbei*» war Anja Meulenbelt 1976 die Wegbereiterin der holländischen Frauenliteratur und wurde auch in der Bundesrepublik bekannt. Im gleichen Jahr erschien

Hannes Meinkemas «klassisch» gewordener Roman *Und dann gibt es Kaffee*. Darin führt sie drei grundlegende Unterschiede zwischen Literatur von Frauen und der von Männern an. Erstens: Frauen schreiben über andere Themen und verwenden in ihren Werken andere Metaphern und Symbole. Zweitens arbeiten sie oft mit verschiedenen stilistischen Mitteln und überschreiten bewußt die literarischen Konventionen. Und drittens verfolgen die Bücher von Frauen auch noch ein anderes, nichtliterarisches Ziel: ein besonderes soziales Engagement. Neben *Die Scham ist vorbei* erreichten vor allem die Werke der ursprünglich aus Berlin stammenden Renate Rubinstein den deutschen Buchmarkt. *Nichts zu verlieren und dennoch Angst* bis hin zu *Mein besseres Ich. Erinnerungen an eine Liebe* gehören zur sogenannten Bekenntnisliteratur.

Inzwischen entwickelte die Frauenliteratur Hollands eine große literarische Vielfalt. Da nimmt Yvonne Kroonenberg in ihren Büchern *Man gewöhnt sich an alles – nur nicht an einen Mann* (1992) und *Alle Männer wollen nur das Eine* (1991) das Phänomen Mann ins Visier. Scheidung, Ehebruch, Inzest, Abtreibung und Angst vor Aids bilden die Themenpalette in den Büchern von Kristien Hemmerechts: *Ohne Grenzen*, *Breite Hüften* und *Weihnachten und andere Liebesgeschichten*. Schließlich gibt es auf dem deutschen Markt die Sammelbände *Die Farbe der Tulpe – Frauengeschichten aus den Niederlanden* (Hrsg. von Gerda Meijerink) und *Frauen in den Niederlanden* (Hrsg. von Laurette Artois). Weitere erfolgreiche Werke in deutscher Übersetzung stammen von Renate Dorrestein und

Mensje van Keulen. Wer nach dem Schnüffeln in den Regalen Pause halten will, der kann um die Ecke in der Elandsstraat/Hazenstraat die älteste Frauenkneipe der Stadt besuchen: das Vrouwencafé Saarein (Zutritt nur für Frauen).

Weiter geht's die Prinsengracht hinunter bis zur Leidsegracht. Hier steht bis zur Leidsestraat der Amsterdamer Justizpalast, Schauplatz mehrerer Schriftstellerprozesse. Zum Beispiel durchbrach Willem Frederik Hermans mit seinem Roman *Die Dunkelkammer des Damokles* die Tabus der Nachkriegsgesellschaft: Er rüttelte an dem niederländischen Dogma, daß während des Krieges alle guten Holländer für ihr Land und Königin Wilhelmina im Widerstand gegen die deutschen Besatzer kämpften. Hermans machte sich damit bei einigen Leuten unbeliebt und wurde zu deren Zielscheibe. 1951 mußte er sich vor Gericht verantworten, weil die Hauptfigur in seinem Roman *Ich habe immer Recht* antikatholische Äußerungen von sich gibt. Der Strafprozeß endete mit dem salomonischen Urteil: «Ein Schriftsteller ist nicht verantwortlich für die Meinung seiner Romanfiguren».

Fünfzehn Jahre später, im «Provojahr» 1966, begann beim Amsterdamer Gericht ein Prozeß gegen den populären Schriftsteller Gerard van het Reve. In seinen Büchern, zum Beispiel in *Die Abende* (1947), bekämpfte er immer wieder Byzantinismus und Bigotterie. Wiederholt überschritt er dabei die Grenzen des guten Geschmacks, zum Beispiel, wenn er Gott als geilen, mausgrauen Esel darstellte. Das Gericht urteilte: Reves Äußerungen seien zwar «Gotteslästerung», aber sie seien nicht «herabsetzend» und damit auch nicht strafbar. Reve legt Berufung ein und verteidigt sich am 17. Oktober 1967 vor dem Amsterdamer Gerichtshof mit einem eindrucksvollen Plädoyer für die Freiheit der persönlichen Gotteserfahrung. Reve wird letztendlich freigesprochen, womit laut Reve die Rechtsprechung durch den Prozeß einen Schritt weitergekommen sei, «da von jetzt an die Absichten des Autors und nicht die Auffassung der Leser den Ausschlag geben».

Ein Vierteljahrundert nach dem Eselsprozeß wird der Autor Graa Boomsma 1995 angeklagt. In seinem Roman *Der letzte Typhon* hatte er die Kriegsverbrechen niederländischer Soldaten in Indonesien angeprangert. In einem Zeitungsinterview der Groninger Zeitung *Nieuwsblad van het Noorden* charakterisierte er die Kriegsverbrechen laut Tonbandprotokoll so: «Sie waren keine SS-Leute, nein, auch wenn sie durch die Dinge, die sie taten, durchaus mit ihnen verglichen werden konnten. Doch sie wurden dazu getrieben. Schossen sie nicht, dann liefen sie Gefahr, von ihren Vorgesetzten erschossen zu werden.» Dem Staatsanwalt erschien hiermit der Straftatbestand der Verleumdung und Beleidigung erfüllt und gab der Klage eines Indonesienveteranen statt. Das Gericht sprach den angeklagten Schriftsteller frei. Schriftstellerprozesse in den Niederlanden gehen nun einmal für die Ankläger aus wie das berühmte «Hornberger Schießen». Schließlich hat die Freiheit der Druckpresse hier eine lange Tradition.

«Telefon für Harry Mulisch!»
Über die Leidsestraat gelangt man zum Leidseplein, dem kulturellen

IK WAS EEN
DOM BLONDJE

Kampagne der städtischen Bibliothek: «Ich war eine dumme Blon-
dine»

ntdom jezelf in de BIBLIOTHEEK

Zentrum der Stadt. Traditionsreiche Literatentreffpunkte sind hier die Kneipen Eijlders und Reijnders sowie die Künstlersozietät De Kring (Einlaß nur als Gast eines Mitglieds). Im Café De Balie organisiert die Stiftung Literarische Aktivitäten Amsterdam (SLAA) regelmäßig Autorenlesungen und literarische Debatten. Das historisch berühmteste Literatencafé ist das Café Americain im gleichnamigen Hotel. Hier saßen schon die Weimarflüchtlinge beim Jenever zusammen, wie Klaus Mann berichtet: «Was Amsterdam an sogenannten Boheme-Leben aufzuweisen hat, ist sehr bescheiden: es beschränkt sich auf ein paar Künstlerclubs und mehr oder weniger auf das Café des Hotel-Americain, das auf seine Weise die Rolle erfüllt des Romanischen Cafés oder des Café du Dome (...) Das literarische Leben in Amsterdam ist nicht so aufdringlich wie das in Paris oder Wien, wo es in den Cafés unaufhörlich diskutiert wird, insofern es sich dort nicht auch gänzlich abspielt. Dieses intellektuelle Café-Leben spielt hier keine gewichtige Rolle. Dies kommt auch daher, daß die meisten Künstler und Schriftsteller nicht in der Stadt selbst wohnen, sondern in den Dörfern und kleinen Städten in der Umgebung. In dem schönen und wasserreichen Hinterland von Amsterdam liegen überall Künstlerkolonien verstreut, oder es handelt sich um kleine Villen und Häuschen, wo die geistige Elite des Landes wohnt ...»

Das hat sich nach dem Krieg geändert. Ein damals noch unbekannter Schriftsteller ließ sich im Americain regelmäßig ausrufen: «Telefon für Harry Mulisch». Er wohnte zwei Häuser weiter, gegenüber dem Eingang des Von-delpark, in Sichtabstand zu Hella S. Haasse und Cees Nooteboom. Mulischs Roman *De Aanslag* hat in Holland die sensationelle Auflage von über 300 000 Exemplaren erreicht. Als *The Assault* wurde das Buch im englischen Sprachraum ebenfalls zum Bestseller, und John Updike schrieb in *The New Yorker* über den Autor: «Wer in einer so kleinen Sprache, die eingeklemmt zwischen den englischen und den deutschen Brüdern und nur von 20 Millionen Menschen gesprochen wird, Weltniveau erreichen will, der muß etwas können ...» Die deutsche Übersetzung, *Das Attentat*, wurde von der deutschen Literaturkritik ebenfalls lobend besprochen. Noch wichtiger aber war, daß weitere Bücher von Mulisch in Deutschland herauskamen: 1987 der Theaterroman *Höchste Zeit*, dem die Novelle *Augenstern* und der kleine Roman *Die Elemente* folgen. Dann erscheint in den neunziger Jahren Mulischs wohl bislang bester Roman in deutscher Sprache: *Die Entdeckung des Himmels*, in Deutschland inzwischen mit einer höheren Auflage als in den Niederlanden.

Auch Cees Nooteboom feiert in Deutschland ungekannte Triumphe. Sein Roman *Rituale* bekommt die Verkaufsbanderole «In Deutschland nun über 100 000-mal verkauft» und das verkaufsfördernde Kritikerlob Marcel Reich-Ranickis: «Daß die Holländer so einen Schriftsteller haben!» Inzwischen liegt ein repräsentativer Teil von Nootebooms Œuvre in deutscher Übersetzung vor. Doch Mulisch und Nooteboom sind keine Einzelfälle. Nachdem die Niederlande und Flandern Schwerpunktthema der Frankfurter Buchmesse 1993 sind, kommen mehr Autoren ins Visier:

Margret de Moor (*Erst grau, dann weiß, dann blau*) und – nachdem sie in den fünfziger Jahren bereits in deutscher Übersetzung zu lesen war – Hella S. Haasse mit Neuauflagen von *Wald der Erwartungen, Die scharlachrote Stadt* und ihrer 1948 geschriebenen Novelle *Urug*, die bislang noch nicht in deutscher Übersetzung vorliegt. Viele weitere Autoren werden entdeckt: Margreet de Moor mit *Der Virtuose*, Marcel Möring mit *Das große Verlangen* und Leon de Winter mit *Supertex*.

Zu jedem Anlaß: ein Gedicht von Vondel

Über die Brücke am Leidsebosje, vorbei an den Skulpturen von Herman Heijermans und Arthur van Schendel, erreicht man den Vondelpark. Joost van den Vondel (1587–1679), dessen Standbild sich in dem nach ihm benannten Park befindet, kann stolz sein auf seine literarischen Kollegen. Der in Köln geborene Sohn flämischer Emigranten war Autodidakt und Gelegenheitspoet. Keine Einweihung eines wichtigen öffentlichen Gebäudes ohne Vondel: Sowohl beim «Atheneum Illustre» als auch beim Rathaus auf dem Dam hielt er ein langes Festgedicht. Als 1638 das Stadttheater vollendet wurde, kam ein Drama von Vondel zur Welturaufführung, das Historienstück *Gijsbrecht van Aemstel* – eine Verherrlichung von Amsterdams Anfängen im 13. Jahrhundert. Auch sein Gedicht *Auf jedem Meer der Welt* aus dem Jahre 1647 ist eine solche Lobeshymne: «An Amstel und an IJ öffnet sich prachtumworben / Sie, die zur Kaiserin Europas hat erhoben; / Amstelredam, ihr Haupt ragt himmelsmitt empor, / An Plutos Brust treibt sie die Wurzeln in das Moor / Welch Wasser sieht nicht ihre schatt'gen Segel gleiten? / Auf welchem Markte sich nicht ihre Waren breiten? / Welch Volk erblickt sie nicht, das ihr der Mond erhellt; / Sie, die Gesetze macht auf jedem Meer der Welt? / Sie schlägt die Flügel aus, dank ihrer Seelen viele, / Und ziehet in die Welt mit vollbelad'nem Kiele. / Wohlstand, das ist ihr Teil, solang die Priesterschaft / Den Rat nicht übermannt und ihm die Sicht entrafft».

Hier am Vondel-Denkmal endet unser literarischer Spaziergang durch Amsterdam. Wer auf den Geschmack gekommen ist, für den sind die über 350 Buchhandlungen der Stadt – eine Buchhandlung auf 2000 Einwohner – und die unzähligen Antiquariate wahre Fundgruben. Zwar ist holländisch lesen mit einiger Übung schnell zu lernen, doch der Nuance wegen ist die deutsche Übersetzung vielleicht doch oft vonnöten. Neben Atheneum gibt es deutschsprachige niederländische Literatur auch im deutschen Buchladen Die weiße Rose auf der Rozengracht, unweit der Westerkerk.

ORIGINAL MIT UNTERTITELN

KINO–TOUR PER BOOT UND ZU FUSS

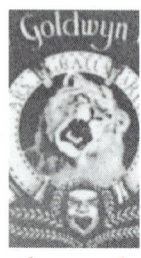

«Ich wußte gar nicht, daß man in Holland Filme dreht. Dünen, Sand, kalter Kakao, schwarz- oder braungescheckte Kühe, Trachten und Gemälde, Frans Hals, Rembrandt, Vermeer – das ist für mich Holland.» Vielen wird es ähnlich ergehen wie dem Film- und Theaterregisseur Ludwig Berger, von dem dieses Zitat stammt. Als Filmland ist Holland eine Terra Incognita, nur wenigen Cineasten sind Namen wie Joris Ivens und Johan van der Keuken geläufig, und lange Zeit wurde der Amsterdamer Paul Verhoeven – inzwischen Hollywood-Regisseur von Kassenhits wie Robocop *und* Basic Instinct *– mit seinem Münchner Namensvetter, dem Ufa-Filmregisseur Paul Verhoeven, und Michael Verhoeven verwechselt. Die Kino-Tour erschließt die cineastischen Orte, Kinos und Locations und erzählt en passant die Filmgeschichte Hollands. Illustriert wird der Rückblick mit Filmzitaten, die an Bord eines speziellen Rundfahrtbootes auf Video zu sehen sind (siehe S. 225). Der Weg beginnt beim ehemaligen Filmtheater Flora, heute Amsterdams Promi-Disko «It», in der Amstelstraat 24, zwischen Rembrandtsplein und Waterloo-plein, und endet am Niederländischen Filmmuseum im Vondelpark.*

Erste feste Häuser

1895 zeigt hier der aus Köln stammende Franz Anton Nöggerath in seinem Varieté-Theater *Flora* erste «lebende Bilder» als feste Bestandteile seiner Kleinkunst-Programme: komische Szenen, die bei Tageslicht mit den Varieté-Schauspielern auf dem Dach aufgenommen werden – die «Eerste Nederlandsche Filmfabriek». «Die Maus» versetzt ein Damenkränzchen in Angst und Schrecken, «ein automatisch laufendes Blechmäuschen, das wir für dreißig Cent im französischen Basar gekauft hatten», so Nöggerath. 1898 dreht Nöggerath die Krönung von Königin Wilhelmina in Amsterdam. Bislang hat er seinem Oranje-gesinnten Publikum am Ende jeder Vorstellung nur die Porträts der königlichen Familie bieten können. Doch schon bei diesen «ist das Hurragerufe stürmisch, steht man auf und singt die Nationalhymne». Bereits ab Sommer 1896 ziehen die ersten Wanderkinos mit der Kirmes durch das Land. 1910 tauscht je-

Frühe Blüte des holländischen Ton-
films in den dreißiger Jahren: Un-
terhaltung im Stil der Ufa, gedreht
von deutschen Exilanten, Szene
aus «De Jantjes»

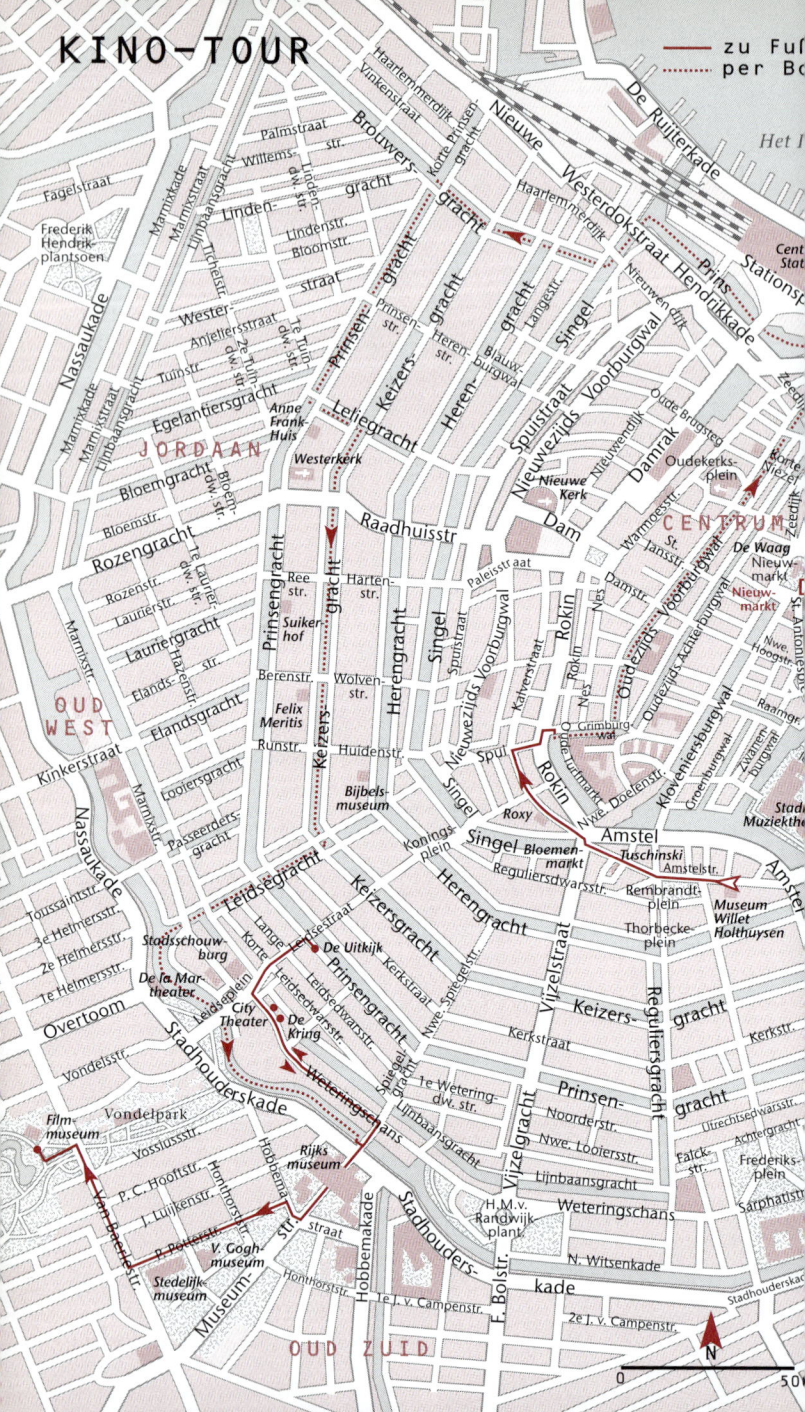

doch der Belgier Jean Desmet sein Imperial-Kino gegen das erste feste «Bioskoop» Amsterdams aus: am Nieuwendijk entsteht das «Cinema Parisien» (nicht erhalten). Desmet ist nicht nur Kinoeigentümer, sondern auch international operierender Filmhändler. Viel Geld verdient er mit Asta-Nielsen-Filmen. Sie werden im Rozen Theater (Rozengracht, heute Studiobühne) zum Kassenhit. Der Trend ist spürbar: die «lebenden Bilder» wollen nicht länger als Jahrmarktsattraktion goutiert werden; der Film schickt sich an, eine Kunstform zu werden, die ihren Platz gleichberechtigt neben Theater, Konzert und Kunstausstellung einnehmen will. Zwischen 1906 und 1910 etablieren sich die festen Kinos um den Rembrandtsplein herum: Nöggerath eröffnet sein gleichnamiges Theater – heute Tuschinski-Saal 5 –, am Nieuwendijk beim Hauptbahnhof entsteht das proletarische Kintopp der einfachen Leute. Die Amstelstraat endet am Rembrandtsplein.

Rembrandt und Saskia
1926 stehen beim Standbild von Rembrandt am Rembrandtsplein plötzlich Wolkenkratzer: Die gesamte Fassade des Doppelkinos Rembrandt-Saskia, neben dem heutigen Café Kroon gelegen, ist eine einzige Reklamefläche: für Fritz Langs Zukunftsepos *Metropolis*. Deutsche Spielfilme sind beliebt: Bergfilme wie *Die weiße Hölle von Piz Palü* oder Luis Trenkers *Der Berg ruft*, Musik- und Tanzfilme der Traumfabrik Babelsberg und Operettenfilme, der «Wien-Film». Doch als die Ufa 1933 Gustav von Ucickys U-Boot-film *Morgenrot* im Rembrandt-Theater herausbringt, werden aus Protest gegen die Kriegsverherr-

lichung Stinkbomben geworfen und weiße Mäuse losgelassen. Im Zuge der deutschen Besetzung wird das Rembrandt-Theater ab 1940 zum Uraufführungshaus der Ufa in Holland. Musserts NSB-Schwarzhemden sehen hier 1941 kollektiv den antisemitischen Hetzfilm *Jud Süß* und begeben sich – moralisch aufgerüstet – randalierend und provozierend ins nur 200 Meter entfernte Judenviertel. Doch Propagandafilme mit Hakenkreuz und Goldfasan werden nur als Ausnahme gezeigt, überwiegend laufen hier während des Krieges sogenannte «unpolitische Unterhaltungsfilme»: *Das Wunschkonzert, Baron Münchhausen* und *Die goldene Stadt* mit der «Reichswasserleiche» Kristina Söderbaum in der Hauptrolle. 1943 ruft der Künstlerwiderstand in seinem illegal erscheinenden *Filmbulletin* zum Boykott der Vorstellungen auf, wenig später geht das stolze Rembrandt-Theater in Flammen auf.

Traumpalast Tuschinski
Neben dem Rembrandt-Theater ist das nur wenige Meter entfernt in der Reguliersbreestraat gelegene Tuschinski der größte Filmpalast der Stadt. 1929 schreibt die berühmte Lotte Eisner im *Filmkurier*: «Es gibt kaum einen Filmmann, keinen Regisseur, keine Diva, keinen Wunderjungen und keinen Cineasten, der, wenn er einen Tag nach Amsterdam kommt, nicht neben oder vor dem obligaten Rijksmuseum auch das Theater Tuschinski bewundert.» Eine Sehenswürdigkeit ist dieser Kinopalast im Herzen Amsterdams noch heute. Sein Gründer: Abraham Icek Tuschinski. Geboren in einem kleinen Dorf in der Nähe der polnischen Stadt Lodz, entschließt er sich mit 17 Jahren

127

wegen der anhaltenden antijüdischen Pogrome zur Emigration.
Auch ihn lockt Amerika, das
für viele als Land der unbegrenz-
ten Möglichkeiten gilt. Doch
im Emigrantenhafen Rotterdam
bleibt er hängen. Wie viele andere
ist er vom aufkommenden Film
begeistert. In Hollywood wäre
sein Name wahrscheinlich alsbald
in einem Atemzug genannt mit
denen von Zukur, Laemmle und
Samuel Goldwyn. Doch auch in
Holland liest sich seine Lebensgeschichte als Legende des Selfmademan: vom armen Schneider
zum Kinozaren. In Rotterdam
gehört ihm bald eine ganze
Kinokette. Die Idee, ein eigenes
Haus in Amsterdam zu eröffnen,
kommt in Reichweite, als es ihm
gelingt, Grundstücke in der sogenannten Teufelsecke («Duvels-
hoek») zu erwerben. Auf halbem
Wege zwischen Rembrandtsplein
und Munt entsteht dort 1921 sein
Traumpalast. Die grünen Türme
ragen noch heute über die Dächer
der umgebenden, puppenhaften
Häuschen hinaus und signalisieren Prunk und Prächtigkeit. Nach
den präzisen Anweisungen des
Bauherrn gestaltet der Künstler
Chris Bartels die Vorderfront:
eine Keramik-Orgie goldgrün gla-
sierter Ziegel. Im Foyer: ein 300
Quadratmeter großer Teppich,
der die polnische Herkunft des
Auftraggebers verrät: Er zeigt in
schönstem Karminrot den polnischen Adler. Eine japanische Garde-
robe, maurische Nischen, Nippes-
figuren, expressionistischer Zierat,
der durch asiatische Motive inspiriert ist, ergänzen diesen Misch-
masch, der alsbald als «Tuschinski-
Stil» in aller Munde ist. Hier also
sollte man sich den Produkten der
Traumfabrik genüßlich hingeben:
«Bei Tuschinski gehst du aus!», so
das Credo des Selfmademan.

Im Mai 1940 verliert Abraham
Tuschinski seine Kinokette durch
das Bombeninferno auf Rotterdam. Ihm bleibt nur sein Amsterdamer Haus. Doch auch dies wird
ihm nach einer inszenierten, anti-
deutschen Provokation genommen. Nach einigen Wochen wird
das Theater unter dem Namen
«Tivoli» als Tobis-Kino wieder-
eröffnet. Die schlagfertigen Amsterdamer interpretieren den
neuen Namen auf ihre Weise:
«T uschinski I s V erkocht O f L ie-
ver I ngepikt» – Tuschinski ist verkauft oder besser einkassiert. Auf
Anraten von Freunden, schnell-
stens zu flüchten, geht Tuschinski
nicht ein. Kaum ein Jahr später
werden er und seine beiden
Schwäger und Mitarbeiter Gersch-
tanowitz und Ehrlich – eine
Plakette im Foyer erinnert heute
an die Kinopioniere – ins niederländische Durchgangslager Westerbork deportiert. Tuschinski,
der dem Pogrom entflohen ist,
findet in seiner alten Heimat
Polen, in Auschwitz, den Gastod.
Sein Kino steht heute unter
Denkmalschutz.

Zur Welturaufführung eines
holländischen Kinofilms kommen auch Königin Beatrix und
Prinz Claus oft ins Tuschinski-
Kino. Wenngleich nicht jedem
Film eine königliche Premiere beschieden ist, so ist ein neuer
niederländischer Spielfilm nach
Meinung des Schriftstellers Remco
Campert noch immer ein nationa-
les Ereignis: «vom gleichen
Kaliber wie beispielsweise die
KLM oder die Deltawerke oder
Delfter Blau ... ein neuer
niederländischer Film – wie soll
ich's nur verdeutlichen? –, das
ist die Nationalhymne, gespielt
vom Concertgebouw-Orchester,
stehend gesungen von den Mit-
gliedern der Ersten und Zweiten

Kammer des Parlaments plus einem Chor von ‹Käse-Meisjes›».

Vom Wochenschau-Kino zum Planet Hollywood

Dem Tuschinski-Theater schräg gegenüber liegt heute Planet Hollywood. Als «Cineac» 1934 von Duiker im Stile der Neuen Sachlichkeit erbaut, fungierte das Haus als Hollands erstes ständiges Wochenschau-Kino. Dessen heimliches Motto: «Die Wirklichkeit ist erregender als alle Erfindungen Hollywoods.» Die Kino-Tour führt am Münzturm vorbei in die Kalverstraat hinein. Hier hat die Einkaufsmeile das Kinogeschäft vertrieben. Wo heute in der Kalverstraat 220 das Warenhaus Vroom & Dreesmann steht, zeigen die Gebrüder Lumière wenige Monate nach der Welturaufführung in Paris auch den Amsterdamern für 50 Cent ihre berühmte *Ankunft eines Zuges*. Wenige Häuser weiter entsteht im Jahre 1912 das mondäne Cinema de la Monnaie, entworfen von dem avantgardistischen Architekten Staal («Wolkenkrabber»): ein Kino in Kombination mit einem Mittagsrestaurant für die Bessersituierten. Dazwischen baut man das Roxy, dessen Schriftzug am Giebel noch zu sehen ist. Heute ist hier die gleichnamige Diskothek. Der Name stammt vom amerikanischen Showbusiness-König der zwanziger Jahre, Samuel Lionel Rothafel alias Roxy, dem Schöpfer legendärer Theater im New Yorker Rockefeller Center, die mit überaus pompösen Einrichtungen einen Luxus boten, den das Publikum in seinen eigenen vier Wänden nicht hatte. Das Besondere, Hervorragende, Luxuriöse bieten – nomen est omen – Kinos wie Excelsior, Rex und Royal. Film ist lange ein proletarisches Vergnügen, doch mit den Namen antiker Kultstätten (Olympia, Luxor und Capitol), städtischer Bautypen (Odeon, Palace, Forum) und aus dem Götterhimmel (Apollo) sollen auch die gehobeneren Schichten für die noch junge Kunstform gewonnen werden. Architektonisch steht jetzt die «Schauburg» Pate, das Theater der Bildungsbürger.

Der «fliegende Holländer des Dokumentarfilms»

Jahrzehnte gehören die Initialen eines Fotohandels zum Straßenbild der Kalverstraat und wegen der vielen Filialen überall in der Stadt zum Straßenbild ganz Amsterdams: CAPI. Die Abkürzung steht für C. A. P. Ivens, den Gründer des Familienbetriebs und Vater des späteren Dokumentarfilmers Joris Ivens. Joris Ivens wird zunächst Filialleiter im väterlichen Betrieb in Amsterdam, greift aber selbst bald zur Kamera: kurze Szenenfolgen entstehen, die er zu sogenannten «Kinonotizbüchern» zusammensetzt. Am Spui filmt er *Regen* – ein experimentelles Filmgedicht über einen regnerischen Tag in Amsterdam. Ivens: «Man mußte die Leinwand vor Nässe tropfen lassen, den Zuschauern das Gefühl von naßsein geben und nicht nur von naß-sehen.» Allein oder zusammen mit Freunden wie Mannus Franken (Co-Regie), John Fernhout (Kamera) und Helen van Dongen (Schnitt) experimentiert er, denn «niemand kennt die Gesetze dieser siebten Kunst, doch es gilt, sie aufzuspüren» (Ivens). Er wird einer der großen Pioniere des Dokumentarfilms, in einem Atemzug zu nennen mit Flaherty, Grierson, Wertow und Cavalcanti: ein «fliegender Holländer des

129

Dokumentarfilms» (George Sadoul), ein aufständischer und (in seiner Heimat zeitweise) verfluchter Kapitän. Sechzig Jahre lang dreht Ivens überall auf der Welt Filme zu den gesellschaftlichen Widersprüchen und den damit verbundenen Kämpfen (*Borinage, Nieuwe Gronden*), antifaschistische Dokumentationen (*Spanische Erde, 400 Millionen*), für die Alliierten im Zweiten Weltkrieg, für die Befreiungsbewegungen (*Indonesia Calling, 17. Breitengrad*) und immer wieder über die Hoffnung auf eine bessere Welt – vom *Lied der Ströme* bis zu *Yü Kung versetzt Berge* und *Eine Geschichte des Windes*. Bei allem Idealismus bewahrte er sich die Nüchternheit eines Amsterdamer Kaufmanns, der die Weltmeere befährt, um Handel zu treiben. Ivens handelte mit dem «Prinzip Hoffnung», das er mit der Suche nach der filmischen Form verband. Hier am Spui in Amsterdam begann seine Karriere 1929 mit dem Filmgedicht *Regen*. Mit einem Fragment aus *Regen* beginnt die «Tour de cinéma», die am Spui Ecke Rokin per Boot durch Amsterdams Grachten führt und per Monitor mit Filmausschnitten illustriert wird.

Per Boot durch die Filmstadt Amsterdam

Amsterdams Altstadt hat Regisseure aus der ganzen Welt inspiriert. Als Charlie Chaplin 1940 für *The Great Dictator* einen europäisch anmutenden Stadthintergrund benötigt, zeigt der Blick aus dem Fenster die Skyline von Alt-Amsterdam mit den Türmen der Oude Kerk, der Silhouette der St. Nicolaas-Kerk und dem Dach der Kaufmanns-Börse, aufgenommen vom Dach des Bijenkorf-Warenhauses auf dem Dam. Mehr als 150 Kinofilme spielen sich im Dekor der Grachtenstadt ab. In *Diamonds are Forever* verfolgt Sean Connery alias James Bond einen Diamantenschmuggler durch die Grachten, in *Puppet on a Chain* jagt Interpol und in *The Amsterdam Kill* Robert Mitchum Drogendealer. Agnes Varda zeigt in *L'Une chante, l'autre pas* französische Frauen, die zur Abtreibung nach Amsterdam kommen; in *Vivre pour vivre* von Claude Chabrol verläßt Yves Montand seine Frau Candice Bergen für das junge Fotomodell Annie Girardot, und in Dusan Makavejevs *Sweet Movie* heiratet Miss World 1984 Mr. Kapital und geht nach der Hochzeitsnacht in Therapie.

Wo immer in einem Film in Amsterdam geheiratet wird, die Hochzeitszeremonie wird auf dem Oudezijds Voorburgwal 197, im Standesamt des ehemaligen Amsterdamer Rathauses, heute Hotel Grand, aufgenommen. In Paul Verhoevens *Türkische Früchte* 1972 kommt Rutger Hauer per Fahrrad mit Braut Monique van de Ven im Minirock auf dem Gepäckträger provokativ über Damrak, Dam und Rokin ‹fietsend› durch den Autoverkehr zum Standesamt. *Türkische Früchte* wird zum größten Publikumserfolg des holländischen Kinos nach dem Kriege. Das Gespann Rob Houwer (Produktion), Paul Verhoeven (Regie) und Gerard Soeteman (Drehbuch) ist lange Zeit das einzige. Verhoevens kommerzielle Kassenknüller *Wat zien ik* und *Keetje Tippel* spielen ebenso wie Frans Weisz *Rooie Sien* hier am Oudezijds Voorburgwal im Amsterdamer Rotlichtviertel. Da Filmen und Fotografieren hier traditionell tabu ist, wird das «Milieu» zumeist auf anderen Grachten oder im Studio nachgebaut. 1960 will jedoch der italienische Regisseur Luciano Emmer seinen Film *La Ragazza in vetrina* (*Das Mädchen im Fenster*) am Originalschauplatz drehen. Der erste Teil des Oudezijds-Voorburgwal wird abgesperrt. Die Stadt erteilt eine Drehgenehmigung, Zuhälter, Prostituierte und Anwohner bekommen eine Entschädigung für Einkommensverluste, und sogar das Goodwill-Zentrum der Heilsarmee stellt Figuranten. Als endlich gefilmt werden soll, kommt es zum Handgemenge mit «Utrechtse Appie», einer bekannten Unterweltfigur, das Resultat: Kamera und Regisseur landen im Grachtenwasser!

Durch die Schleusen am Oudezijds Kolk, von Wolfgang Staudte in *Ciske, der kleine Halunke* 1955 pittoresk verfilmt, gelangt das Rundfahrtboot zum Hauptbahnhof. Hier gegenüber der St. Nicolaaskerk kommt der Schutzpatron der Stadt und Kinderfreund «Sinterklaas» alljährlich mit dem Dampfer aus Spanien an, um dann auf seinem Schimmel Einzug in die Stadt zu halten. Festgehalten hat dies Johan van der Keuken 1995 in seinem Dokumentarfilm *Amsterdam Global Village*. Altmeister Fons Rademakers benutzte die Amsterdamer Folklore 1960 sogar in dem Kinofilm *Makkers staakt uw wild geraas*, worin er das Leben dreier Amsterdamer Ehepaare während der Nikolauszeit porträtiert. Der Film gibt ein nostalgisches Zeitbild und, obwohl mit der nationalen Folklore nicht vertraut, wird während der Berlinale 1961 im ausverkauften Zoo-Palast zu Berlin begeistert empfangen: Rademakers erhält dafür den «Silbernen Bären».

Am Hauptbahnhof und am Damrak wird 1949 auch der erste holländische Spielfilm der Nachkriegszeit aufgenommen, *Een Koninkrijk voor een huis*. Im Stile des italienischen Neorealismus hat er die Wohnungsnot in der Nachkriegszeit zum Thema: mit Heintje Davids als holländische Anna Magnani. Höhepunkt ist die wunderschöne Kamerafahrt an der Börse von Berlage entlang bis zum Dam.

1966, zu Zeiten von Provo, filmt hier eine neue Generation von Cineasten im Geiste der französischen Nouvelle Vague: Wim Verstappen und Pim de la Parra drehen semi-dokumentarisch *Die weniger glückliche Rückkehr von Jozef Katus in das Land von Rembrandt*. Provo, Königinnentag und Totengedenken am Nationalen Monument bilden das realistische Dekor.

Deutsche Emigranten in «Hollandsch Hollywood»

Einige der schönsten Shots der holländischen Filmgeschichte bilden die Anfangssequenzen des populären Spielfilms *De Jantjes* aus dem Jahre 1934: die Abfahrt des Truppenschiffs mit den Jantjes, den Matrosen, aus dem Hafen von Amsterdam, vorbei am Hauptbahnhof durch das IJ. Bereits während der Stummfilmzeit werden die populären Volksstücke von Herman Bouber verfilmt: *Bleke Bet, Oranje Hein* und *De Jantjes*. In den dreißiger Jahren werden sie, inzwischen gibt es den Ton zum Film, erneut gedreht. Show, Kabarett und Revueelemente in, so die damalige Kritik, «technisch perfektionierter Form» prägen das Genre des «Jordaanfilms». Das Volksviertel jenseits der Prinsengracht am Fuße des Turms der Westerkerk ist der Ort der Handlung. Gefilmt wird zum Teil vor Ort auf der

Brouwers- und Prinsengracht und in den nachgebauten Jordaan-Dekors im Cinetone-Studio von Duivendrecht. Fien de la Mar besingt in dem Film *Het Nederlandsch Cabaretalbum* Cinetone als «unser holländisches Hollywood». In der Tat: mit *De Jantjes* beginnt 1934 das «Hollandsch Hollywood», eine kurze Blüte im Spielfilmschaffen der Niederlande. Maßgeblichen Anteil an allen Filmen, die ab 1934 bis 1940 gedreht werden, haben deutsche Emigranten: Produzenten (Jos Jacobi und Rudi Meyer), Regisseure (Ludwig Berger, Kurt Gerron, Detlef Sierck, Richard Oswald, Hermann Kosterlitz und Friedrich Zelnik), Kameramänner (u. a. Eugen Schüfftan), Tontechniker, Cutter, Autoren und Komponisten. Denn mit Hitlers Machtübernahme 1933 kommt es zum Exodus der künstlerischen Talente wie der Fachleute der Traumfabrik Ufa in Babelsberg. Unter der Firma des aus Berlin stammenden jüdischen Produzenten Rudi Meyer entstehen «Jordaan-Filme» mit Lily Bouwmeester, dem Revuestar Fien de la Mar und den populären Kleinkünstlern Heintje und Louis Davids in den Hauptrollen: *De Jantjes* und *Bleke Bet*. In einer Nebenrolle debütiert übrigens Johannes Heesters, der spätere Ufa-Star. Auf dem Wege nach Hollywood machen Hermann Kosterlitz und Detlef Sierck Station in Amsterdam. In Hollywood werden sie später als Henry Koster und Douglas Sierck berühmt. 1936 arbeiten Max Ophüls als Regisseur und Eugen Schüfftan als Kameramann im Amsterdamer Exil an der inzwischen wiederentdeckten *Komödie um Geld*. Darin erzählt ein Explikateur – wie in Pabsts *Dreigroschenoper* gefilmt – die Geschichte eines Geldboten, der auf mirakelhafte Weise zum Bankdirektor aufsteigt. Die zeitgenössische Kritik bezeichnet *Komödie um Geld* als «die Krone auf dem Werk der niederländischen Filmindustrie». Bei den von deutschen Emigranten gemachten Filmen handelt es sich nahezu ausschließlich um mehr oder weniger erfolgreiche Unterhaltungsfilme – ohne künstlerische oder gar politische Ambitionen. Eine Ausnahme bildet Ludwig Berger. Er verfilmt in Amsterdam Bernhard Shaws «Pygmalion»-Thema – die Metamorphose des Blumenmädchens Liesje Doeluttel zur ersten Dame der Gesellschaft – und dreht 1939/40 den einzigen Film, der sich auf den Ernst der Zeit einläßt: *Irgendwo in Holland*. Darin wird vor der drohenden Besetzung der Niederlande durch die Nazis offen gewarnt. Wenige Tage nach seiner Welturaufführung im Frühjahr 1940 werden die neutralen Niederlande von der deutschen Wehrmacht überfallen. *Irgendwo in Holland* kommt als erster Streifen auf den Index.

Als Überlebender von Auschwitz kehrt Rudolf Meyer 1945 nach Amsterdam zurück, um – als wäre nichts geschehen – wieder Unterhaltungsfilme zu produzieren. Die niederländischen Regisseure hingegen wollen die noch frischen Erfahrungen des Krieges auf die Leinwand bringen. Gerard Rutten zum beispiel schlägt Meyer vor, ein gerade eben erschienenes Buch eines jungen Mädchens zu verfilmen: *Das Tagebuch der Anne Frank*. Doch ‹der Rudi› winkt ab: «Zu traurig! Die Menschen wollen keine traurigen Filme sehen.» Ist für ihn der Krieg kein Filmthema, für Hollywood ist er es sehr wohl: so produziert MGM 1953 in Holland

Tuschinski

Metro Goldwyn Mayer · TRADE MARK

Nur die besten Materialien waren
dem Kinozaren Abraham Tuschinski
für seinen Traumpalast gut genug.
Das Ergebnis: eine prunkvolle Stil-
mischung

The True and the Brave mit Clark Gable, und 1959 verfilmt George Stevens für die Fox in der Tat *Das Tagebuch der Anne Frank* in Amsterdam. 1995 fabriziert der japanische Animationsfilmer Araki das *Tagebuch der Anne Frank* erneut: als Comic-Märchen, zuckersüß im Stile von «Heidi» und computeranimiert – Prädikat: künstlerisch vollkommen mißglückt.

Hauptmotiv im Spielfilmschaffen: der Zweite Weltkrieg

Bis Mitte der achtziger Jahre ist das vorherrschende Thema im Film der Niederlande der Zweite Weltkrieg. Gerade die jüngeren Regisseure, die nach 1945 geboren sind, probieren, ihre Fragen an die Vergangenheit mit filmischen Mitteln zu formulieren. Verfolgung, Widerstand und Kollaboration geben die Stichworte. Der holländische Widerstandsfilm ist dabei nur als Ausnahme (Paul Verhoevens 1977 gedrehter *Soldat van Oranje* etwa) ein motivischer Fundus für vaterländische Gefühle. Eher typisch sind Filme wie *Pastorale 1943* von Wim Verstappen (nach Simon Vestdijk), selbstverständlich Verbongs *Mädchen mit den roten Haaren* (nach Theun de Vries) und auch Dimitri Frenkel Franks auf einem Originalszenario basierender *Eissalon* (1985). In ihnen werden die Widerstandshelden auf dem Fahrrad zum schwankenden Symbol der Resistance à la hollandaise und der ihr zugrundeliegenden Geisteshaltung: das Unrechtsgefühl der kleinen Leute, des Kaufmanns an der Ecke, der mehr gibt, weil er weiß, daß das Rentnerehepaar auch die bei ihnen untergetauchten Juden durchbringen muß, die Studentin, die illegale Zeitungen auf dem Fahrrad verteilt ... Geschichten eines Volkes, das – wie es bei Verstappens *Pastorale 1943* im Vorspann heißt – «ein anständiges ist, weil es wenige Helden hatte».

An der Berenstraat/Ecke Keizersgracht, im Schatten von Felix Meritis, verfilmt Fons Rademakers 1985 den Mulisch-Roman *Das Attentat*. Rademakers bekommt dafür als erster niederländischer Spielfilmregisseur einen «Oscar». Der Film verbindet den Widerstand gegen die deutschen Besatzer mit dem Widerstand gegen die Atomraketen, die «Hollanditis», Anfang der achtziger Jahre.

Keinen «Oscar» und keinen Filmpreis, aber bei der Abstimmung mit den Füßen an der Kinokasse erhält der Kommerzfilm *Amsterdamned* von Dick Maas große Zustimmung. Die berühmte Verfolgungsszene zweier Schnellboote durch die Grachten Amsterdams ist unter anderem hier an der «Grachten-Kreuzung» Keizersgracht Ecke Leidsegracht inszeniert. Leider hat man probiert, das (einheimische) Publikum für dumm zu verkaufen: die an verschiedenen Orten aufgenommene Verfolgungsjagd ist so dilettantisch montiert, daß unschwer zu erkennen ist, daß das Boot von der Keizersgracht über die Oude Gracht in Utrecht auf die Amstel gelangt, was die Wirklichkeitsillusion nimmt und dem Filmemacher einen ungeplanten Lacher beim Publikum einbringt. Via Leidsegracht und Leidsekade erreicht die Bootsfahrt das Vergnügungszentrum der Stadt rund um den Leidseplein.

Internationales Dokumentarfilmfestival Amsterdam

Am Leidseplein befinden sich die meisten Kommerzkinos. Neunzig Prozent des Angebots kommt inzwischen aus den USA. Für den deutschen Besucher mit Fremdsprachenkenntnissen ist das Kino in Amsterdam eine Erholung von den Synchronsurrogaten, die er von heimatlichen Leinwänden und Bildschirmen her kennt. Reine Barbarei dahingegen ist, daß mitten im Hauptfilm eine Konsumpause eingelegt wird. Einmal im Jahr, im Dezember, ist Hollywood weit weg, und es gibt keine Unterbrechungen, denn dann heißt es: Leinwand frei für den Dokumentarfilm! In den Sälen von Alfa, im Theater De Balie, im Filmmuseum Vondelpark und in der Künstlersoziätät De Kring findet dann das Amsterdamer Internationale Dokumentarfilmfestival (IDFA) statt, wo die Joris-Ivens-Awards vergeben werden.

Am historischen Ort, in der Künstlersocieteit De Kring, wird 1927 in geschlossener Veranstaltung – um das Aufführungsverbot des Bürgermeisters zu umgehen – Wsewolod Pudowkins Revolutionsepos *Die Mutter* gezeigt. Die Anwesenden schließen sich zur progressiven «Nederlandsche Filmliga» zusammen. Am 9. November 1929 gründen sie ihr eigenes Kino De Uitkijk an der Prinsengracht / Ecke Leidsestraat (erhalten): nach den Kinos Vieux Colombier, Urslines und Studio 28 das vierte Art House Europas. Dort laufen die russischen Filme von Eisenstein und Pudowkin, Frühwerke von René Clair und Luis Buñuel, von Richter, Joris Ivens und Mannus Franken. Im Gründungsmanifest – neben Joris Ivens vom Literaten Menno Ter Braak unterschrieben – erklären sie dem Kommerzkino den Krieg: «Einmal von 100mal sehen wir: den Film. Ansonsten sehen wir: Kino. Die Herde, das kommerzielle Regime, Amerika, Kitsch.

In diesem Stadium sind Film und Kino einander natürliche Feinde …» Die Kritik am Unterhaltungsfilm amerikanischer Provenienz findet in der Kritik an der Person Tuschinski seine Zuspitzung: «Noch nie hat jemand so wenig Ahnung vom Film gehabt wie dieser Herr Tuschinski», schreibt anläßlich des zehnjährigen Bestehens Menno Ter Braak im Amsterdamer Studentenblatt *Propria Cures*. Tuschinski reagiert mit einer Klage. Über den ungleichen Streit zwischen Ter Braak und dem Kinomagnaten bemerkt der Nestor der Filmkritik, selbst auch Gründungsmitglied der Liga, L. J. Jordaan: «… hoffnungslos, da mit total ungleichen Einsätzen ausgefochten: einerseits der Glaube an eine geschäftliche Organisation, andererseits der Glaube an ein Ideal!» Vorbei am Leidseplein endet die Kinoschiffs-Tour am Rijksmuseum.

Primat des Auges

«Ein Niederländer ist ein Mensch, der sieht», schreibt die niederländische Kulturhistorikerin Annie Romein Verschoor. Damit glaubt sie den Kulturcharakter ihres Volkes auf den Nenner zu bringen: «Der sehende Mensch, das ist der überwiegend visuell eingestellte Mensch, der so typisch ist für die gesamte holländische Malerei in ihrem Realismus und in ihrer Liebe fürs kleinste Detail …» Der Ivens-Schüler John Fernhout, Sohn der Kunstmalerin Charley Toorop, wird schon als Kind dazu angehalten, «mit den Augen eines niederländischen Malers des 17. Jahrhunderts zu schauen, um zu einer gelungenen Bildkomposition zu kommen.» In *Sky over Holland* bringt er Bilder von wechselnden Wolkenformationen über holländischen Pol-

135

dern, vom Wind, der die Mühlenflügel antreibt und die Segel bläht – wie die berühmten Landschaftsmaler des Goldenen Jahrhunderts. Unvergessen ist der Himmel über dem Highway in Wenders *Paris, Texas*, dem wir den holländischen Kameramann Robby Müller zu verdanken haben. Wie Eddy van den Ende, der Nestor der holländischen Kameraleute, kommt er immer wieder ins Rijksmuseum zurück, um bei den alten Meistern Perspektive, Licht und Komposition zu studieren. Die Vermeers, Rembrandts und van Goghs der siebten Kunst – die holländischen Kameraleute – knüpfen mit ihren Filmen bewußt an die visuellen Traditionen ihres Landes an. Inzwischen sind sie zu wahren Exportschlagern avanciert: Eddy van den Ende, der einst Haanstras legendären und mit einem Oscar ausgezeichneten Kurzfilm *Glas* gefilmt hatte, baute als erster bereits in den sechziger Jahren seine Reputation im Ausland auf. Ihm folgten Gerard Vandenberg und sein Assistent Robby Müller, die vor allem in Deutschland arbeiten – Robby Müller vor allem als fester Kameramann unzähliger Wenders-Filme. Jan de Bont und Theo van de Sande wirken inzwischen fast ausschließlich in Hollywood. Für die Kunsthistorikerin Svetlana Alpers ist es kein Zufall, daß in Holland um 1600 sowohl das Fernrohr als auch das Mikroskop entwickelt wurden. Sowohl das Untersuchungs- und Darstellungsinteresse am Detail wie der Weitblick, der die Sicht auf die Welt freigibt, bilden zwei Seiten eines Kulturcharakters, der vom Primat des Auges bestimmt wird. In den holländischen Filmen, vor allem im Dokumentarfilm, aber auch in den Spielfilmen, wird immer wieder erneut der Beweis angetreten.

«Holländische Schule»: der Einfluß von Theater und Kleinkunst

Viele Kinofilme strahlen jene bürgerlich-calvinistische Weltanschauung aus, wie sie eben nur dem Holländer eigen ist: Die Welt ist ein Jammertal und Lebensfreude ein direkter Anlaß, erneut Buße zu tun. In der einen oder anderen Form verschlüsselt finden wir diese Grundstimmung – und den obsessionellen Kampf dagegen – in einem Trend wieder, den die niederländische Filmkritik das Etikett «Holländische Schule» mitgegeben hat. Zu ihren Vertretern gehören: Orlow Seunke mit *Der Besucher* (1982) und *Pervola* (1985), Jos Stelling mit seinen Filmen *Der Illusionist* (1985) und der *Weichensteller* (1986) und Alex van Warmerdam mit seinen preisgekrönten Filmen *Abel* und *De Noorderlingen*. Es ist das Kino der wenigen Worte, der skurrilen Antihelden, der surrealen Geschichten, die sich in einem stilisierten Niemandsland abspielen. Dem holländischen Calvinismus zum Trotz ist es gerade das Theater, das als wichtigster Inspirator und Lieferant kreativen Talents auftritt. Mit dem Erfolg der Freien Theatergruppen seit Ende der siebziger Jahre – man denke an Schauspieler des ehemaligen «Werktheaters» wie Gerard Thoolen oder Joop Admiraal (*Du bist meine Mutter*) – bahnt sich eine erste Verbindung zwischen Theater und Film an. Theu Boermans, künstlerischer Leiter der Amsterdamer Theatertruppe «De Trust», adaptierte sein Bühnenstück *1000 Rosen* für den Film, Theo van Gogh bringt das ebenfalls von der Bühne stammende Blind-Date-

Telefon-Kammerspiel *06* auf die Leinwand, und Gerard-Jan Reijnders experimentierte erstmalig mit dem Kinofilm *Oude Tongen*. Produzent war «Bergen», eine kleine Filmfirma, die sich ausdrücklich den grenzüberschreitenden Projekten von Theater, Film und Fernsehen annimmt. Größter Erfolg bislang: Marleen Gorris mit einem «Oscar» bekrönter Kinofilm *Antonia*.

Vom Rijksmuseum vorbei am Stedelijk Museum, wo einst das Niederländische Filmmuseum untergebracht war, erreicht man in wenigen Minuten über die Van Baerlestraat am Vondelpark. Für Cinephile lohnt sich der Besuch im *Filmmuseum*. Dort werden täglich in drei Sälen Filme gezeigt. Beim Umbau der Kinosäle hat man das Originalinterieur des «Cinema Parisien» von Jean Desmet aus dem Jahre 1910 wiederverwendet. Im Sommer gibt es mit Einbruch der Dunkelheit am Wochenende Open-air-Kino vor dem Museum. Für filmwissenschaftlich Interessierte sind das Desmet-Archiv und das Joris-Ivens-Archiv wahre Fundgruben.

Abseits der Kino-Tour

Eines der schönsten Kinos Amsterdams ist das Art-déco-Theater The Movies: ein Tuschinski en miniature mit drei Sälen am Haarlemmerdijk. Die Studentenkinos sind Kriterion und Studio Kriterion an der Roetersstraat, wo sich die Neubauten der städtischen Universität und eine der beiden Mensen befinden. Hier organisiert man Festivals wie das Studentenfilmfestival «Cinestud». Auf Filmreihen und Festivals spezialisiert ist aber vor allem das Filmhuis Rialto im Volksviertel De Pijp. Ihm kommt eigentlich die Funktion eines kommunalen Kinos zu, wenngleich es nicht von der Stadt Amsterdam als solches gefördert wird. Festivals wie «Africa in the pictures» und Themennachmittage haben dort eine lange Tradition. Auch in multikulturellen Zentren wie De Meervaart in Amsterdam-Osdorp oder im «Melkweg» werden regelmäßig Filme vorgeführt. In den Herbstferien findet das Kinder- und Jugendfilmfestival «Cinekid» statt (verschiedene Kinos in der Stadt).

Informationen zum aktuellen Filmprogramm entnimmt man am besten den überregionalen Zeitungen *NRC-Handelsblad*, *Volkskrant* und *Het Parool*. Dort befindet sich, zumeist am Donnerstag, die «Filmladder» genannte Programmübersicht, ebenfalls zu finden in der Wochenzeitung *Vrij Nederland*. Monatlich werden die *Filmkrant* und – weniger übersichtlich – die *Uitkrant* (gratis) herausgegeben. Für Cinephile ist die Filmzeitschrift *Skrien* ein Muß. Wer alte Exemplare, Broschüren und antiquarische Filmliteratur sucht, der kann bei Cine Qua Non in der Staalstraat fündig werden. Ansonsten findet man Filmliteratur im Seitenflügel der Stadsschouwburg am Leidseplein im Film- and Theater Bookshop. Zweimal im Jahr kommt es bei der Amsterdamer Filmscene zur Völkerwanderung: Im Februar zieht man an die Maas, zum Internationalen Filmfestival Rotterdam und im September nach Utrecht. Dort, auf dem Nederlands Filmfestival, werden alljährlich die Preise des niederländischen Films vergeben, die in dem christlichen Milch- und Käseland nicht von ungefähr «Goldene Kälber» genannt werden.

ZWISCHENTÖNE

NEDER–POP UND
KLÄNGE DER KARIBIK

Musik ist öffentlich und allgegenwärtig: Von den Türmen erschallt das Carillon, das Glockenspiel, quer durch die Stadt. Auf den Straßen ertönt das weltliche Pendant zur Kirchenorgel in Form des «Pierement», der Straßenorgel. Auf Plätzen wie Dam, Nieuwmarkt, Leidse-, Rembrandts- und Museumplein gibt es Straßenmusik von Klassik über Jazz bis Pop. Die Musik-Tour beginnt außerhalb des Zentrums in Amsterdam-Oost, in einem wichtigen musikalischen Schauplatz, zugleich Sleep-In und oft für viele junge Amsterdam-Besucher die erste Anlaufstelle. Der Weg endet am weltberühmten Concertgebouw.

Im Sleep-In Arena treten vor allem die lokalen Newcomer-Gruppen auf, und für jeden Geschmack gibt es etwas im musikalischen Angebot. Viele dieser Gruppen bringen ihre CDs in eigenen Labels heraus: sogenannten 1000-Idioten-Labels, nach dem Motto:

Es wird immer 1000 Idioten geben, die diese Musik kaufen. Auf Newcomer spezialisiert ist ein Laden mit eigenem Label: Staalplaat. Eine wahre Fundgrube für alles, was je auf Platte oder CD herausgekommen ist, ist das Concerto in der Utrechtsestraat. Im Sleep-In Arena ist man sehr gut informiert über aktuelle Trends, Popzeitschriften wie die legendäre *Hitweek* liegen an der Lesetafel, und die Rezeption ist behilflich bei der Reservierung von Konzertkarten.

Bis zur Eröffnung des neuen Fußballstadions von Ajax, der Amsterdam ArenA, im Sommer 1996 fanden die Mega-Konzerte großer internationaler Stars nahezu ausschließlich im Rotterdamer Feijenoord-Stadion De Kuip statt. Erste Konzerte von Michael Jackson und Tina Turner weisen das mit einem mobilen Dach ausgestattete Stadion inzwischen als ultramodernen Poptempel aus. Man erreicht die Amsterdam ArenA

Von der Turmmusik bis zur Straßen-
combo: Amsterdam leistet sich die
Musik als öffentliche Infrastruktur

vom Sleep-In Arena – bitte nicht miteinander verwechseln – ab Weesperplein per Metro in kaum 10 Minuten, aussteigen Station Strandvliet oder Bijlmermeer.

Unsere Tour geht indes vom Weesperplein an die Weesperzijde und damit an die Amstel. Vom Amstelhotel aus zur Linken befindet sich in Haus Nummer 23 das Zentrum für moderne Musik De Ijsbreker. Zur Rechten gelangt man zum ehemaligen Zirkustheater von Oskar Carré. Carré ist für die Amsterdamer und für ganz Holland ein Begriff, der Traum vieler Interpreten: einmal in Carré zu stehen! One-Man-Show, Musical, Operette und Oper, Kabarett und Zirkus, alles gibt es hier. Niederländische Operngesellschaften führten hier vor dem Krieg erfolgreich italienische Opern auf. Zum Liebling des Amsterdamer Publikums avancierte Sara Scuderi, die «Diva Olandese». Italienische Opern sind vor allem beim einfachen Volk beliebt: Man freut sich oft Wochen im voraus auf einen Opern-Abend in Carré. Vor allem die großen Verdi-Opern *Rigoletto, La Traviata* und *Il Trovatore* sind populär. Für den Amsterdamer Liebhaber ist Oper eben «ein Tenor, der sich in die Arme eines Soprans wirft, was durch den Bariton verhindert wird». Man kommt wegen des Belcanto, will die Arien hören, um sie zu Hause selbst nachsingen zu können.

1966 wurde Carré, das Haus der Freunde der italienischen Oper, zum Schauplatz einer Kulturrevolution: Peter Schat präsentierte sein Avantgardewerk *Labyrinth* – «eine Art Oper» für Chor und Orchester, mit elektronischer Musik, drei Gesangssolisten, vier Instrumentalsolisten, fünf Schauspielern, sechs Tänzern und einem Film. 1969 stand ein Riesenstandbild von Che Guevera auf der Bühne: Peter Schat inszenierte auf Einladung des Holland-Festival zusammen mit anderen «Notenkrakern» – Komponisten wie Andriessen, Reinbert de Leeuw, Misha Mengelberg und Jan van Vlijmen – sowie den Autoren Hugo Claus und Harry Mulisch die Oper *Reconstructie*. Bande mit dem traditionellen Publikum gibt es seitdem nicht mehr.

Musiktheater auf dem Waterlooplein

Wenn man von Carré aus am Amstelufer in Richtung Zentrum weiterläuft, gelangt man nach wenigen Minuten zur Amsterdamer Oper, dem Muziektheater am Waterlooplein. Bis 1988 hatte die Kulturmetropole Amsterdam – als einzige Hauptstadt in Europa – keine eigene Oper. Bis dahin mußte sie sich im Stadttheater Raum und Termine mit dem Ballett und dem Schauspiel teilen. Mit dem «Muziektheater», die Rathaus-Oper «Stopera» am Waterlooplein, bekam Amsterdam nach über dreihundert Jahren wieder eine Oper: Heimstätte für die Nederlandse Opera und Het Nationale Ballett. Sie wurde mit *Ithaka* von Komponist Otto Ketting und mit dem Ballett *Zoals Orpheus* von Toer van Schayk eröffnet. Viele hätten am liebsten eine *Aida*-Aufführung gehabt, andere eine Ballettoper von Peter Schat. Die Amsterdamer Volksoperntradition erlebte hier ihr eigentliches «Waterloo», denn bis heute stellt sich die Frage nach dem Umgang mit Traditionen. Wie soll man ein Opernhaus zwischen der «Rheinischen Oper Düsseldorf» und Mortiers «Muntschouwburg» in Brüssel am Ende des 20. Jahrhunderts überhaupt auf der europäischen Opernlandkarte positionieren? 1988 wurde der aus London kommende Pierre Audi künstlerischer Leiter der Oper. Mit seinen Weltpremieren und Inszenierungen fand und findet er international breiten Beifall. Der in Amsterdam geborene Künstler der Cobra-Gruppe, Karel Appel, schafft die Bühnenbilder, und die Deutschen Hartmut Haenchen und Ex-Filmregisseur Johannes Schaaf produzieren die Opern. Bei *Rosa, a horse drama* stammt die Musik von dem einstigen «Notenkraker» Louis Andriessen und das Libretto von dem britischen, in Holland produzierenden Filmemacher Peter Greenaway. Damit kann sich die Amsterdamer Oper international profilieren: neben dem Nationalen Ballett, das seit seinen Hauschoreographen Hans van Manen und Rudi van Dantzig weltweit schon lange in gutem Ruf steht.

Ein Rijksmuseum des Jazz

Hinter dem Waterlooplein liegt auf der Insel Uilenburg an der Gracht «Oude Schans» das BIM-Huis. 1974 gründeten Misha Mengelberg, Hans Dulfer und Willem Breuker für ihre «Berufsvereinigung improvisierender Jazz-Musiker» mit dem BIM-Huis ihren ständigen Aufführungsort: ein «Rijksmuseum für den Jazz» – noch heute. Doch die Szene kennt viele Treffpunkte: Oldies wie das ALTO-Jazz-Café, Joseph Lam und Casablanca und neuere wie Bourbon Street, Dulac und Elsa's. Ein Besuch des Jazzboots am Schellingwouderdijk in Amsterdam-Nord bietet «Jazz auf dem Wasser». Und im Sommer zieht die Fangemeinde geschlossen nach Den Haag zum berühmten «North-Sea Jazz Festival». Informationen über Veranstaltungen

entnimmt man am besten der *Pop & Jazz-Uitlijst* des Amsterdamer Uit-Bureau (AUB), die überall gratis ausliegt. Wer niederländisch versteht, kann auch die Jazzline (Telefon 6 26 77 64) anrufen. Jazzbücher gibt es im modernen Antiquariat von Van Gennep. Wenn man an der nächsten Brücke die Gracht überquert, gelangt man über die Koningsstraat in das Nieuwmarkt-Viertel. Liebhaber von Charlie Parker bis Willem Breuker trafen sich im altgedienten Jazz-Café Bohemia an der Krom Boomsloot. Von hier aus zog in den bewegten siebziger Jahren das Willem Breuker Kollektief über die Koningsstraat zum Neumarkt, um mit musikalischen Mitteln gegen den Bau der Metro zu demonstrieren. Kollegen wie Louis Andriessen mit seiner Gruppe «De Volharding» und Peter Schat mit «Elektrisch Circus» spielten ebenfalls auf den Straßen und Plätzen der Stadt. Mit ihren Mesalliancen aus szenisch-musikalischen Aktionen und Politik, Komposition und Improvisation, Tradition und Avantgarde, Theater und Jazz entstand eine spezifisch holländische Variante des Musiktheaters. Hingewiesen sei noch auf das Café Bern, wo es Tradition ist, in der Silvesternacht zusammenzukommen, um gemeinsam das «Va pensiero» des Sklavenchors aus Verdis *Nabucco* zu singen. Vom Nieuwmarkt aus ein kleines Stück den Zeedijk entlang, wo man noch immer den legendären Jazz-Club Casablanca findet, biegt man links in den Molensteeg, überquert den Oudezijds-Achterburgwal und erreicht eine Gracht weiter die Oude Kerk, wo im 17. Jahrhundert der Organist und Komponist Jan Pieterszoon Sweelinck (1562–1621) wirkte.

141

Die Kirche als Wiege des Konzertlebens

Noch heute gibt es in den Amsterdamer Kirchen 42 Orgeln, und es ist ein besonderes Erlebnis, im hohen Kirchenschiff zu sitzen und einem Organisten zuzuhören. Die strengen Calvinisten verbannten im Zuge des Bildersturms auch die liturgische Kirchenmusik aus dem Gotteshaus und wollten in Amsterdam – wie bereits Zwingli 1527 in Zürich – die Orgeln aus den Kirchen herausbrechen. Doch mit der Alteration, dem Übergang Amsterdams zum Calvinismus 1578, waren die ehedem katholischen Kirchen zu städtischem Besitz geworden. Das rettete die Orgeln: Die Amsterdamer Bürgermeister widersetzten sich den calvinistischen Synodalbeschlüssen.

Die Kirchen selbst wurden damals bereits multifunktionell genutzt: neben dem Ehrendienst zur Abhaltung von Märkten, für die Börse, zur Anwerbung von Soldaten. Hier entstand auch die Wiege des weltlichen Konzertlebens in den Niederlanden: Sweelincks «säkularisiertes» Orgelspiel lockte die «führenden Kaufleute» in die Oude Kerk. Musikamateuren erteilte er Unterricht. So entstand die «Sweelinck-Schule», zu der Schüler bis aus Danzig und Hamburg anreisten. Das Amsterdamer Musikkonservatorium ist heute nach ihm benannt. Auf der Basis gemeinsamer Musikabende gab es hier die ersten öffentlichen Konzerte. Ohne den Komponisten Sweelinck und seine von ihm geschaffene Orgelfuge hätte Johann Sebastian Bach anders komponiert.

Vom Turm der Oude Kerk erklingt regelmäßig das Glockenspiel. Das altholländische Wort «beiaard» für Glockenspiel bedeutet ursprünglich «Klanggeben».

Wenn die Leute unten auf Platz und Straße Glockenmusik hörten, stellten sie sich oben auf dem Turm ein Orchester vor. Man gestattete sich die Zauberwelt der Musik als allgegenwärtige öffentliche Infrastruktur. Darauf deutet die Aufschrift der Frans-Hemony-Glocke im Turm der Oude Kerk hin: «Herrlich ist meine Musik untermischt mit den Engelchören.» Um jede Melodie spielen zu können sind Reihen von Glocken zu einer Tonleiter ausgebaut. Gute Carillonspieler wurden von der Stadt angeworben und als Berufsmusiker bezahlt. Zu ihrem Dienst gehörte die Tätigkeit des Organisten wie des Cembalospielers, sie hatten dadurch eine halb kirchliche und halb städtische Funktion. Als Komponisten schufen sie die großen mehrsätzigen Gattungen der Kirchenmusik, Messe und Motette, und die knapp gehaltenen Gattungen Chansons und Lieder für die weltlichen Musizierbereiche. Dieser niederländische Kompositions- und Musizierstil wurde bald in ganz Europa berühmt und die zu Rang und Namen gekommenen Komponisten an die europäischen Residenzen und Höfe berufen wie Hollands berühmtester Komponist des 16. Jahrhunderts, Orlando di Lasso (1532–1594), der Hofkapellmeister der bayrischen Könige in München wurde.

Philharmonische Konzerte in der Börse

Von der Oude Kerk gelangt man durch Wijde Kerk- und Paternostersteeg zur Beurs van Berlage. Die Börse selbst beherbergt heute neben einem Museum ein Kulturzentrum mit zwei privat finanzierten Konzertsälen. Teure Kunstsparten wie Oper und Konzert werden im Rahmen des

Sponsoring zu Instrumenten von Public Relations und Marketing. Konzertreihen heißen dann nach ihren Gönnern, Premieren sind gesellschaftliche Ereignisse: exklusive Events der Sponsoren und ihrer VIP-Gäste. Sogar die Aufführungsorte tragen die Namen ihrer Förderer: In der Börse heißen sie Aga- und Wang-Konzertsaal, unter anderem Sitz des Niederländischen Philharmonischen Orchesters. Das Orchester selbst ist staatlich subventioniert. Und das bedeutet, der vom Kulturministerium auferlegten Verpflichtung zu genügen, mindestens sieben Prozent aller Konzerte niederländischer Musik zu widmen. In der Praxis ergibt sich die Schwierigkeit zu definieren, was eigentlich holländische Musik ist. Wie etwa wäre der in Bergamo geborene Pietro Locatelli einzuordnen, der ab 1721 in Amsterdam wirkte (Prinsengracht 506) und hier den italienischen Stil populär machte? Darf Wagners Holländer-Ouvertüre dazu gezählt werden? Lohengrin singt in Brabant, Lortzings *Zar und Zimmermann* sowie Künnekes *Vetter aus Dingsda* sind gar im holländischen Kernland angesiedelt. Vergessene Komponisten wie Bernard Zweers (1854–1926) mit seiner durch Gemälde Rembrandts inspirierten *Saskia-Ouvertüre*, Cornelis Dopper (1870–1939) mit seiner *Amsterdamer Symphonie* und Alphons Diepenbrock (1862–1921) mit seinen auf Klassiker wie Vondel zurückgehenden Tongedichten bekommen vielleicht mit der Hollandquote eine neue Chance.

Quer durch die Stadt: die Glockenspiele von Hemony

Die Musik-Route führt weiter über den Damrak und Dam am Königlichen Palast vorbei über die Raadhuisstraat zum Turm der Westerkerk. Den an toskanische Stadttürme erinnernden Glockenturm der Börse ziert die Aufschrift «Beidt Uw Tijd» – «Bleibe Deine Zeit» – Ausdruck eines Zeitbewußtseins, das im Goldenen Jahrhundert ihren Ursprung hat. Damals begannen die Menschen ihre Zeit einzuteilen, um sie wirksamer nutzen zu können: für präzise Absprachen, für genaue Lieferfristen, für Termingeschäfte an der Börse. So entstand die Notwendigkeit der Zeitangabe. Die Schiffer auf den Flüssen und Kanälen, auf den Seen und auf dem Meer orientierten sich von jeher an den Türmen der Städte. Sie waren auch prädestiniert, als Ort der Zeitangabe zu fungieren. Unter den Glockenspielen trafen sich die wirtschaftlich Aktiven der Stadt. Bereits im 16. Jahrhundert war die Oude Kerk der erste Versammlungsort der Börsianer. Unter der Rathausglocke am Dam fand in der städtischen «Wechselbank» ab 1650 der Valutenhandel statt. Die Türme sagen seitdem mit ihren Glocken die Viertelstunden an. Damit die Leute die Zeitansage nicht verpassen, gab es die Auftaktmusik: das Glockenspiel. Die Musik ist also kein «Geschenk des Himmels», sondern verbindet das Nützliche mit dem Angenehmen. Die Klänge schärfen das Bewußtsein für die Zeit, strukturieren und ordnen das städtische Leben.

Die niederländische öffentliche Turmmusik hat zwei berühmte Namen: Geert van Wou und die Gebrüder Hemony. Sie kamen auf Ersuchen des Magistrats nach Amsterdam: Am Molenpad zwischen Keizers- und Prinsengracht bekamen sie eine städtische Wohnung und eine Gießerei unentgeltlich zur Verfügung gestellt. Glockenspiele waren damals Prestige-objekte. Die reichsten Städte – Utrecht, Alkmaar, Leiden, Hoorn – leisteten sich mehr als nur einen Turm mit Carillon. Amsterdam hat sogar deren fünf: 1658 installierte Frans Hemony im riesigen Zuiderkerk-Turm 32 Glocken im Umfang von drei Oktaven. Als Demonstration städtischen Ansehens goß Hemony 1664 im Auftrage des Magistrats ein Carillon mit 35 Glocken für die Kuppel des Rathauses auf dem Dam. Vier Jahre später bekam der Münzturm sein Glockenspiel. Ebenso wie die Zuiderkerk erhielt die Westerkerk ein Carillon mit 32 Glocken. Als 1680 der letzte der beiden Hemony-Brüder starb, nahmen sie ihr Geheimnis des tonsauberen Glockenspiels mit ins Grab.

Amsterdams mobile Folklore: die Straßenorgel

Am Fuße des vielbesungenen Turms der Westerkerk liegt das Volksviertel Jordaan mit seinen Grachten und Gassen. Der Jordaan gilt als die Wiege der Amsterdamer Straßendrehorgel, jenem Zwitter aus Leierkasten, Kirmeskonzert- und Tanzorgel. Seit 1684 gab es an der Westerstraat 119 die Drehorgelwerkstatt von Gijs Perlee. Von hier aus ziehen die Drehorgelmänner durch die Stadt, und hier werden die «Pierements», die bis zu vier Meter breiten Straßenorgeln mit Lochkartenantrieb, repariert und restauriert. Für Liebhaber werden sie als Miniaturmodell nachgebaut. Der Name Pierement stammt vom holländischen «pieren» und bedeutet soviel wie: sich fröhlich im Kreis drehen.

Der berühmteste Baumeister der Straßenorgeln war Karl Frei. 1875 gründete der blinde, aus Belgien stammende Leon Warnies

den ersten Drehorgelverleih der Welt in Amsterdam. In den dreißiger Jahren gab es hier noch fünf weitere Verleiher und rund 35 Orgelmänner. Einem Genehmigungssystem zufolge konnte nur der eine städtische Konzession bekommen, der eine Behinderung hatte. Beinamen der Orgelmänner wie «Schleifbein» und «Kees Stumpf» deuteten auf ihre Invalidität hin. Auch die Orgeln hatten Namen: Eine der schönsten mit sieben Holzschnittfiguren an der Frontseite ist Perlees «De Arabier», die Arabia-Orgel. Andere Namen symbolisieren den Charakter der Musik, die sie spielen: Sie werden liebevoll «Het Huilebalkje» und «Het Snotneusje» – Tränensuse und Rotznäschen – genannt. Eine Orgelbemannung bestand ursprünglich aus drei Leuten: einen, der das große Rad an der Rückwand gleichmäßig dreht, und zwei, die «mansen», die mit ihren Klapperbüchsen im Takt klappernd das Geld einsammelten. Auf Befehl der deutschen Besatzungsbehörden verstummten die Pierements während des Krieges. Am 7. Mai 1945 spielte die erste Drehorgel zur Befreiung auf dem Dam wieder auf, und in den fünfziger Jahren erlebten sie ihr Comeback. Drehorgeln in Aktion trifft man am Damrak, in Fußgängerzonen und Marktstraßen und im Jordaan.

Jazz, Blues, Salsa live und das Jordaan-Festival

Über die Hauptstraße des Jordaan, die Rozengracht, die das Viertel in den Nord- und Südjordaan zerschneidet, gelangt man zur Lijnbaansgracht. Hier hat sich in alten Packhäusern eine Musikszene von Jazz bis Blues und Salsa in Musikkneipen wie Korsakoff

Ob nun das Amsterdamer Lebenslied in der Jordaan-Kneipe oder den Hit der letzten Saison im Karaoke-Studio: gesungen wird gern

und dem Maloe Melo etabliert. die Größen des Jazz stehen hier neben den Newcomern. In den dreißiger Jahren war Amsterdam neben Paris und Kopenhagen eine Hauptstadt des Jazz in Europa. Big Bands und Sängerinnen, Tanzmusik und Swing waren so populär wie heute die Popmusik. Nach dem Krieg wurde an diese Tradition wieder angeknüpft. Größen wie «Big» Ben Webster und Don Byas ließen sich nieder und blieben. Eine junge Generation holländischer Musiker und Komponisten wie Misja Mengelberg, Willem Breuker, Hans Dulfer und Herman de Wit wuchs in dieser Treibhauskultur auf. Als Kinder hatten sie die Musik der Straßenorgeln, der Glockenspiele, Mandolinenorchester und Fanfarenkorps in sich aufgenommen. Doch sie kopierten weder ihre großen amerikanischen Vorbilder, noch blieben sie an der volkstümlichen Musik ihrer Kindheit haften. Sie entwickelten vielmehr einen eigenen Amsterdamer Stil, der unterschiedliche Genres, Klassik und Folklore in vielfältiger Weise kompositorisch miteinander verknüpft und in immer neuen Improvisationen zu Gehör bringt. Wenn man die Lijnbaansgracht in Richtung Leidseplein weiterläuft, kommt man zur Elandsgracht. Jeweils Ende August findet hier das Jordaan-Festival statt. Auf dem Höhepunkt eines dieser Festivals hat die Stimme des Volkes den Zusammenlauf von Elands- und Prinsengracht zum Johnny-Jordaan-Platz ausgerufen – nach dem größten Interpreten des «Amsterdamse Levenslied». Die Stadt hat mittlerweile klein beigegeben, und drei Denkmäler zieren die Straßenecke. Das «Amsterdamer Lebenslied», der Saudade aus Lissabon oder dem Chanson aus Paris verwandt, ist eine mannigfaltige Lobeshymne auf die Amsterdamer, auf Mokum und insbesondere auf den Jordaan und den «Mooie Westertoren». Ein Liedtext faßte das chauvinistische Credo dieser Amsterdam-Hommage einmal so zusammen: «Lieber in Amsterdam ohne Geld, als in Paris mit einer Million.» Die Klassiker des Genres wurden von Johnny Jordaan, Manke Nelis, Johnny Meijer und Tante Leen in Jordaankneipen wie De Rode Nelis, Café Nol und De Twee Zwaantjes gesungen, zumeist begleitet von einem Akkordeon. Diese Kneipen und weitere rund um den Rembrandtsplein führen in nostalgischer Weise die Tradition fort. Im Jordaan liebt man zudem die ins Holländische übersetzten Arien italienischer Opern. Man singt sie in Kneipen und, begleitet von einer Drehorgel, auf der Straße. Im Jordaan-Café Nelis de Moor machte einst der «singende Kellner» Alberti Furore, dessen ebenfalls singender Sohn Willy mit seinen ‹verhollandsten›, italienischen Opernarien in den fünfziger Jahren «Goldene Platten» machte. Seine Fangemeinde hat 1997 ein Museum für ihn errichtet.

Die Musik-Tour führt jetzt über die Prinsengracht hinweg durch die Berenstraat zur Keizersgracht. Nummer 324 erhebt sich der neoklassizistische Giebel von Felix Meritis, das lange Zeit als Shaffy-Theater in Gebrauch war. 1777 gründete der Uhrmacher Willem Writs mit 39 weiteren Bürgern die Bruderschaft «Felix Meritis» – glücklich durch Verdienst. Ziel ist die Förderung von Wissenschaft und Kunst sowie Kaufhandel, Seefahrt und Industrie. 1789 wurde zu diesem Zweck ein Gebäude an der Keizersgracht 324 bezogen. Im elliptischen Konzertsaal spielte ein Orchester, das überwiegend aus Amateurmusikern bestand. «In dem Heiligtum, das für gewöhnliche Sterbliche unzugänglich ist, kommt man im Winter an festen Abenden zusammen, um gewichtige Konzerte anzuhören», bemerkt Henry Havard nach einem Besuch an Felix Meritis im Jahre 1876. Sein Urteil: «Die Musik, die sie spielen, hört sich an, wie aus einem Mathematikbuch kopiert.» Und Johannes Brahms kam, nachdem er hier seine Dritte Symphonie dirigiert hat, zu dem vernichtenden Schluß: «Ihr seid liebe Menschen, aber lausige Musikanten.» Mit dieser vernichtenden Kritik gab er den Anstoß zur Gründung einer inzwischen weltberühmten Institution in Amsterdam: dem Concertgebouw.

Wenige Häuser weiter, an der Keizersgracht 384, erinnern ein kleines Tor und eine Plakette daran, daß an dieser Stelle am 3. Januar 1638 Amsterdams erstes städtisches Theater, die Stadsschouwburg, errichtet wurde (siehe S. 153): neben Theater auch zeitweilig Ort für Opern-, Operetten- und Konzertgastspiele. Wenn man die Keizersgracht bis zur Leidsegracht weiterläuft, kommt man an jenen Ort, an dem einst Amsterdams erstes Opernhaus stand: Es erstreckte sich über die Leidsegracht 46–56 und reichte bis zur Hemony-Gießerei auf dem Molenpad.

Weltpremiere der ersten holländischen Oper

Oper in Amsterdam ist nie feudale Auftragskunst, sondern fast immer die Liebhaberei kunstbeflissener und durch Handel reich gewordener Großbürger gewesen.

Das hat man mit den oberitalienischen Stadtstaaten wie dem Florenz der Medici gemein. Doch während in Venedig 1637 das erste öffentliche Opernhaus überhaupt entstand, dem bald sieben weitere folgten, war im «Venedig des Nordens» der ersten niederländischen Oper nur ein kurzes Intermezzo gegönnt. Theodoro Strijker, der als Sohn des niederländischen Konsuls in Venedig aufwuchs und dort die erste Blüte der neuen Kunstform aus eigener Anschauung erlebte, gründete sie 1680 an der Leidsegracht nach venezianischem Vorbild – übrigens zwei Jahre nach der Gründung der ersten bürgerlichen Oper Deutschlands in Hamburg. In Anwesenheit von Willem III. und seiner Frau Maria Stuart erlebte hier am 8. Februar 1680 die erste niederländische Oper überhaupt ihre Welturaufführung: *De Triomfeerende Min*. Die allegorische Oper von Dirk Buysero und Carolus Hacquart entstand anläßlich der Unterzeichnung des Friedens von Nimwegen 1678. Das Amsterdamer Volkstheater des Goldenen Jahrhunderts mit Bredero und Vondel hätte – wie die italienische Commedia dell'arte, dessen Einfluß zur Opera buffa führte – vielleicht eine Komische Oper à la hollandaise hervorgebracht. Und die niederländischen Meister – von Rembrandt bis Jan Steen – hätten vielleicht unübertroffene Bühnenbilder und Dekors beigesteuert – doch dieser Herausforderung hatte man sich in Amsterdam nicht gestellt. Ohne adlige Mäzene und höfische Auftraggeber war die Oper in Holland zu teuer. Nicht mal die zur Beruhigung der calvinistischen Prediger an die Armenhäuser zu bezahlenden Abgaben vermochten Strijker und die Seinen aufzubringen. Das erste Opernhaus Amsterdams ging denn auch nach kaum 53 Monaten ruhmlos unter.

Anders als im «südniederländischen» Brüssel, wo die Erstaufführung von Aubers *Die Stumme von Portici* die Belgische Revolution von 1830 auslösen sollte, hat die Oper in Amsterdam danach keine gesellschaftliche oder politische Bedeutung. Dennoch ist die Liebe zur Oper bei den Amsterdamern groß. Bereits vier Wochen nach der Uraufführung in Prag wurde 1793 Mozarts *Don Giovanni* hier aufgeführt, lange vor den Gastspielen in Paris und London. An der Leidsegracht Ecke Lijnbaansgracht stand von 1744 bis 1880 die Hollandse Manege, ein riesiger Gebäudekomplex, der bis zum Raamplein reichte und wo es im ersten Stock einen großen Saal gab. Durch das Fehlen einer Hofkultur war das Musikleben in Holland von reichen Mäzenen abhängig, und feste Konzertsäle waren lange Zeit nicht zu finanzieren. Als das musikalische Wunderkind Wolfgang Amadeus Mozart mit seiner Schwester Nannerl nach Amsterdam kam, fand das Konzert am 29. Januar 1766 in der von Pferdegeruch durchzogenen Hollandse Manege statt.

Melkweg und Paradiso

Links wieder in die Lijnbaansgracht einbiegend, erreicht man nach wenigen Metern die über eine Zugbrücke erreichbare ehemalige Milchfabrik, das Multi-Media-Zentrum De Melkweg. Surinamische und antillianische Musikgruppen spielten lange Zeit fast nur vor eigenem Publikum. Doch wenn die antillianische Salsaband Carribean Express auftritt, bleibt inzwischen keiner mehr abseits stehen: auch der letzte steife «Makamba» (weiße Holländer) bewegt dann seine Glieder – zur Not so hölzern wie Jan Klaassen, der Amsterdamer Kasperle, auf dem Dam. Bei richtigen karibischen Festen spielt man die neuesten Hits aus Curaçao, bei holländischen Hochzeiten auch populäre Lieder wie Lambada und Bandoleo. Weltmusik ist in. Im Melkweg besteht ein Viertel des Programms aus «nicht-westlicher Weltmusik»: Africa Roots, Nuit Arabe und Carribean Special heißen die Programmschienen. Im Juni organisiert man das jährliche World Roots Festival. Neben Salsa-Rhythmen gibt's Tambu und Tumba, Calypso und Steelband-Musik oder gar «muzik di zumbi» – Geistermusik.

Vom Melkweg aus geht's zum Paradiso, ebenfalls ein Relikt aus Amsterdams Flower-Power-Zeit. Man überquert den Leidseplein, und vorbei am Alfa-Kino, dem Theater De Balie und den Neubauten des Max-Eeuwe-Pleins erreicht man nach wenigen Metern das ehemalige Kirchengebäude der evangelisch-freikirchlichen Gemeinde, das Paradiso. Es ist seit 1968 Rocktempel und «Magic Centre of the World». Hier wurde und wird Popgeschichte geschrieben. 1969, fünf Jahre nachdem er als Beatle mit einer Grachtenrundfahrt durch Amsterdam gefeiert wurde, hielt John Lennon mit Yoko Ono das weltberühmte «Bed-In» im Amsterdam-Hilton ab, der Nachwelt bekannt durch die *Ballad of John and Yoko*. Amsterdam fungiert von jeher für die britische und amerikanische Pop-Musik als Tor nach Europa. Viele Gruppen und Interpreten erlebten im Paradiso ihren internationalen Durchbruch: Frank Zappa, Pink Floyd, Blondie, The Sex Pistols, David Bowie,

Talking Heads und Duran Duran. Auch für holländische Gruppen ist es das Podium schlechthin: von Ex-Nina-Hagen-Lover Herman Brood, den Nits, Hans Dulfers Saxophon spielender Tochter Candy bis hin zu Gruppen wie Loïs Lane, Tröckener Keks, De Dijk, The Scene und der Techno-House-Group Quazar. Paradiso ist noch immer eine Art Kristallkugel, durch die man die Zukunft sehen kann: Hier vollzieht sich musikalische Innovation, und hier entstehen kulturelle Trends. 1995 waren Mick Jagger und die Rolling Stones wieder in Holland. Im Paradiso nahmen sie ihre Live-CD *Stripped* auf. Rund 500 Glückliche, darunter Prins Willem Alexander, waren dabei, eine hundertfache Menge versammelte sich gleichzeitig auf dem Museum-Plein, wo das Spektakel über eine Videoleinwand verfolgt werden konnte.

Vom Paradiso aus erreicht man den Museumplein, indem man die Weteringschans bis zum Rijksmuseum weiterläuft. Durch die Passage des Rijksmuseum gelangt man auf den Museumplein, wo auch mal das Concertgebouw-Orchester, im Rahmen des jährlichen Uit-Markt zur Eröffnung der Kultursaison, gratis zu hören ist. Ansonsten muß man sich schon ins Concertgebouw selbst begeben; es liegt am Ende des Museumplein an der Ecke zur Van Baerlestraat.

Der Musik-Multinational: die Concertgebouw-AG

Neben der Symphony Hall von Boston und dem Großen Musik-Vereinssaal von Wien gehört das Concertgebouw wegen seiner ausgezeichneten Akustik zu den drei besten Häusern der Welt. Den Weltruhm des Orchesters begrün-

dete 1895 dessen charismatischer Leiter, der aus dem Rheinland stammende Willem Mengelberg. Für die einen war er ein «tyrannischer Egoist», für andere ein «Bonaparte und Prophet der Musik». Er holte zahlreiche Musiker nach Amsterdam, berühmte Namen, die heute die Balkone des Konzertsaals zieren: Gustav Mahler, Richard Strauss, Claude Debussy, Igor Strawinsky, Arnold Schönberg, Maurice Ravel, Paul Hindemith und Béla Bartók.

Im Gegensatz zu deutschen Kulturtempeln, wo es lange undenkbar war, daß es neben der Klassik auch Jazz- und Popkonzerte in einer Oper oder Philharmonie gab, zeichnete sich das Concertgebouw nachdrücklich gerade auch dadurch aus, daß es hier auch andere Musikangebote gab: von Soul-Konzerten mit Aretha Franklin und Wilson Pickett über die legendären Nachtkonzerte mit Louis Armstrong und Duke Ellington, Ella Fitzgerald, Lionel Hampton und Miles Davis bis hin zu den Auftritten von Lou Reed, Pink Floyd und der Welturaufführung der Rock-Oper *Tommy* von der britischen Popgruppe The Who – das Concertgebouw stand allen offen.

Hier endet unsere Musik-Tour durch Amsterdam-Musikstadt. Wer Lust hat, der kann über die Van Baerlestraat den Vondelpark erreichen, wo im Sommer nahezu jeden Abend Open-air-Konzerte stattfinden. Mit Straßenbahnlinie 3 kann man in rund zehn Minuten wieder zum Sleep-In Arena zurückkehren, die Linie 2 bringt einen zum Leidseplein und ins Zentrum.

BRETTER UND BÜHNEN

Unsere Theater-Tour durch Amsterdam beginnt am flämischen Kulturzentrum «De Brakke Grond» in der Nes, an der Stelle, wo sich die «Theatergasse» zu einem kleinen Platz erweitert. Nach einer großen Schleife durch die Innenstadt, vorbei an Theatermuseum, Stadttheater, Privatbühnen und an Orten, an denen Theatergeschichte geschrieben wurde, endet der Rundgang wieder in der Nes.

Wo man heute das flämische Kulturzentrum findet, siedelten sich nach dem Fall von Antwerpen 1585 viele Flüchtlinge an, was der Nes den Beinamen «die nördlichste flämische Straße» einbrachte. Das Viertel wurde von Halbstarken, Obdachlosen, Prostituierten und kleinen Geschäftsleuten bewohnt, die alle ums Überleben kämpften. Amsterdam war hier ein Moloch aus Wohnungsnot, Elend, Hunger und Kriminalität. Aber am selben Ort vollzog sich ein Modernisierungsschub ungeahnten Ausmaßes; und für die Menschen galt das Gorbatschow-Wort: «Wer zu spät kommt, den bestraft das Leben.» Chronist jener Jahre war Gerbrandt Adriaansz Bredero (1585–1618). Gegenüber dem Brakke Grond ist ihm eine Plakette gewidmet. Darunter steht sein Leitspruch: «'t kan verkeeren» – alles ist veränderlich. Das Leben ist wechselhaft und unberechenbar. Sein Hauptwerk, *Spaansche Brabander* (1617), porträtiert einen Antwerpener Flüchtling und heruntergekommenen Angehörigen der Oberschicht, der durch seine gestelzte Sprache Abstand wahrt, aufrechtzuhalten versucht, was durch den Gang der Geschichte bereits überrollt ist. Sein Diener, der einheimische Straßenjunge Robbeknol, verkörpert das Lumpenproletariat. Er schlägt sich mit Bauernschläue durchs Leben. Das Stück steht in der Tradition des Schelmenromans *Lazarillo de Tormes*, dessen Hauptfiguren, der Ritter Jerolimo Rodrigo und sein Gehilfe, nicht zuletzt an Cervantes' Don Quichotte und Sancho Pansa erinnern. Die Verdopplung der Wirklichkeit auf der Bühne bildet den Schlüssel zum Verständnis der gesellschaftlichen Zustände. Bredero gibt seinem Stück das vieldeutige Motto mit: «Nichts ist, wie es scheint. Sehen ist noch nicht Wissen!» In seinen Stücken bringt Bredero die Amsterdamer Volkstypen zum Leben, bearbeitet Stoffe, die es schon bei Hans Sachs und Boccaccio gibt, paßt sie aber an das Amsterdamer Milieu und benutzt die Sprache des Volkes. Ab 1611 war Bredero Mitglied der Rederijkerskamer «De Eg'lantier» – die Wildrose –, deren Versammlungsort ein Saal oberhalb der Fleischhalle war,

Dem Calvinismus zum Trotz blühen
in Amsterdam das große Theater
und die Kleinkunst

gleich nebenan an der Ecke Nes / Pieterspoortsteeg (nicht erhalten).

Keimzelle des Amsterdamer Theaters

Die sogenannten Rhetorikerkammern bilden die Keimzellen des Theaters in den Niederlanden. Rederijkerskamern sind in Europa ein einzigartiges Phänomen: Hier treffen sich Laien, um zu dichten und Theater zu spielen. Ursprünglich helfen sie der Geistlichkeit bei der Aufführung von Mysterienspielen wie *Elckerlyc (Jedermann*, 1495) und *Mariken van Nieumeghen* (um 1500). Später veranstalten sie literarische Wettbewerbe, sogenannte Landjuwelen, bei denen Gedichte vorgetragen und moralisierende und komische Theaterstücke aufgeführt werden. Jan Steen hat die Rederijker posierend in einem Fenster porträtiert: der Redner ist am Wort, drüber steht der Dichter, rechts neben ihm der Narr und mit einem Weinkrug in der Hand der Kritiker. Auf einem Nagel im Fensterrahmen hängt das Emblem der Rederijker: ein Weinglas mit gekreuzten Pfeifen. «Rederijkers», Kannengucker, wurden sie wegen ihrer Trinksucht verspottet. Bei festlichen Einzügen stellten sie lebende Theaterbilder auf. 1609, anläßlich des Waffenstillstands mit den Spaniern, führten sie auf dem Dam zehn Tableaux Vivants auf, die Claes Jansz Visscher als Stich publizierte. Anfang des 17. Jahrhunderts gibt es in mehr als 200 Orten Dichter-Kammern, die Theater veranstalten: in Tavernen, auf Marktplätzen, auf Wägen als Wandertheater. Der größte Teil aller aufgeführten Stücke sind Schwänke; holländisches Theater ist Volksvergnügen. Hinzu kommen Narrenstücke mit enttabuisierender, anarchischer Tendenz. Viele Protagonisten des Lustspiels, der mittelniederländischen «clute» oder «klucht», sind stereotype Figuren: denen der italienischen Commedia dell'arte nicht unähnlich. Die Route folgt der Nes-Gasse bis zum Dam, geht vorbei am Königlichen Palast, und führt über die Raadhuisstraat bis zur Herengracht. In der Biegung der Herengracht befindet sich im Bartolotti-Haus sowie in den angrenzenden Gebäuden das Theater Institut Nederland, das das Niederländische Theatermuseum beherbergt.

Ein Haus voll Theater

Im Niederländischen Theatermuseum werden kunsthistorische Objekte mit einem Bezug zum Theater so systematisch möglich gesammelt: über 17 000 Drucke und Zeichnungen, über 100 Gemälde, mehr als 700 Kostüme, Masken und Puppen, Theatermodelle, Requisiten und Kuriosa. Gemäß der dichterischen Weisheit des Amsterdamer Gelehrten Bilderdijk − «Im Heute liegt das Vergangene und im Jetzt das, was werden wird» − werden hier Theaterprogramme, Rezensionen, Zeitungsausschnitte, Fotos, Blattmusik, Broschüren und Bücher archiviert und dokumentiert: ein Spezialarchiv und eine Spezialbibliothek über Theater, Kabarett, Musical, Zirkus und Kirmes. Wechselnde Ausstellungen ergänzen die feste Kollektion in den luxuriösen Grachtenhäusern aus dem 17. Jahrhundert, deren sehenswertes Interieur von Isaac de Moucheron und Jacob de Wit aus dem 18. Jahrhundert stammt.

Im Garten des Herrenhauses kann man bei einer Tasse Kaffee eine Pause einlegen. Danach geht es zurück zur Raadhuisstraat und über diese einen Wasserlauf weiter bis zur Keizersgracht. Links in diese einbiegend, erreicht man nach wenigen Minuten bei der Nummer 324 das Felix Meritis. Als Shaffytheater wurde es ab Ende der sechziger Jahre eine Hauptspielstätte der freien Gruppen: das «Theater, wo alles möglich ist». Den hier debütierenden Theatergruppen ist bei aller künstlerischen Vielfältigkeit gemeinsam, daß sie abseits vom etablierten Theater in der Nische operieren. Sie werden dann auch mit dem Begriff «Margetheater», Theater am Rande, zusammengefaßt. Heute firmiert das Haus wieder unter seinem alten Namen Felix Meritis, glücklich durch Verdienst, und ist neben Theater auch Sitz der Amsterdamer Sommeruniversität, wo unter anderen Theaterworkshops abgehalten werden.

Wenige Schritte vom Felix Meritis entfernt stand an der Keizersgracht 384 die Nederduytsche Academie der Wissenschaften und Künste, Amsterdams erstes städtisches Theater, Vorläufer der «Stadsschouwburg». Heute erinnert eine Plakette an den Gründer Samuel Coster und die Dichter Pieter Cornelis Hooft und Joost van den Vondel.

Die Welt als Schauspiel

Überraschend hat sich ein Schuß gelöst, die Trommel wird gerührt, die Fahne erhoben, allgemeines Durcheinander – Aufbruch der Schützengilde von Banningh Cock. So stellt sich dem Betrachter im Rijksmuseum Rembrandts berühmtes Gemälde *Die Nachtwache* dar. Doch man stelle sich vor: das Tableaux Vivants kommt zum Leben – es bildet die Eröffnungsszene des niederländi-

schen Theaterklassikers *Gysbreght van Aemstel* von Joost van den Vondel, mit dem am 3. Januar 1638 Amsterdams erstes städtisches Theater an der Keizersgracht Premiere hat. In diesem Trauerspiel verknüpft Vondel Amsterdams Stadtgeschichte mit der Historie des klassischen Altertums: die Stadt wird durch eine List eingenommen – wie Troja –, sie geht in Flammen auf, um danach – wie Rom – seine Wiederauferstehung zu erleben. Vondel rückt damit die Kaufmannsstadt in historische Perspektive, die neureichen Patrizier fühlen sich geschmeichelt. Doch sein Stück ist auch modern, weist universelle Züge auf, ist zudem ein Kommentar auf das Amsterdam der Goldenen Epoche. Er widmet es ausdrücklich dem im Pariser Exil lebenden Hugo de Groot, den die orthodoxen Calvinisten vertrieben und dessen Mitstreiter, den Ratspensionär Johan van Oldenbarnevelt, sie ermordet haben. Den Amsterdamer Dichterkönig konnten die calvinistischen Prediger, die mittlerweile an Macht eingebüßt hatten, nicht dingfest machen. Sein *Gysbreght* hat verschiedene Ebenen, doppelte Böden, ist vieldeutig. Siege erweisen sich darin als Niederlagen, Bundesgenossen entpuppen sich als Verräter, nichts ist, wie es scheint. Die Calvinisten tobten, sie brauchten kein Theater. Für sie war damals die «Welt das Theater, in dem Gott sein Spiel treibt und wo die Menschen die Zuschauer sind». Sie untersagten in ihren Gemeinden Spiel, Tanz und den Besuch von Oper und Theater. Doch Theater hatte Konjunktur. Stehend vor dem Podium, sitzend in den Logen und auf den Bänken des «Engelenbak» gab man sich den Bühnengenüssen hin: essend, trinkend, rauchend, lachend und miteinander schwätzend.

Zwischen 1641 und 1667 entwickelte sich der in Köln geborene Sohn flämischer Emigranten, Joost van den Vondel, mit seinen Stücken *Lucifer*, *Adam in Ballingschap* und *Noach* zum «holländischen Shakespeare». Es gelang den calvinistischen Predigern, zu erwirken, daß *Lucifer*, das Stück spielt im Himmel und zeigt den Abfall des Engels von Gott, nach der Premiere abgesetzt wurde. In seiner Flugschrift *Theaterschilt* (Theaterschelte) reagierte Vondel auf die Calvinisten mit Spott: «Soll es so gehen, daß über der geschlossenen Schauburg geschrieben steht: ‹Schreibt Spiele, aber spielt sie nicht›?»

Stadsschouwburg, Treffpunkt der High Society

Dem ersten Amsterdamer Stadt-Theater war zur Freude der Calvinisten nur ein kurzes Leben beschieden: Am 11. Mai 1772 gerieten bei einer Vorstellung die Kulissen in Brand, und achtzehn Menschen kamen in den Flammen um. Nach dem Brand entstand am Leidseplein zunächst ein hölzernes Provisorium, 1894 baute man auf Initiative des Bankier Wertheim das heutige Stadttheater. Man erreicht es auf der folgenden Route: an der nächsten Quergracht, der Leidsegracht, nach rechts und bis zur Marnixstraat weiterlaufen und hier links hinein.

Dabei geht es am Theatercafé Cox, die Gedenktafel an Theatergründer Samuel Coster und den Tickettshop des Amsterdam Uit Bureau vorbei, bis man vor dem Portal der Stadsschouwburg steht. Die Halle und die Ehrengalerie verewigen die Größen des Niederländischen Theaters.

Der Neorenaissance-Palast des Architekten Springer sollte Vornehmheit ausstrahlen: prunkvolle Logen, das Treppenhaus aus Marmor, weitläufige Foyers – ein «Ständetheater». Die High-Society des Landes fuhr mit ihren Equipagen vor, das Volk benutzte die Seiteneingänge. Als ob die Französische Revolution spurlos an den Niederlanden vorbeigegangen wäre, die Architektur des Theaters grenzte die Stände noch immer voneinander ab, und im republikanischen Amsterdam bekam die Monarchie doch noch ihr längst überfälliges Hoftheater: mit einer Königsloge, um die herum die Ränge hierarchisch gruppiert sind. Der Monarch, König Willem III., förderte seine dort auftretende «Koninklijke Vereeniging ‹Het Nederlandsch Tooneel›» mit 50 000 Gulden pro Jahr aus seiner Privatschatulle. Theaterkarrieren werden hier gemacht und gebrochen: Louis Bouwmeester, Willem Royaards, Eduard Verkade heißen die Größen des «Vaterländischen Theaters». Sie wohnten und arbeiteten zeitweise in Berlin, unter anderem beim Deutschen Theater von Max Reinhardt. In Holland sind sie berühmt, im Ausland nur Mittelmaß. «Royaards ist kein Reinhardt, Verkade kein Piscator …», so Gerard Rutten. Royaards Versuch, internationale Klassiker von Shakespeare bis Shaw und Büchner aufzuführen, scheiterte: die teuren Produktionen waren für Amsterdamer Verhältnisse unbezahlbar. 1924 warf er das Handtuch. Sein Nachfolger, Eduard Verkade, brachte eine farblose Hamlet-Inszenierung und Vondels *Gysbreght* als mittelalterliches Mirakelspiel. Man reimte: «Der Eierkuchen von Verkade ist Kunst, die Kunst von Verkade ist Eierkuchen». 1934 kam es mit dem neuen Intendantentrio August Defresne, Albert van Dalsum und Jo Sternheim zu einer Kursänderung: Ihr *Gysbreght* spielte im Amsterdam des 17. Jahrhunderts. Sie inszenierten zudem Stücke von Zuckmayer, Pirandello, Shaw, O'Neill, nur den engagiertesten Bühnenautor jener Zeit übersahen sie völlig: Bertolt Brecht. Daher wurde sein Episches Theater in Holland erst nach dem Kriege bekannt.

Durch den Machtwechsel in Deutschland kamen bereits in der Saison 1933/1934 Bühnenkünstler nach Holland, die durch die antisemitischen Maßnahmen vertrieben wurden. Unter Max Reinhardts persönlicher Leitung unternahm eine verbannte Truppe des Deutschen Theaters eine große Tournee durch das Land. Doch Schillers *Kabale und Liebe* war in den Niederlanden unbekannt, und Jessners moderne Interpretation als Drama sozialer Gegensätze wurde im kleinbürgerlichen Holland nicht verstanden. 1935 brachte die Stadsschouwburg eine niederländische Bearbeitung von *Der Henker* des Schweden Pär Lagerkvist. Das Stück begann mit einem Tableaux Vivant des Letzten Abendmahls, zeigte eine mittelalterliche Kneipenszene mit barbarischen, unzivilisierten Protagonisten und ging über in eine moderne Nachtclubszene, wo eine Negerjazzband spielte, die danach von als Herren verkleideten Nationalsozialisten gelyncht wurde. In der Höhe thronte schweigend der Henker. Nach Intervention des Bürgermeisters mußte das hochpolitische Stück abgesetzt werden. Kritik an Tyrannei und Unrecht war nur als historischer Verweis gestattet: Anläßlich der Hochzeit von Prinzessin Juliana mit Prinz Bernhard 1937 und beim fünfzigjährigen Thronjubiläum von Königin Wilhelmina führten die Theater Schauspiele auf, die die Bedeutung des Hauses Oranje für die Erhaltung der Demokratie unterstrichen. Posas Rede gegenüber dem Despoten Phillip II. – «Sire, geben Sie Gedankenfreiheit!» in Schillers «Don Carlos» interpretierte das Publikum 1938 auf aktuelle Weise.

Doch kaum zwei Jahre später, 1940, mit dem Einmarsch der Nazis, kommt ein anderes «Schauspiel» zur Aufführung. Im Gegensatz zur Königlichen Schauburg in Den Haag, das zum «Deutschen Theater in den Niederlanden» mutiert, bleibt die Amsterdamer Stadsschouwburg vorerst von deutscher Einflußnahme verschont. Bis 1942 die jüdischen Mitarbeiter Berufsverbot bekommen. Das Ensemble reagiert mit Arbeitsniederlegung, und ein Teil geht danach in den Untergrund, darunter Intendant Albert van Dalsum. Unter dem zurückgebliebenen Van der Lugt Melsert konzentrieren sich die jetzt zur Kulturkammer zugetretenen Theatermitarbeiter auf die Aufführung klassischer Meisterwerke: griechische Tragödien, Schiller, Goethe, Kleist. Zur Erheiterung gibt's Schwänke und Lustspiele. Die jährliche Tradition, Vondels *Gysbreght van Aemstel* aufzuführen, darf fortgesetzt werden. Allerdings streicht man den Satz aus dem letzten Akt: «Wir gehen ins fette Land von Preußen, um dort eine Stadt Neu-Holland zu bauen.» Das kann vom Publikum als Aufforderung zum Widerstand aufgefaßt werden. Noch in der Illegalität gründen Schauspieler eine Theatergruppe, die nach der deutschen Kapitulation den Namen «5. Mai 1945» bekommt. Ziel ist, nach der Befreiung das Schauspiel *Vrij Volk – Freies Volk* – aufzuführen, einen «Bildatlas der vaterländischen Geschichte», der den Widerstand gegen die Nazis mit dem Befreiungskampf unter Wilhelm von Oranien gegen die Spanier verbindet. Das nach einer Idee von Lou Lichtveld im Untergrund entstandene Stück wird in der von den Schauspielern besetzten Stadsschouwburg im Juni 1945 ein Riesenerfolg. In der Nachkriegszeit spielt man *Die Namenlosen von 1942* und endlich wieder Shakespeare. Der Hunger nach Theater, Konzert, Ballett und Kabarett ist nach dem Krieg in Amsterdam so groß, daß man auch in der sommerlichen Theaterpause etwas anbieten will: in der neuen Form eines Kulturfestivals. 1948 gründet man darum das «Holland Festival»: für Gastspiele aus dem Ausland und für besondere Projekte der einheimischen Musentempel. Von 1953 bis 1971 bespielt die «Nederlandse Comedie» das Stadttheater. Per Saison sind sie verpflichtet, mindestens ein niederländisches Stück aufzuführen. Doch außerhalb der Klassiker ist die Auswahl beschränkt. So vergibt man Aufträge an Schriftsteller: an Eduard Hoornik, Harry Mulisch (*Tanchelijn*), Cees Nooteboom (*Schwäne auf der Themse*) und an den Flamen Hugo Claus (*Der Tanz des Reihers*). 1969 vertreibt während Shakespeares Schauspiel *Der Sturm* das junge Publikum mit gezielten Tomatenwürfen die Schauspieler von der Bühne. Das antiquierte Kostüm- und Mimentheater mit seiner Guckkastenbühne ist obsolet geworden. Bis zu dieser «Aktion Tomate» bestand das niederländische Thea-

ter aus einer kleinen Anzahl großer Repertoiregesellschaften, die künstlerisch völlig festgefahren waren. Durch die Gastspiele angelsächsischer freier Gruppen im Mickery-Theater (Rozengracht) war die junge Theatergeneration über das internationale Avantgardetheater informiert. Doch neue Initiativen waren blockiert, weil alle verfügbaren Gelder vom Repertoiretheater geschluckt wurden. Als direkte Folge der Aktion Tomate kam es zur Auflösung des Theatersystems, wodurch Finanzmittel frei wurden, die den Beginn der Freien Theatergruppen einläuteten.

«Toneelgroep Amsterdam», einst fester Bespieler des Stadttheaters, hat sich inzwischen von diesem Ort losgesagt, um in der zur Kulturfabrik umfunktionierten ehemaligen Westergasfabriek am Haarlemmer Weg außerhalb des Zentrums Theater zu machen. Ihr künstlerischer Leiter, Gerard Jan Reijnders, ist einer der derzeit profiliertesten Theatermacher Hollands. Er bringt Gesamttheater aus Text, Gesang und Sprache. Sein Montagetext *Titus, kein Shakespeare* ist der bislang radikalste Versuch. Fetzen von Tagesereignissen, Textfragmente und Zitate werden zu einem Arsenal von Eindrücken montiert, wie bei der Produktion *Count your blessings*, die auf dem weltberühmten Tagebuch von Anne Frank beruht. In Krefeld inszenierte er in einer Gastregie *Klagelieder* und in Berlin *Moffenblues*. Wer schnell einen Überblick über die besten niederländischen und flämischen Produktionen der jeweils letzten Saison bekommen möchte, der sollte das Theaterfestival am Ende des Sommers besuchen. Informationen und Theaterkarten gibt es beim AUB-Uitburo, im linken

Jan Klaasen, der Amsterdamer
Kasper, auf dem Dam

Seitenflügel der Stadsschouwburg am Leidseplein. Der rechte Flügel beherbergt den Film- and Theater-Bookshop. Vor und natürlich auch nach dem Theaterbesuch trifft sich die Szene in den Theatercafés De Balie, Cox und De Smoeshaan rund um den Leidseplein. An schwülen Sommerabenden, wenn auf dem Leidseplein die Lichter brennen, betritt eine fröhliche Heerschar von Clowns, Narren und Fools wie der legendäre Jango Edwards aus dem benachbarten Melkweg die Szenerie, um in den Traditionen von italienischer Commedia dell'arte seine Possen zu treiben. Ob Willy Walden dieses Bild vor Augen hatte, als er 1943 Hollands populärsten Schlager des Zweiten Weltkrieges singt: «Als op het Leidseplein de lichtjes weer eens branden gaan» – wenn auf dem Leidseplein die Lichter wieder brennen?

Jetzt liegt die Hälfte der Theater-Tour bereits hinter uns, und man hat die Wahl zwischen einer Straßenbahnfahrt mit der Linie 7 zur Plantage-Middenlaan und einem Fußmarsch auf der folgenden Route: auf der Leidsestraat die Prinsengracht kreuzen und dann rechts in die Kerkstraat, und diese bis zur Amstel laufen. Von der pittoresken «Magere Brug» hat man eine Aussicht auf das Muziektheater am Waterlooplein und das Musical-Theater Carré an der Amstel (siehe S. 140). Am anderen Ufer angekommen, geht die Route weiter durch die Nieuwe Kerkstraat, die auf die Plantage Kerklaan trifft. Zweimal links abbiegend kommt man zur Plantage Middenlaan, in der Nummer 20 befindet sich der Giebel der ehemaligen «Hollandse Schouwburg».

Der Fisch wird teuer bezahlt!
Eigentlich gibt es im 20. Jahrhundert nur einen Theatermann und Dramatiker in Holland, der auch im Ausland bekannt werden sollte: Herman Heijermans. Heijermans war Zeitgenosse von Gerhart Hauptmann, Ibsen, Strindberg, Shaw, Tschechow und Zola. Er stammte aus einem jüdischen Milieu und wollte mit seiner Dramatik soziales Bewußtsein schaffen. Mitten im Judenviertel beim Zoo Artis wurde 1898 sein Stück *Ghetto* uraufgeführt. Darin entzieht sich der junge Jude Rafaël, Heijermans Alter ego, dem orthodoxen Leben, geht eine freie Bindung mit einer Nichtjüdin ein und engagiert sich für den Sozialismus. Mit dem Aufkommen der Arbeiterbewegung bekam das Theater, das ab 1900 «Hollandse Schouwburg» heißt, die politisch bewußte Arbeiterschaft zum Publikum. Heyermans Fischerdrama *Op Hoop van Zegen* wurde hier zum größten Theatererfolg, den das Land je erlebte. In sechzehn Sprachen übersetzt, wurde das Stück danach auf der ganzen Welt nachgespielt, allein in Moskau bei Stanislawski über 800mal. *Hoffnung auf Segen* ist eine Anklage gegen die reichen Reeder Hollands, die die Fischer des Gewinnes wegen auf seeuntüchtigen Kuttern auslaufen lassen. Im dritten Akt erreicht das Drama seinen Höhepunkt mit dem Ausspruch der alten Fischerswitwe Kniertje, den in Holland ein jedes Schulkind kennt: «Der Fisch wird teuer bezahlt!» Esther de Boer-van Rijk war in dieser Rolle über tausendmal zu sehen; ihr Porträt hängt heute in der Ehrengalerie der Stadsschouwburg.

Während des Zweiten Weltkriegs lag die Hollandse Schouwburg im von den Nazis abgeriegelten Judenviertel und wurde zur «Joodsche Schouwburg». Hier spielte der aus Berlin stammende Rudolf Nelson, zusammen mit anderen emigrierten Kleinkünstlern wie Willy Rosen und Max Ehrlich. Ab 1942 war das Gebäude «Wartesaal zur Hölle»: die Sammelstelle für die Deportation ins Durchgangslager Westerbork. Die Nelsons konnten rechtzeitig untertauchen und überlebten den Krieg, Willy Rosen, Max Ehrlich, Dora Gerson, Otto Wallburg, Géza Weisz, Kurt Gerron bildeten die «Lagerbühne Westerbork». Nummern mit makabren Titel wie *Total verrückt* und *Ludmilla oder Leichen am laufenden Band* sowie die *Westerbork-Serenade* des holländischen Duos «Johnny und Jones» erheiterten die KZ-Wächter, brachten aber auch den Mitgefangenen ein wenig Ablenkung. Keiner der genannten Bühnenakteure überlebte. Wenige Meter von hier entfernt präsentierten sie am 6. Mai 1933 ihr erstes Emigrantenkabarett im Rika-Hopper-Theater, dem heutigen Kino Desmet.

Im Mittelpunkt der Truppe stand Dora Gerson, Absolventin der Reinhardt-Schule in Berlin. Für kurze Zeit war sie mit dem Ufa-Regisseur Veit Harlan verheiratet, den sie verließ, als dieser den antisemitischen Propagandafilm *Jud Süß* drehte. Neben ihr stand Géza Weisz auf der Bühne, der Vater des holländischen Cineasten Frans Weisz. Das Sommerprogramm 1933 war ein großer Erfolg und endete mit der Szene «Hamlet als amerikanischer Ernst-Lubitsch-Film»; mit Rosenkranz und Güldenstern als jüdisches Personal und einem Happy-End im Hollywood-Stil. Der berühmte Hamlet-Monolog lautete der Zeit entsprechend so: «Sein oder Nichtsein – sage mir / Prinz Hamlet, wie ist heutzutage / Jud oder Nichtjud, das ist hier / die sogenannte Rassenfrage.» 1942 verfilmte Lubitsch im Hollywooder Exil in der Tat den *Hamlet* unter dem Titel *To be or not to be.*

Über die Muiderstraat, vorbei an der Portugiesisch-Israelitischen Synagoge, gelangen wir zum Jüdisch-Historischen Museum (siehe S. 91). Dort findet man die Gouachen-Serie der von den Nazis ermordeten Künstlerin Charlotte Salomon, die Judith Herzberg nach dem Krieg unter dem Titel *Leben oder Theater? Ein autobiographisches Singspiel in 769 Bildern* herausgebracht hat. Aus diesem Stoff drehte Frans Weisz 1980 den preisgekrönten Film *Charlotte*. Unsere Tour führt über die Blaauwbrug wieder ans andere Amstelufer zurück in die Amstelstraat. In dieser nur wenige Meter langen Verbindungsstraße zwischen dem Waterlooplein und dem Rembrandtsplein reihte sich einst Theater an Theater: Salon des Varietes (Nr. 5–7), Grand Théâtre (Nr. 21–23), Flora (Nr. 20–28, heute Disco IT) und Nummer 14–18 das Centraal Theater. Nur das Centraal Theater besteht noch, die anderen werden Café, Kino und Diskothek, das Grand Théâtre sogar 1946 abgerissen.

Ein Russe in Amsterdam
Im Centraal Theater wirkte ab 1946 Cor Hermus mit seiner Truppe «Commedia». Man spielte modernes Theater: Anouilh, Tennessee Williams und – in Konkurrenz zum Stadttheater – ebenfalls Arthur Miller. Den nachhaltigsten Einfluß auf das niederländische Theater der Nachkriegszeit hatte jedoch der russische Regisseur Pjotr Fjedorowitsch Scharow, Schüler des berühmten

Theatererneuerers und Pädagogen Konstantin Stanislawski am Moskauer Kunsttheater (MKT). 1947 folgte Scharow einer Einladung für die Gastregie von Turgenjews *Einen Monat auf dem Lande* bei «Commedia», und er sollte bleiben. Zwanzig Jahre lang beherrschte Scharow das niederländische Theater mit seinen naturalistisch-realistischen Inszenierungen. Er machte Holland mit Anton Tschechow bekannt, dessen komplettes Theater-Œuvre unter seiner Regie zur Aufführung kam. In seinem wunderlichen Gemisch aus deutsch, italienisch und russisch gab er seine Regieanweisungen und erteilte Unterricht an der «Amsterdamse Toneelschool». Zwischen 1947 und 1968 infizierte er so den holländischen Theaternachwuchs mit dem «Stanislawski-Virus». Am Rembrandtsplein kommt man durch die Bakkerstraat wieder zur Amstel zurück, links abgezweigt erreicht man an der Ecke zum Halvemaansteeg die Kleine Komedie.

Theatersubvention avant la lettre

Die Kleine Komedie ist heutzutage ein Eldorado der Kleinkünstler und Kabarettisten. 1785 als «Théâtre sur l'Erwtenmarkt» gegründet, war es ursprünglich ein Treffpunkt der frankophilen Hautevolee Amsterdams. 1795 war Amsterdam unter Napoleon inzwischen französisch geworden, und die Stadt subventionierte das Theater mit rund 36 000 Franc pro Jahr: «In der dritten Stadt des Kaiserreiches» müsse es eben, so Napoleon, ein Französisches Theater geben. Nach der französischen Periode in Holland bis zur deutschen Besatzung galt in Amsterdam das liberale Wort

des Politikers Rudolf Thorbecke (1798 – 1872): «Kunst ist keine Regierungsangelegenheit.» Staatliche Kunstförderung wurde nach 1945 – ebenso wie das Kindergeld – von den Deutschen übernommen. Thorbeckes Standbild steht übrigens auf dem Thorbeckeplein gleich neben dem Rembrandtsplein. Die Theater-Tour findet indes ihre Fortsetzung in der Reguliersbreestraat beim Kino Tuschinski (siehe S. 127). Im Tuschinski-Kino existierte in den dreißiger Jahren das Theater «La Gaieté» (heute: Tuschinski-Kino 2), in dem die Nelson-Revue für Amsterdam ungekannte Erfolge feierte. Rudolf Nelson war bei seiner Ankunft in Amsterdam 1934 schon ein Veteran des Kabaretts. Bis zum Machtantritt der Nazis hatte er sein eigenes Theater in Berlin, das Chat Noir auf dem Kurfürstendamm, wo Marlene Dietrich debütierte und Josephine Baker im Bananenröckchen tanzte. Bei Tuschinski fand Nelson eine Jazzband vor und brachte später sogar alle zwei Wochen ein Programm heraus. Während der Okkupationszeit gab es in Nelsons Wohnung am Merwedeplein 23 – Nummer 37 wohnte bis 1942 Anne Frank mit ihrer Familie – ein Untergrund-Kabarett. Jeden Sonntag um drei Uhr war Vorstellung für rund sechzig Gäste, und die Aufführungen endeten mit dem Song «Das Leben geht weiter!»

Theater als Gesamtkunstwerk

Die Reguliersbreestraat endet am Münzturm. Hier zweigt die Nieuwe Doelenstraat zum Kloveniersburgwal ab, wo sich am linken Ufer / Ecke Spinhuissteeg derzeit eines der wichtigsten Avantgardetheater Amsterdams befindet.

In einem alten Kirchengebäude agiert Theu Boermans mit seiner Theatergruppe «Trust». So wie einst «Toneelgroep Baal» Brecht, Thomas Bernhard, Botho Strauß, Peter Handke und Peter Stein bekannt machte, so stellt «Trust» derzeit die Werke von «neuen Unbekannten» in Amsterdam vor: die *Kriegs-Trilogie* des Deutschen Rainald Goetz, *1000 Rosen* (Von Boermans auch verfilmt) und *Blutbad* des Österreichers Gustav Ernst, sowie Werner Schwabs sogenannte «Fäkaliendramen». Daneben wird Shakespears *As you like it* neuinszeniert: als makabres Spiegelbild eines vereinigten Europa im Kampf gegen fundamentalistische Islamisten.

Der Spinhuissteeg führt zum Oudezijds Achterburgwal, an dessen Ende sich im ehemaligen Krankenhauskomplex des «Binnengasthuis» rund um den Grimburgwal Fakultäten der Universität von Amsterdam befinden. Die städtische Universität verfügt mit dem Crea- und dem Universiteits-Theater über zwei Bühnen mit oft sehr interessanten Programmen. Über den Grimburgwal kommt man wieder zurück in die Theatergasse Nes mit seinen Theatern Frascati, De Engelenbak und De Brakke Grond. Hier gibt es auch das Cosmic Illusion: Dutch Black Theater der Theatermacher aus Surinam und von den Niederländischen Antillen. Im ehemaligen Werktheater, Kattengat 10, spielt De Nieuw Amsterdam. Beides sind Orte, an denen multikulturelle Theaterleute unter professionellen Bedingungen arbeiten können. Oder ist alles nur Alibi? Schwarze Schauspieler bekommen noch immer fast nur Rollen angeboten, in denen sie Sklave, Bedienungspersonal oder Kriminelle spielen. Auch die Immigranten haben im multikulturellen Amsterdam ihre eigenen Theater. Im Keller des Tropenmuseums befindet sich das Soeterijn-Theater, wo ausschließlich Theater von Einwanderern und aus der Dritten Welt gezeigt wird.

Für den ausländischen Touristen ist die sprachgebundene Kunstform des Theaters zumeist unzugänglich. In Amsterdam ist Theater jedoch – nicht zuletzt aufgrund der mangelnden Dramatradition – eher visuell, viel Bewegung, Tanz und die kunterbunte Verschmelzung nicht sprachgebundener Sparten in Form eines «Gesamtkunstwerks». Zudem ist das Holländische relativ schnell verständlich und die Handlung zumindest nachvollziehbar. Darüber hinaus gibt es englischsprachige Inszenierungen holländischer Stücke beim English Speaking Theatre Amsterdam (ESTA).

Hier in der Theatergasse Nes endet die Tour durch Amsterdam. Vor allem im Sommer hat das Theater viele zusätzliche Aufführungsorte: unter freiem Himmel auf Plätzen und Straßen, im «Openluchttheater» Vondelpark, im Amsterdamsche Bos – im Stadtwald – und als spektakuläre, reisende Theaterkirmes in Spiegelzelten und Jahrmarktsbuden des ehemaligen «Boulevard of Broken Dreams», der inzwischen in postmoderner Variante als «Parade» durch die Lande tingelt und in der ersten Augustwoche im John F. Kennedy-Park an der Amstel steht. Pendeldienst mit Boot die Amstel hinauf. Die Theater-Saison wird im August traditionell mit dem Uit-Markt eröffnet, der nicht zu übersehen ist.

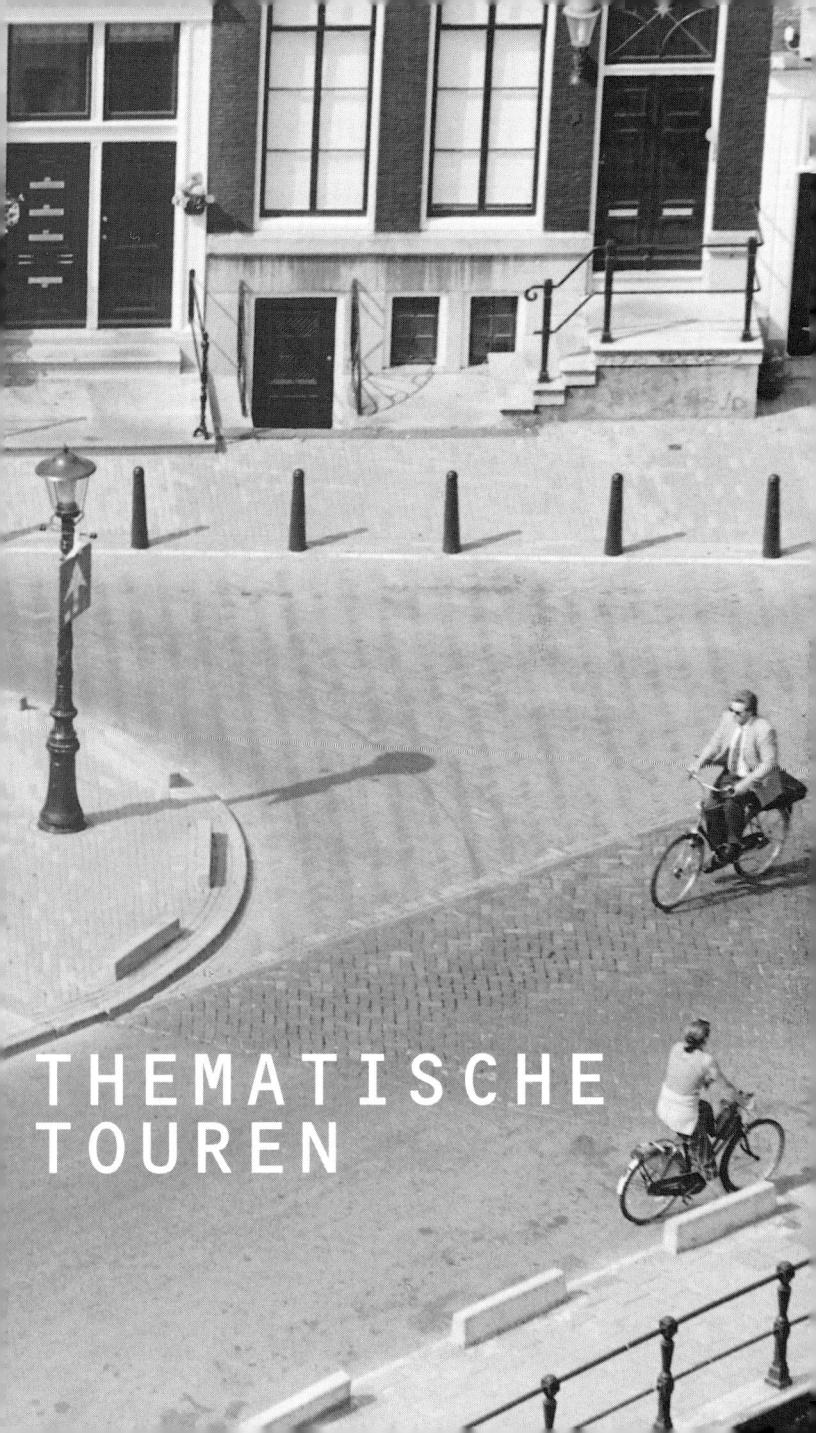

THEMATISCHE
TOUREN

IM LABYRINTH
DER ZEITEN
WEGE ZUR ARCHITEK-TOUR

Die Architek-Tour führt vom Hauptbahnhof durch den westlichen Grachtengürtel und den Jordaan bis zur Westerkerk und von dort vorbei am Königlichen Palast und der Börse von Berlage wieder zurück zum Ausgangspunkt. Einen Vor- oder Nachmittag sollte man für diesen Rundgang mindestens einkalkulieren. Besonders wer gerne die «Hofjes» durchstreift, vergißt schnell die Zeit.

«Amsterdam, die grote stad / die is gebouwd op palen / als die stad eens ommeviel / wie zal dat betalen? / Amsterdam, die große Stadt, ist erbaut auf Pfählen, sollte die Stadt einmal umfallen, wer wird das bezahlen?» – mit diesem Kinderreim sind eigentlich alle Vor- und Nachteile des Bauens in Amsterdam benannt: die schlechten Bodenverhältnisse und viel Wasser, was das Bauen teuer macht, aber auch die Talente von Architekten und Handwerkern herausfordert. «Drehe um die Stadt, es steht ein Wald darunter, auf Bäumen, unlängs noch geholt aus nordischen Wäldern» (Vondel). In der Tat sollte man sich auf Schritt und Tritt in Amsterdam bewußt sein, daß alles hier – vom Straßenpflaster bis zum Hochhaus

– auf Pfählen ruht: auf über 300 Jahre alten Fichtenstämmen aus dem Schwarzwald, aber auch auf Betonpfählen unserer Zeit. Der Hauptbahnhof steht beispielsweise auf rund 8000 Pfählen, die – unter einer Morastschicht und dem Grundwasser – eine feste Sandschicht als Basis haben.

Historische Stadtansichten
Hier, wo einst die Amstel in das IJ mündete, werden im 19. Jahrhundert drei künstliche Inseln angelegt. Eine einschneidende Veränderung: Jahrhunderte lang hat Amsterdam eine «offene Hafenfront». Der älteste Hafen, der Damrak, reichte – der Name deutet es an – bis zum Marktplatz, dem Dam: Markt und Hafen, der Ursprung Amsterdams. Alte Stadtansichten, Stiche, Karten und Gemälde zeigen die Kaufmannsstadt fast immer aus dieser Perspektive, vom Wasser aus. Der Hauptbahnhof selbst schließt seit 1889 die Amstelmündung ab: «wie ein böser Dämon, der nicht nur die Stadt strafen, sondern sowohl die Schiffahrt als auch den aufkommenden Eisenbahnverkehr schädigen will». «Millionen werden hier sprichwörtlich ins Wasser geworfen», heißt es. Der Streit um den Bahnhofsstandort wurde in Den Haag entschieden – gegen das einstim-

Mitten im sanierten Neumarkt-
Viertel steht die Zuiderkerk, heute
Informationszentrum des Stadt-
planungsamtes

mige, ablehnende Votum des Amsterdamer Stadtrats. Nach den Plänen von J. P. Cuypers (1827–1921) – er ist 1886 auch der Architekt des Rijksmuseum – und A. L. van Gendt (1835–1901) entstand der Bau ab 1881 im Stil der niederländischen Neorenaissance. Auch für die Zeit neue Materialien wie Gußeisen und Glas wurden vielfältig benutzt.

Die Bahnhofsfassade kann bis heute wie ein Gemälde gelesen werden: In der Mitte über dem Dach erkennt man den niederländischen Löwen, darunter das niederländische Wappen. Etwas tiefer repräsentiert eine weitere Wappenparade vierzehn europäische Städte, mit denen Amsterdam Bahnverbindungen unterhält: Madrid, Rom, Marseille, Paris, Brüssel, Antwerpen, London, Berlin, Hamburg, Köln, Frankfurt am Main, St. Petersburg, Wien und München. Die Fassade ist reichlich verziert mit zahlreichen Köpfen, darunter Apollo, Ceres und Vulcanos, Mercurius, Minerva und Neptunus. Allegorische Bilder stehen für Wohlfahrt, Verbrüderung, Zivilisation, Landwirtschaft, Viehzucht und Handel. Der Bahnreisende, der in Amsterdam ankommt, sieht die Stadt aus der gleichen Perspektive wie einst die Seefahrer. Ein Vergleich mit dem Gragtenboek von Caspar Philips aus dem 18. Jahrhundert ergibt, daß Amsterdam noch immer wie in seiner Blütezeit aussieht. Die Wohn- und Speicherhäuser stehen heute unter Denkmalschutz. Damit hat sich ein Mann, den nirgendwo im Lande auch nur eine Plakette ehrt, selbst ein Denkmal gesetzt: General Henri Gerard Winkelman, zum Zeitpunkt der deutschen Invasion im Mai 1940 Befehlshaber der niederländischen Armee. Nach dem

Bombeninferno auf Rotterdam – das Bombardement Amsterdams war angedroht – und der nachfolgenden Kapitulation seiner Streitkräfte übte Winkelman noch vierzehn Tage lang die Verwaltungshoheit aus. Während dieses Machtvakuums erklärt General Winkelman durch eigenhändigen Erlaß alle historischen Bauten an den Grachten für völkerrechtlich unantastbar.

Die sich anschließende Architek-Tour beginnt am Stationsplein, von wo aus man über die Prins-Hendrik-Kade rechts zum Grachtengürtel gelangt.

Am Singel: das Wahrzeichen der Stadt – der Grachtengürtel

Ein ausgeklügeltes Schleusensystem (hier: Haarlemmer Schleuse) reguliert den Wasserstand der Grachten. Reine Notwendigkeit: wenn der Wasserspiegel auch nur eine Spanne unter die Minusvierzig-Marke sinkt, reißen nicht nur die Kabel- und Rohranschlüsse tausender Wohnboote, sondern es besteht auch die Gefahr, daß Sauerstoff an die tragenden Baumstämme kommt und Holzfäule die historischen Häuser mit Einsturzgefahr bedroht.

Bis 1609 wurden alle Grachten ursprünglich als Stadtgräben, das heißt als Militäranlagen gebaut (Singel). Nach dem Fall von Antwerpen (1585) kamen reiche flämische Patrizier nach Amsterdam. Man mußte ihnen einen neuen Stadtteil anbieten, in dem sie standesgemäß wohnen konnten. Zu Beginn des 17. Jahrhunderts wurden sechshundert Häuser gebaut, und elf Jahre später beschloß man die größte Stadterweiterung der damaligen Welt: drei konzentrische Grachten sollten den Altstadtkern umringen. Der Dreigrachtengürtel wurde anderthalb mal größer als das bisherige Amsterdam. Die Bürgermeister Oetgens und Cromhout sowie die anderen Mitglieder des Stadtrats hatten zuvor privat große Gebiete erworben und verkauften diese mit großem Gewinn weiter – Politiker als Bauspekulanten. Im feuchten Weideland wurden Bauwege angelegt. Ein Heer von Arbeitern hob den Modder für die Grachten aus. Mit Schubkarren wurde er auf die Wiesen zwischen den Wasserläufen gebracht und dort angeschüttet. Die Baukolonnen rammten die Fundamente für die Seitenwände der Grachten, sieben bis neun Meter tiefe Holzpfähle. Anschließend kamen die Maurer. Sie zogen die Kanalwände mit feinem Ziegelwerk hoch. Tausende von Lastkähnen brachten Sand aus den Gruben bei Hilversum und aus den Dünen.

Packhäuser und Hofje

Nach Überquerung des Singel gelangt man in die Brouwersgracht, der wir bis zur dritten Gracht, der Prinsengracht, folgen.

Die hier stehenden Speicher stammen aus dem Goldenen Jahrhundert, als Amsterdam die wichtigste Handelsstadt der Welt war. Inzwischen restauriert und in luxuriöse Appartements verwandelt, waren die Speicher einst als reine Zweckgebäude konzipiert. Hinter den aufklappbaren, schweren Fensterläden aus Holz lagerten Salpeter, Schießpulver, Kaffee, Bier, Zucker und vor allem Getreide. Die Ware wurde mit Hilfe eines Seilzuges, der am Giebelbalken angebracht wurde, nach oben gehievt. So sind die Lagerhäuser eigentlich riesige Schiffe an Land und strahlen mit ihren Riesenaugen eine bisweilen groteske Schönheit aus. Besonders

schöne Beispiele: Das Slagthuis (Brouwersgracht Nr. 174–178), ursprünglich ein Komplex aus drei Speichern mit Treppengiebeln, und die Speicherhäuser Groenland (am Anfang der Keizersgracht, Nr. 40–44), wo in großen Bottichen Waltran gelagert wurde.

Bis 1612 bildete die Prinsengracht hier die Stadtgrenze. Hinter ihr waren Weideland, Felder und Gärten, ein Karthuizer-Kloster und eine Hüttensiedlung, den heutigen südamerikanischen Favelas nicht ganz unähnlich. Mehr als dreitausend Landflüchtlinge hatten sich hier illegal niedergelassen, in der Hoffnung, in der aufstrebenden Kaufmannsstadt Arbeit und Brot zu finden. Den Amsterdamer Regenten waren die Hütten vor den Toren der Stadt ein Dorn im Auge: Das Bauen außerhalb der Stadtmauer war schließlich verboten und brachte keine Steuern ein. Grund genug, die Stadt um diese Gebiete zu erweitern: Ab 1612 entstand «Het Nieuwe Werck». Der Name Jordaan kam erst später auf. Allerdings ist bis heute nicht ganz geklärt, worauf der Name zurückgeht. Die bekannteste Version: Die französischen Hugenotten, die sich hier niederlassen, gaben dem Viertel den Namen «Jardin» (Garten), in der holländischen Verballhornung «Jordaan» genannt. Andere Erklärungen beschäftigen sich mit der Prinsengracht: Sie habe die Zugezogenen an ihr Heimatflüßchen Jordanne erinnert. Im Volksmund wird die Prinsengracht nach dem biblischen Fluß Jordan genannt, alles was hinter ihr liegt, nennt man «overjordaans», kurz: Jordaan. Wie auch immer: Für die einen ist der Jordaan von jeher ein muffiges Viertel, für die anderen eine Art Garten Eden. Mehrere Straßennamen schaffen diese Illusion: Grachten und Gäßchen wurden nach Blumen – Rozengracht, Anjeliersstraat, Leliegracht – und Bäumen benannt: Palmgracht, Lindengracht. Im Volkslied des Jordaan heißt es: «Wo wird noch immer die Stadt verziert / bei uns im Jordaan / wo die Blumen in den Fenstern stahn.» Doch mehr als eine Zierde waren und sind die Blumen des Viertels nie gewesen: die Geranien auf dem Fenstersims, die Rosensträucher, die am Giebel emporranken, das kleine Bäumchen, das in einer umfunktionierten Öltonne mitten auf der Straße trotzig gedeiht – im Gegensatz zum Dreigrachtengürtel der Reichen, wo nicht nur die Grachten breiter sind, sondern wo auch hinter den Fassaden tatsächlich oft große Gärten angelegt werden: die doppelte Tiefe der Baufläche des Hauses, 51,5 Meter – ein unvorstellbarer Luxus mitten in der Stadt. Das Gesetz von 1612 garantierte, daß die Gartenflächen unbebaut blieben. Kleine Gartenanlagen, die heutzutage öffentlich zugänglich sind, befinden sich auf der Herengracht 605 (Museum Willet Holthuysen), Herengracht 412 (Goethe-Institut), hinter dem Theater Institut Nederland (TIN), Herengracht 168, und auf der Keizersgracht 672 (Museum Van Loon). Hier kann auch wie beim Museum Holthuysen die Inneneinrichtung der Amsterdamer Patrizier bewundert werden.

Wir laufen die Prinsengracht in Richtung Westerkerk hinunter und biegen bei der Tuinstraat rechts ab: Im Jordaan hingegen wird so beengt gebaut wie nirgendwo in Amsterdam. Doch dann plötzlich stößt man auf ein Kleinod, auf eine Oase der Stille: ein ‹Hofje›. In der Tuinstraat be-

finden sich das Regenbogenliefdehofje (Nr. 100/102) und am Ende das Sieben-Kurfürsten-Hofje (Nr. 197–223). Die meisten ‹Hofjes› wurden im 17. Jahrhundert von betuchten Kaufleuten für Arme und Alte gestiftet – um das eigene Gewissen zu beruhigen nach dem Motto: «De arme gegeven is God geleend» – den Armen gegeben ist Gott geliehen. Die Architektur der Höfe ist dabei eine Verherrlichung der reichen Stifter: ein repräsentatives Vorgebäude mit einem Giebelstein, auf dem oftmals der Name des Wohltäters steht. Über dem Durchgang zum Hof liegt die Regentenkammer, wo die Verwaltungssitzungen abgehalten werden, die satzungsgemäß mit einem Festbankett enden. Barmherzigkeit als Heuchelei. Dennoch: In einem «Hofje» zu wohnen bedeutet, mitten in der Stadt über eine Wohnung, einen grünen Innenhof und einen Gemüsegarten zu verfügen. Die Höfe in Amsterdam sind nur noch selten öffentlich zugänglich – wie etwa der Begijnenhof im Zentrum umweit der Haupteinkaufsstraße Kalverstraat. Auch ihre Zugänge sind nicht immer leicht zu finden. Oft führt nur ein schmaler Gang dorthin, oder ein kleines Tor verweist auf die Existenz des Höfchens. Hinter der Ecke Tuinstraat/Egelantiersdwaarsstraat gelangt man nur durch einen kleinen Gang zum Claes-Claesz-Hofje. Von der Egelantiersstraat aus gibt es einen weiteren Zugang durch die Claes-Claesz-Taverne.

Über die Anjelierquerstraße erreicht man an der Egelantiersgracht wieder die Prinsengracht, der wir diesmal auf der gegenüberliegenden Seite bis zum Anne Frank Huis (Nr. 234) folgen.

Ein typischer Grundriß

Im Mittelalter wurden auch in Amsterdam die Häuser zunächst aus Holz gebaut – das letzte, erhaltene Holzhaus steht auf dem Begijnenhof. Nach den großen Bränden des 15. Jahrhunderts erließ Kaiser Karl V. 1521 eine folgenreiche Verordnung: Die bisher leichten Holzhäuser mußten durch Stein ersetzt werden. Dadurch konnte auch höher und in die Tiefe gebaut werden. Doch die Häuser erforderten stabile Fundamente. Darum mußten Pfähle in den Morastboden gerammt werden, bis eine tragende Sandschicht erreicht wurde. Für ein normales Grachtenhaus waren rund vierzig Baumstämme notwendig. Die Prozedur sah folgendermaßen aus: Nachdem die Pfähle mit einem Rammbock bis zu achtzehn Meter in den Boden eingetrieben waren, wurden die emporragenden Reste auf gleiche Höhe gebracht. Dann konnte auf einer Lage von Brettern mit dem eigentlichen Mauerwerk begonnen werden. Die tragenden Seitenmauern wurden aus Backsteinen hochgezogen. Je nach Grundstücksbreite waren die Häuser zwischen vier und sechs Meter breit. Durch die mühsame Behandlung des Untergrundes war das Bauland viel teurer und kostbarer als das Haus selbst. Ein Fichtenstamm kostete im 17. Jahrhundert fast einen Reichsthaler, zweieinhalb Gulden. Zum Vergleich: Hollands größter Seeheld, Admiral De Ruyter, verdiente als Kapitän seiner Flotte monatlich rund vierhundert Gulden, sein Schiffsjunge mußte sich mit dem Mindestlohn von vier Gulden zufriedenstellen. Zu Beginn des Goldenen Jahrhunderts hatte das Amsterdamer Kaufmannshaus eine dreifache Aufgabe: Es war Wohn-, Geschäfts- und Lagerhaus in einem. Die Ware konnte mit Schuten unmittelbar vor die Magazin- und Kontorräume gebracht werden.

Im Grundriß eines traditionellen Grachtenhauses gibt es ein «Voorhuis» und ein «Achterhuis», die seitlich durch einen Flur miteinander verbunden, ansonsten aber durch einen gemauerten Hof voneinander getrennt sind. Ein solches Haus besitzt über dem Kellergeschoß die Beletage und darüber noch zwei weitere, niedrigere Geschosse sowie eine «Zolder», den Dachboden. Im Zweiten Weltkrieg boten die alten Hinterhäuser enge Verstecke für die «Onderduikers». Berühmtestes Beispiel ist der nur von einem beweglichen Bücherregal getrennte Unterschlupf von Anne Frank und den anderen Untergetauchten, den sie in ihrem Tagebuch *Het Achterhuis* ausführlich beschreibt.

Aus dem Kaufmannshaus entwickelte sich das Herrenhaus, zum Wohnen und Repräsentieren. Die Magazinräume wurden nun ausgelagert, ins aparte «Pakhuis». Jetzt befindet sich hinter dem Innenhof statt des Hinterhauses das Prunkstück des Hauses, der Saal, dem im 18. Jahrhundert noch ein Kabinett angegliedert wird.

Der Prinsengracht folgend, erreicht man nach wenigen Metern den Westermarkt mit der Westerkerk. Ab 1620 entstand die monumentalste Renaissancekirche des Landes: die Westerkerk (1620–1631). Baumeister der protestantischen Kirche war der katholische «Stadsbouwmeester» Hendrick de Keyser. 1603 entwarf er bereits die erste, speziell für den protestantischen Ehrendienst gebaute Kirche: die Zuiderkerk (1603–1611), danach die orthodox-calvi-

Überbleibsel des mittelalterlichen Amsterdams auf dem Nieuwmarkt: das Sint Antonies-Stadttor, später Stadtwaage, heute Internet-Zentrum mit Restaurant

nistische Noorderkerk (1620–1623). De Keyser, der auch Bildhauer war, gilt als der Experte für zierlichen Turmbau: Amsterdam verdankt ihm die Spitzen der alten Stadttürme Munttoren und Montelbaanstoren. Der 85 Meter hohe, vielbesungene Turm der Westerkerk (1638 fertiggestellt) ist der höchste der Stadt. Das Wahrzeichen Amsterdams schmückt die «Kaiserkrone». Es ist nicht die Krone des Architekten De Keyser – der hätte kein Gefallen am Barockstil dieser Verzierung gefunden –, sondern die des Habs-

burger Kaisers Maximilian II. von Österreich, der Amsterdam das Privileg verleiht, sie auch im Stadtwappen zu führen. Vom Turm aus, den man besteigen kann, hat man eine spektakuläre Aussicht auf die Altstadt: Amsterdam wird dann so liliputhaft wie «Madurodam», das Open-air-Museum in Den Haag, das Holland en miniature zeigt.

Klassizismus der Kaufleute

Stadteinwärts ist die nächste Gracht die Keizersgracht. Leicht zu erkennen: Von der Westerkerk

170

aus ist das in rosa Marmor gehaltene Homo-Monument in die Gracht hineingebaut.

Genau gegenüber der Westerkerk steht ein Grachtenhaus, Keizersgracht 175–177, mit dem kaum vier Jahre nach dem Tod von De Keyser Jacob von Campen (1595–1657) debütiert. Mit ihm tritt eine neue Architektengeneration in Erscheinung, die sich einem anderen Baustil verpflichtet fühlt: dem Klassizismus. Im Gegensatz zu dem spielerischen Charakter des holländischen Renaissancestils mit seiner Vorliebe

für Verzierung, Detail und Farbe, strebt der Klassizismus, in Italien zur Blüte gebracht, nach idealer Harmonie zwischen den einzelnen Teilen eines Bauwerks und dem Werk als Ganzem. Straffe Giebeleinteilung, die Verwendung von Säulen und dreieckige Giebelabschlüsse sind seine Kennzeichen. In der aufstrebenden Grachtenmetropole des Goldenen Jahrhunderts gilt der Baustil als modern und zukunftsorientiert: Das Kaufmannspatriziat will mit diesem Stil seine historische Vormachtstellung weltkundig machen. Kein Wunder denn auch, daß Jacob van Campen den Auftrag erhält, das Machtzentrum der Kaufmannsregenten zu bauen: das Rathaus auf dem Dam (heute Königlicher Palast). Nach seinem Vorbild lassen die reichsten Kaufleute in dieser Zeit ihre Grachtenpaläste entwerfen, beispielsweise der Waffenhändler Trip am Kloveniersburgwal 29, wo 1885 die Akademie der Wissenschaften einzog.

Links in die Keizersgracht einbiegend gelangt man zur Leliegracht, an dessen Ecke das gängige Grachtenbild abrupt unterbrochen wird: durch ein im Jugendstil erbautes Eckhaus (van Arkel 1905), eine Seltenheit in Amsterdam. Ein Keramikbild in der Fassade zeigt einen Schutzengel in grüner Landschaft. Es mutet an wie eine Allegorie auf die heutigen Nutzer des Gebäudes: die Umweltschützer von Greenpeace, die hier ihren Hauptsitz haben.

Architekten als Giebelkünstler: Herengracht

Über die Leliegracht nach rechts gehend erreicht man die Goldene Biegung der Herengracht, wo einige der reichsten und vornehmsten Familien wohnten. In der Biegung der Gracht befindet sich das Bartolotti-Haus (Nr. 170–172). Es wurde 1617/18 von Hendrick de Keyser und seinem Sohn Pieter für den Verwalter der Westindischen Compagnie, Willem van den Heuvel, erbaut, der sich nach seinem italienischen Onkel, dem Getreidehändler Guillelmo Bartolotti, nannte. Die Fassade des Hauses ist reich verziert, verfügt über pilastergerahmte Fenster und einen Treppengiebel. Die seitlich angebrachten Giebelsteine verkünden auf

lateinisch das calvinistische Credo des Patriziers: «Ingenio et assiduo labore» (Durch Fähigkeit und harte Arbeit) und «Religione et probitate» (Religion und Rechtschaffenheit). Das Bartolotti-Haus ist als Teil des Theater Instituut Nederland (TIN) und des darin aufgenommenen Theatermuseums öffentlich zugänglich. Der Eingang befindet sich auf der Nummer 168, im «Weißen Haus» (1636) mit seiner Sandsteinfassade. Es wurde von dem Architekten Philip Vingbooms (1607–1678) entworfen und ist das erste Haus, das mit einem Halsgiebel ausgestattet ist. Die Innenarchitektur des Hauses zeichnet sich durch einen langen, gestuckten Korridor aus, der zum Hinterhaus führt. Eindrucksvoll sind die prunkvolle Wendeltreppe, die vom Keller bis zum Speicher führt, und die Deckengemälde von Jacob de Wit. Über einen Gang kann man ins Bartolotti-Haus gelangen. Trotz der luxuriösen Innenausstattung läßt sich auch beim «Weißen Haus» und beim «Bartolotti-Haus» die funktionelle Architektur des Amsterdamer Haustyps unschwer erkennen. Die Vorgaben für den Architekten waren mithin strikt, für den individuellen Gestaltungswillen gab es denn auch nur eine Zuflucht: die Fassaden- und Giebelgestaltung.

Die Baumeister im Goldenen Jahrhundert waren auch Maler oder Bildhauer, und das heißt: Giebelkünstler.

Zunächst ist es der Treppengiebel, der das Stadtbild bis in die ersten Jahrzehnte des 17. Jahrhunderts hinein prägen sollte. Er ließ sich unendlich variieren und relativ leicht herstellen. Beispiele: Das Haus an den Drei Grachten (1610), Oudezijds Voorburgwal/

Grimburgwal/Oudezijds Achterburgwal und die Drei Hendricken (1642) mit den Giebelsteinen «Steenman», «Landman» und «Zeeman», Bloemgracht 87–91, unweit der Westerkerk im Jordaan. Nach dem Treppengiebel bekommen die einfacheren Gebäude, zum Beispiel die Speicher und Packhäuser, einen Schnabelgiebel (1620–1720). Eine Weiterentwicklung des Treppengiebels ist der schlanke Halsgiebel. Halsgiebel werden standardisiert geliefert: sie sind 5×5,65 m groß. Doch weil die Bauherren mit Giebeln (und Giebelsteinen) Prunk und Reichtum signalisieren wollen, entstehen modische Variationen bis hin zu Schnörkeln im Rokokostil und Weiterentwicklungen wie der Glockengiebel (1660–1790) und der Leistengiebel mit der Kronenleiste, jenem flachen Fassadenabschluß mit waagerechtem Kranzgesims, der unter anderem die Kaufmannspaläste an der Herengracht zwischen Leidsestraat und Vijzelstraat verziert.

An der nächsten Kreuzung gelangt man auf die Raadhuisstraat. Wir folgen ihr zum ehemaligen Rathaus auf dem Dam, heute der Königliche Palast.

Raadhuisstraat und das achte Weltwunder

Einst sind die Ausfallstraßen in westliche Richtung, die Rozengracht und die Raadhuisstraat, schiffbare Kanäle gewesen. Auf Ratsbeschluß wurden sie Ende des 19. Jahrhunderts zugeschüttet. Vor allem der Bau der Einkaufsgalerie von A. L. van Gendt und Söhnen aus dem Jahre 1896 in der Biegung zwischen Heren- und Keizersgracht vermittelte weltstädtisches Flair. Dieser Eindruck wurde noch verstärkt, als in den dreißiger Jahren dieses Jahrhunderts ein moderner, dreigliedriger Straßenbahnzug durch die Raadhuisstraat fuhr: die «Grüne Zaandvoortse». Mit ihr konnte man einst bis zum Badeort der Amsterdamer, nach Zandvoort, gelangen.

Nach dem Zweiten Weltkrieg wurden für die Rozengracht und die Raadhuisstraat diabolisch anmutende Sanierungspläne gehandelt: Sie sollten zu vierspurigen Verkehrsachsen ausgebaut werden. Das rief Bürgerinitiativen und Nachbarschaftskomitees auf den Plan, die wie hier wenig später auch im Neumarktviertel aktiv wurden. Sie organisierten Protestmärsche und sangen in der Melodie von «Tulpen aus Amsterdam»: «Wenn es Frühling wird / seh ich nur noch: Autos in Amsterdam / 1000 Gelbe, 1000 Rote, geben Giftgas, geben Tote / Was kein Mensch vertragen kann, das sind die Autos in Amsterdam.» Die Bürgerbewegung setzte sich durch. 1972 muß Stadtrat Han Lammers klein beigeben, Autobahnbau und Kahlschlagsanierung sind vom Tisch. Seitdem kann sich keine Stadt in den Niederlanden mehr erlauben, Baupläne ohne Anhörung von Bewohnern durchzusetzen.

An der Ecke zum Singel steht das Jugenstilhaus Het Witte Huis. Die Maße wurden von dem Architekten Theo Bosch als Ausgangspunkt für seinen Entwurf des P. C. Hoofthuis genommen, der neuen Literaturfakultät der Universität von Amsterdam. In der Form von tiefen Einbuchtungen entstand ein hundert Meter langer Neubau, für den ausschließlich vorfabrizierte Betonelemente benutzt wurden, einschließlich der Dach- und Giebelteile und der Säulen. Alles macht einen offenen Ein-

173

druck, Innenräume und Straße gehen eine Verbindung miteinander ein, was nicht zuletzt die Verwendung von viel Glas und hellen Farben bewirkt. Auch die Erker, Oberlichter, Durchsichten und Durchgänge lassen möglichst viel Tageslicht durch und bewirken Transparenz.

Von der Raadhuisstraat aus wird der Blick auf den Dam durch die Rückseite des Königlichen Palastes versperrt. Am Dachfirst stemmt Atlas die Weltkugel. Schräg gegenüber das Warenhaus Magna Plaza. Ursprünglich als Hauptpostamt zwischen 1895 und 1899 von C. H. Peters gebaut, wird es seines Stils – man spricht spottend von «Postamtgotik» – und seiner birnenförmigen Türmchen wegen «Perenburg», Birnenburg, genannt.

Der Dam, das Achte Weltwunder: das Rathaus von Jacob van Campen im holländischen Klassizismus. Der Grundstein wurde am 28. Oktober 1648 gelegt, und sieben Jahre später wurde das Rathaus am 29. Juli 1655 eingeweiht, ein gigantischer Koloß aus Bentheimer Sandstein. Das Kolossale sollte durch barocke Verzierungen wieder aufgehoben werden. Dazu versicherte Jacob van Campen sich der Mitarbeit des berühmten Antwerpener Bildhauers Artus Quellinus (1609–1668). Auf der Basis von kleinen Lehmfiguren wurden die späteren Reliefs und Skulpturen aufgeführt. Im Parterre, über den unprätentiösen Haupteingang mit seinen sieben Bögen an der Damseite direkt zugänglich, liegt der ehemalige Gerichtssaal «De Vierschaar». Marmorreliefs und Figuren von Quellinus und seinen Mitarbeitern schmücken ihn. Die Räume daneben fungierten als Gefängniszellen und als Wechselbank.

Über eine schmale Treppe gelangt man im Mittelflügel in den vier Etagen hohen Bürgersaal. Im Gegensatz zur Einheitlichkeit der Bildhauerwerke von Quellinus fällt hier das Sammelsurium an Wand- und Deckengemälden auf. Viele unbekannte Maler schufen sie neben Größen wie Jan Lievens, Govert Flinck, Ferdinand Bol, Jürgen Ovens und dem Flamen Jacob Jordaens. Auch Amsterdams größter Maler, Rembrandt van Rijn, wurde eingeladen, einen Beitrag zur Verzierung des Rathauses zu leisten. Doch dessen «Samenzwering van Claudius Civilis» (Die Verschwörung des Claudius Civilis) wurde von den Auftraggebern abgelehnt. Das Gemälde hängt heute im Museum von Stockholm. Stattdessen wird Jurrian Ovens' Darstellung der Bataver ausgewählt. In seiner Symbiose aus Baukunst, Bildhauerkunst und Malerei bildet das Rathaus von Amsterdam ein einmaliges Gesamtkunstwerk.

Grundstein moderner Baukunst: die Börse

Vom Dam aus gelangt man vor dem Warenhaus De Bijenkorf links auf den Damrak, der zum Hauptbahnhof führt. Hinter dem Warenhaus befindet sich am Beursplein die Börse von Berlage. Im Laufe der Geschichte werden in Amsterdam nacheinander verschiedene Gebäude als Börse genutzt und auch als solche entworfen. Hendrik de Keyser war 1608–1611 einer der ersten, der im Auftrag der Kaufleute eine Börse konzipiert hat (nicht erhalten). Nach einer kurzen Jugendstilperiode in Amsterdam läutet die Kaufmannsbörse (1903) von Hendrikus Petrus Berlage (1856–1934) das 20. Jahrhundert architektonisch ein. Kunsthistoriker weisen in ausführlichen Studien nach, daß Berlage neben Rückgriffen auf die griechische Klassik, die Gotik und die italienische Frührenaissance sich vor allem von Jacob van Campens Rathaus auf dem Dam inspirieren ließ. Sie verweisen unter anderem auf die Eingangspartie, die mit ihren sieben Bögen Campens Rathauszugang architektonisch kopiert.

Berlage suchte in der Architekturgeschichte ganz bewußt nach Formen, die zu Begriffen wie Demokratie und Gemeinschaftssinn passen. Diese fand er vor allem in der Architektur der italienischen Frührenaissance, die im 13. und 14. Jahrhundert als Ausdruck einer demokratischen Kultur in den italienischen Städten entstand. Berlage wollte bewußt daran anknüpfen. Dieses erklärt unter anderem seine Vorliebe für Türme. In der Vorderfront der Kaufmannsbörse ist unschwer das Vorbild des Palazzo Vecchio aus Florenz wiederzuerkennen: Symbol der florentinischen Demokratie. Doch wie im Goldenen Jahrhundert das Rathaus auf dem Dam eine Manifestation der Kultur des Kaufmannspatriziats sein sollte, so sollte die Börse für den Sozialisten (!) Berlage der architektonische und künstlerische Ausdruck eines gesellschaftlichen Ideals sein. Im Rahmen der von der Architektur vorgegebenen Charakteristik des Gebäudes wollte Berlage – wie einst van Campen – unter Mithilfe von Bildhauerei und Malerei ein «Gesamtkunstwerk» schaffen. Die Trennung zwischen den verschiedenen Kunstdisziplinen empfand Berlage «als typischen Ausdruck für die Verfremdung zwischen Kunst und Gesellschaft». So suchte er die Zusammenarbeit mit Künstlern anderer

Disziplinen. Das waren die Vertreter der niederländischen Variante des Jugendstils: die Maler Antoon Derkinderen, Jan Toorop und Richard Roland Holst, die Bildhauer Lambert Zijl und Joseph Mendes da Costa sowie der Dichter Albert Verwij.

Backstein war das bevorzugte Baumaterial für Berlage. Er verglich die Farbnuancen der Klinker mit einem Herbstwald. Der Ton, aus dem sie gebrannt sind, gibt dem Backstein die Farbe: Orange die Steine aus den Gegenden um Woerden und Leiden, gelblich die von der Ijssel bei Gouda. Der malerischste Effekt tritt auf, wenn man Backstein mit Naturstein kombiniert: die Mauer selbst in Backstein, die architektonischen Elemente wie tragende Teile und Beendigungen aus Naturstein. Für Berlage war der Naturstein «der geistige Führer der Backsteinmasse», der Backstein selbst verweist auf die «irdische Gemeinschaft», der Zement bilde die «geistige Solidarität», die die Gemeinschaft zusammenhalte. Damit versinnbildlicht der Backstein für Berlage die Demokratie. In Deutschland wird Berlage als «Vater der modernen Baukunst» gesehen. Der Berliner Architekt Erich Mendelsohn schrieb in einer Betrachtung 1928: «Allen holländischen Baumeistern – egal welcher Richtung – ist die Gestalt Berlages gleich verehrenswürdig. Ohne ihn, ohne seine Börse 1903–1928 kein neues Holland.» Doch Berlages idealistische Vision kommt erst im «Volkswohnungsbau» zur vollen Blüte (siehe S. 176 ff.). Jetzt liegt auch wieder der Hauptbahnhof, Ausgangspunkt der Architek-Tour, vor uns.

VOM WOHNEN IM VOLKSVIERTEL

HUMANE STADTBAUKUNST

Die Tour beginnt am Hauptbahnhof mit einer Straßenbahnfahrt: Die Linie 25 führt aus der Altstadt heraus durch das Volksviertel «De Pijp» zur Rivierenbuurt, wo ein Teil von Berlages «Erweiterungsplan Süd» realisiert wurde, der Amsterdam zum Mekka des Volkswohnungsbaus macht. Danach geht es mit der Metro vom Amstelbahnhof zurück in die Innenstadt, zum Nieuwmarkt, einem wiederbelebten Viertel. Die Tour endet in der Zuiderkerk, wo das städtische Planungsamt in einer Dauerausstellung die Bauprojekte für das 21. Jahrhundert präsentiert.

Dem pittoresken Grachtengürtel zum Trotz lebte die Bevölkerung Amsterdams bis Anfang des 20. Jahrhunderts in elenden Wohnverhältnissen. Amsterdam war nach fast zwei Jahrhunderten des Stillstands im 19. Jahrhundert explosiv gewachsen. 1622 lebten 105 000 Menschen in der Stadt, bei der offiziellen Volkszählung von 1795 waren es gerade 200 000 Einwohner. Um 1870 setzte das schnelle Wachstum ein: Bis 1900 wohnten eine halbe Million Menschen in Amsterdam, die Stadt platzte aus allen Nähten; 25 Jahre später waren es sogar 700 000 Einwohner.

Was die Amsterdamer Stadtentwicklung angeht, lassen sich drei Epochen unterscheiden: die Stadterweiterung im 17. Jahrhundert (Grachtengürtel und Jordaan), der Gürtel von Arbeiterstadtteilen aus dem 19. Jahrhundert (Dapperbuurt, Oosterparkbuurt, de Pijp, die Kinker- und die Staatsliedenbuurt), schließlich die Stadtviertel, die auf der Grundlage des «Uitbreidingsplan Zuid» (Erweiterungsplan Süd) von Berlage in den zwanziger und dreißiger Jahren dieses Jahrhunderts im Stil der Amsterdamer Architektenschule realisiert werden.

Am Weteringplantsoen passiert die Straßenbahn die Singelgracht mit der verkehrsreichen Stadhouderskade: bis hier ist Altstadt. Dann beginnt an der Heineken-Brauerei der Arbeiterstadtteil De Pijp – inzwischen das «Quartier Latin» von Amsterdam. Um den Albert-Cuyp-Straßenmarkt heißen die Straßen nach holländischen Malern. Ab 1876 entstehen an dem Wasserlauf «de Pijp» beim Zaagmolenpad (Sägemühlenpfad) massenweise billige Mietskasernen. «Häuser von vier Stockwerken, vom Fundament aus mit einsteinigen Mauern hochgezogen. Balken, nicht viel dicker als eine Spanplatte, müssen das Bauwerk

Backsteinorgien an den Fassaden:
eines der Kennzeichen des Volkswohnungsbaus der Amsterdamer
Architekten-Schule um Berlage

im Gleichgewicht halten», so die Kritik von Stadtrat Wibaut.

Die Volksviertel um die Altstadt wurden um 1900 zu Hochburgen der organisierten Arbeiterbewegung und vor allem der holländischen Sozialdemokratie (SDAP). 1907 stellt die SDAP sieben der insgesamt 45 Gemeinderatsmitglieder. Florentinus Marinus Wibaut engagiert sich für die radikale Anwendung der 1901 in Den Haag verabschiedeten Gesetze zum Volkswohnungsbau und zur Volksgesundheit. Als Mitglied der Amsterdamer Gesundheitskommission macht er Hausbesuche: «Es gibt sehr viele Wohnungen, wo eine große Familie mit sechs, sieben, acht Kindern in einem Zimmer wohnt. In diesem einen Zimmer wird gekocht, gearbeitet und geschlafen.» Wibaut sorgt dafür, daß bis 1914 über 4000 Wohnungen unbewohnbar erklärt, enteignet und saniert werden. Die Mieter bekommen moderne Gemeindewohnungen, oft zu Minimalmieten unter dem Kostenpreis – eine verkappte Form dessen, was später «Huursubsidie» (Mietbeihilfe) wird. Neue Bauverordnungen des Bauaufsichtsamtes unter dem Sozialisten Tellegen verbieten den Einbau von Schrankbetten, sogenannten Alkoven. Im Rahmen des «Woningwet» können Bauherren auch staatliche Subventionen beantragen. Das tun auch die sozialdemokratischen Arbeiter, die Wohnungsbaukooperativen gründen – mit skurrilen Namen wie «Ons Belang» (Unser Interesse), «De Dageraad» (Die Morgenröte), «Eigen Haard» (Eigener Herd) und «Rochdale», genannt nach jenem Ort in England, wo 1844 die ersten Arbeiterkooperativen gegründet werden, dessen Vorbild die idealistischen Sozialisten in Amsterdam folgen. Arie Keppler, Schwager von Wibaut und als Direktor des «Gemeentelijke Woningdienst» mit der Aufsicht über die Wohnungsbaugesellschaften betraut, berät die Arbeiterinitiativen in seiner Freizeit. Als Keppler 1937 seinen Dienst quittiert, sind 8583 Wohnungen «onbewoonbar verklaard» und 36 000 «städtische» Wohnungen neu gebaut. Amsterdam wird zum Zentrum des Volkswohnungsbaus. Aufgrund des «Woningwet» ist die holländische Hauptstadt verpflichtet, Pläne für Stadterweiterungen zu konzipieren. Stadtarchitekt Petrus Hendrikus Berlage wird beauftragt. Das Resultat: der berühmte «Uitbreidingsplan Zuid», von der Amstel bis zum Vondelpark.

Backsteinorgien an den Fassaden

Wo am Amstelkanal das Arbeiterviertel De Pijp endet und der Stadtteil Rivierenbuurt beginnt, steigt man an der Straßenbahnhaltestelle Scheldestraat aus und geht zurück zu der Brücke mit den vier Turmhäuschen. Sie ist ganz im Stile der Amsterdamse School gebaut. Entwurf: Pieter Lodewijk Kramer. Konstruktion, Formgebung und Verzierung ergeben zusammen ein ästhetisches Ganzes. Die Bildhauerarbeiten stammen von Hildo Krop (1884 – 1970), der ab 1916 «städtischer Bildhauer» ist. Er bearbeitet den Naturstein direkt, aus dem unvorbereiteten Material kommt die Skulptur zum Vorschein, nahezu organisch wie eine «Blume auf einem Felsen». Seine dekorativen Brückenornamente stellen meist Meeresbewohner dar: Fisch- und Schalentiere, aber auch Seejungfrauen und Meeresungeheuer, die aus den Phantastereien des See-

179

mannsgarns zu stammen scheinen. Auch bei öffentlichen Gebäuden wie Schulen leistet sich Amsterdam den Luxus integrierter «Kunst am Bau». Wie zum Beispiel bei den Gebäuden der Gesamtschule Esprit. Man erreicht sie, indem man den Amstelkanal am Hochhaus des Okura-Hotels vorbei läuft. Die Schule flankiert den Zugang zur P. L. Takstraat.

Hier schuf Hildo Krop das Bildhauerwerk an der Risalietkrönung.

In der P. L. Takstraat befinden sich einige der schönsten Häuserreihen im Stile der Amsterdamer Schule: die Wohnungen der Arbeiterkooperative De Dageraad (Morgenröte). Gebogene Giebel, Auswölbungen oder Aushöhlungen in den Backsteinfassaden, Er-

Blockbauweise des sozialen Wohnungsbaus (Amsterdam-Süd)

ker, geschwungene Dachleisten, vertikal angebrachte Dachziegel, Extrabacksteinschichten mit Verzierungen, herausspringende Einzelsteine, Fensterbänder und Einzelfenster mit abgerundeten Ecken, dreieckig, oval, als Parallelogram, als Bullauge, Türmchen, Durchgänge, Tore, im Stil angepaßte Hausnummern, bis zu acht Türen nebeneinander, Geländer, Schmiedeeisen, Skulpturen. Nicht um das einzelne Haus geht es, sondern um die Straße. Besonders gelungen sind die beiden Eckkompositionen, die die Einmündung der P. L. Takstraat in die Burgemeester Tellegenstraat akzentuieren: Backsteinkaskaden von Kramer umrahmen den Schriftzug der Wohnungsbaugesellschaft De Dageraad, und

Skulpturen huldigen die städtischen Baupolitiker. Gegenüber liegt verborgen der Coöperatiehof, eine Art Dorfplatz mit öffentlicher Bibliothek und Veranstaltungssaal, am Henriëtte-Ronnerplein landhausähnliche Wohnungen mit «Leitergitterfenstern»: für die holländische Hausfrau von damals ein Greuel. Zurück am Amstelkanal erreicht man über die Fußgängerbrücke, die Waalstraat und über die Churchill-laan den Victorieplein.

Vorbild für deutsche Architekten: rund um den Victorieplein

Plätze und Kreuzungen werden in Berlages Plan von monumentalen Gebäuden markiert, denen zumeist eine Gemeinschaftsfunktion zukommen sollte: als Kunstakademie oder Volkshaus. Auch mit dem ersten «Wolkenkratzer» der Stadt, dem Appartementhochhaus «De Wolkenkrabber» von Staal, sollte ein städtebaulicher Akzent gesetzt werden: an jenem Punkt, wo die großen Alleen zusammenkommen. Vor dem Haus erinnert heute das Denkmal von Hildo Krop an den Stadtplaner und Architekten Petrus Hendrikus Berlage.

Die Häuser an der Vrijheidslaan, vom Victorieplein bis zur Berlage-Brücke an der Amstel, stammen von Pieter Lodewijk de Klerk. De Klerk hat den Berliner Architekten Erich Mendelsohn nachhaltig beeinflußt. Fast naturgetreue Kopien dieser Häuserzeilen befinden sich in der Cicerostraße in Berlin-Wilmersdorf. Als De Klerk 1923 unerwartet im Alter von 38 Jahren stirbt, schreibt Mendelsohn in seinem Memoriam: «Holland, das Land der freiesten Baugesinnung, hat seinen besten, jungen Baumeister verloren ... Wir jungen aller Länder trauern um ihn.»

Im Gegensatz zu den Anfängen des sozialen Wohnungsbaus in Deutschland von Otto Bartning und Bruno Taut in Berlin und Ernst May in Frankfurt, fallen in Amsterdam die bescheidenen Maße auf, daß «äußerste Sparsamkeit in der Raumzuteilung geübt wird». Der Kasseler Baustadtrat Labes: «Von alters her ist das holländische Volk als Schiffsvolk an geringe Wohnraumfläche gewöhnt. Die Treppen machen oft den Eindruck von Schiffstreppen.»

In Holland selbst kritisiert man an dem «properen Volkswohnungsbau», daß er der Verbürgerlichung der Arbeiterklasse Vorschub leiste. Die wohnt jetzt in «Straßen mit hellen Backsteingiebeln, frisch angestrichenen Türen und Fenstern ... Man findet hier Türen mit doppelten Reihen von blitzend geputzten, kupfernen Briefkästen – ein trügerisches Dekor, durch das die Briefe auf jene einheitliche Kokosfußmatte fallen, auf der eingewebt ist ‹Füße putzen›» (Maurits Dekker in seinem Roman *Amsterdam*, 1931). Eine reglementierte und disziplinierte Ästhetik also, die nahtlos an ein kleinbürgerliches Ordnungsgefühl anknüpft? Ist das «das architektonische Gesicht Europas» (Walter Gropius), für das sich die Avantgarde der deutschen Architekten begeisterte? Über Vrijheidslaan und Berlage-Brücke erreicht man den Amstel-Bahnhof für Eisenbahn und U-Bahn.

Neues Wohnen in der Altstadt

Vom Amstel-Bahnhof mit der Metro bis zum Nieuwmarkt. Eine U-Bahn-Station vor dem Hauptbahnhof kann man am Neumarkt

Jedem Haus ein Zugbalken, jeder Wohnung ein Balkon am Sarphati-Park

unterirdisch ein Stück kulturelle Stadtgeschichte erleben. Man glaubt im Rijksmuseum zu sein: In einer Nische eingelassen als Teil einer Fotocollage stößt man auf Rembrandts «Leichensektion des Anatomen Dr. Tulp». Ein Symbol für den Stadtteil, der klinisch tot war und nach gelungener Herztransplantation wieder auferstanden ist.

Über Jahrhunderte siedelten sich hier die verfolgten Juden Europas an. Die Nazis machten es zum Ghetto, vernichteten eine der dichtesten jüdischen Kulturen. Amsterdam wurde hier zur Geisterstadt. Im Kriegswinter 1944/45, den Amsterdamern als «Hungerwinter» in bitterer Erinnerung, trieb eisige Kälte die Ärmsten dazu, aus den verlassenen Häusern das brennbare Holz herauszureißen. Wo keine Bombe fiel, sah es dennoch wie nach einer Bombennacht aus.

1953: «Wiederaufbauplan» nennt sich der Zynismus, der in der Kleidung des Fortschritts gesteckt ist: gereinigt werden soll das Viertel, so ein Bewohner: «von allen Huren, Armen und Elendswohnungen, alles schön sauber machen». Kahlschlagsanierung. Wie im Jordaan soll auch hier eine autobahnähnliche Trasse das Viertel durchschneiden. Die Verlängerung von Wibautstraat und Weesperstraat zum Hauptbahnhof. Heute knickt die Linienführung kurz vor dem Waterlooplein ab, um dann in den Schlund des IJ-Tunnels zu verschwinden. Bürgerprotest kann den Autobahnbau abwenden. Doch dann kommen die Metroplaner: junge, begeisterte Ingenieure, die abstammen von jenen Eiferern, die alle Grachten zuschütten wollen für die autogerechte Stadt.

1969 ist das Stadtplanungsamt zu einem Zugeständnis bereit. Es schreibt einen öffentlichen Architektenwettbewerb für das Neumarktviertel aus – allerdings innerhalb der Vorgaben von Metro, Schnellstraße und Parkplätzen. Die Architekturbüros Hertzberger/Delmee, Apon/Van den Berg und van Eyck/Bosch verhalten sich anfangs ganz brav, meinen zu retten, was zu retten sei. Im einsetzenden Kreuzfeuer des Bürgerprotests gestehen sie ein: «Irrsinn, was wir machen!» (Hertzberger). Aldo van Eyck und Theo Bosch geben demonstrativ ihren Auftrag zurück. Architekt Wim Heupermann im Rückblick: «Wir haben am Ende den Prozeß der City-Bildung umkehren können. Die geplanten Büros wurden an die Umgehungsautobahn vertrieben. Da stehen sie besser und volkswirtschaftlich preiswerter. Für das Viertel haben wir durchsetzen können, daß fast alles sozialer Wohnungsbau wurde.» So städtisch dicht wie möglich sollte es wieder werden: mit vielen Wohnungen und kleinen Geschäften und Betrieben. Theo Bosch: «Es ist gerade die Vermischung der Funktionen, die den Charakter einer Stadt prägen. Man darf keine Schlafstadt in der Stadt bauen!» Unter seiner Koordination bauen schließlich 26 Architekten an der Wiederentstehung.

An der Anthoniesbreestraat baut Theo Bosch 1978 die ersten Wohnungen. Leider wird das alte Pinto-Haus von 1605 dabei nur wenig sorgfältig eingefügt. Die Häuser haben in ihrer Lebendigkeit Signalwirkung. Zusammen mit Guus Knemeijer entwirft er am Ende der Straße den fünfeckigen Bau mit achtzig Wohnungen, Geschäften und Ateliers: das Pentagon. Daneben baut Hans

Hagenbeck. An der Rückseite der Häuserzeile rekonstruiert er die Grundidee des alten Kirchhofes um die Zuiderkerk herum. Mehrschalig wird der Halbkreis: Vor den Häusern stehen hell gestrichene Mauern mit vielen Durchgängen, darüber Logen in Fülle – eine Theaterkulisse. Auf einem eingebauten Luftschacht der Metro läßt Hagenbeck über eine elf Meter hohe Spiegelfläche einen dünnen Schleier von Wasser rinnen. Im Becken planschen an warmen Tagen die Kinder darin, die Stufen werden zum Nachbarschaftstreff.

Nicht Skulptur oder Block, sondern Raum ist das Thema dieser niederländischen Architektur. Nach (Raum-)Ordnung darf man hier nicht fragen: In dieser Stadt, die seit jeher – und dieses ehemalige Judenviertel im Besonderen – wie ein großer Kramladen aussieht, herrscht als bürgerlich-städtischer Zustand die «Amsterdamer Anarchie». Ausländer staunen über die Kosten. Wer die Rohbauten in der Stadt sieht, begegnet Skeletten, die nicht höher industrialisiert sein könnten, planmäßig, vorfabrizierte Gerüste. Für diese Rationalisierung des Bauens haben Holländer seit Jahrhunderten die größten Erfahrungen. Gleichermaßen aber sind sie bemüht, die von der Bauerschließung im Sumpfland abgezwungene Brutalität des ersten Schrittes wieder unsichtbar zu machen. Bei dieser Wiedergutmachungsarchitektur wird mit eingefügten, gar serienmäßig gefertigten Elementen raffiniert überformt, so gelungen gespiegelt, versetzt und variiert, daß geradezu eine Orgie an Individualisierung entsteht. «Die Preise sind doch nur von der Baustruktur abhängig», sagt Guido van Overbeck, «das weiß hier jeder. Eine bessere Fassade kostet nur ein Prozent mehr.» Eine Stadt, die leben will, muß sich konstant erneuern, sonst wird sie zum Museum. Im Neumarktviertel wird erstmalig sichtbar, was Stadterneuerung heißt. Der damalige sozialdemokratische Baudezernent, Jan Schäfer, setzte damit die Akzente für den sozialen Wohnungsbau neu: «Das Volk muß in der Stadt wohnen können – und zwar städtisch.» Seit dem Scheitern des Konzepts der Trabantenstädte, euphemistisch Gartenstädte genannt, wird in Amsterdam innerhalb der Stadt Neubau betrieben, zum Beispiel am Wasser in den ehemaligen Hafengebieten des Zentrums.

In der Zuiderkerk zeigt das Stadtplanungsamt in einer Dauerausstellung, was gerade wo in Amsterdam geplant oder gebaut wird: die Neubausiedlung «Sloten», die ehemaligen Häfen im Osten, wo alte Lagerhäuser, Schuppen und Docks den Dekor einer wohlhabenden Vergangenheit bilden. Das Amsterdam der Zukunft auf dem Reißbrett: auf den künstlichen Inseln «Java-Eiland» und «KNSM-Eiland» bauen Kollhoff und andere an futuristisch anmutenden Projekten für ein neues «Wohnen im Wasser», ist noch weiter östlich am Rande der Zuiderzee die moderne Pfahlbausiedlung «Ijburg» konzipiert: als Abschluß eines IJ-Boulevards, der einmal die Pfahlbauten des dritten Jahrtausends mit den Pfahlbauten des 17. Jahrhunderts verbinden wird – womit einmal mehr der amphibische Charakter Amsterdams unterstrichen wird.

DURCH BRUINE CAFÉS, BARS UND CLUBS

ZU DEN ZENTREN DES NACHTLEBENS

Vier Orte sind es, die das Amsterdamer Nachtleben prägen, die Plätze und deren unmittelbare Umgebung: Leidseplein, Rembrandtsplein, Dam und der Jordaan. Zur Auswahl stehen mehr als 4500 Kneipen, Cafés und Restaurants, rund jeweils dreißig Diskos, Kinos, Theater und weitere Veranstaltungsorte. Die Innenstadt ist klein, alles ist zu Fuß zu erreichen. Schnell kann man von der einen Szene zur anderen wechseln. Die nächtliche Tour bietet dadurch unendlich viele Variationsmöglichkeiten.

Zur happy hour, auf holländisch «borreluur» genannt, begibt man sich ins «Afsprakencircuit»: in Cafés und Kneipen, wo man sich zum Rendezvous verabredet. Danach ißt man eine Kleinigkeit im «Eethuisje» oder diniert stilvoll im Restaurant. Gegen 19 oder 20 Uhr ist Kino, Theater oder der Besuch einer Live-Vorstellung angesagt. Danach heißt es «napraten», über das Erlebte reden. Doch die Nacht ist dann noch jung: von der Kneipentour in traditionellen «braunen Cafés» oder in modernen Designer-Cafés bis zur House-Party reichen die Optionen.

Vom Zeedijk bis zum Dam: Hafenromantik, Karaoke und Funky Music

Von Anfang an ist der Zeedijk das Herz des Amsterdamer Hafenviertels, das Jacques Brel in seinem Lied «Amsterdam» besungen hat. In seiner besten Zeit hatte der Zeedijk rund sechzig Hafenkneipen und Bars mit so exotischen Namen wie «San Francisco», «Zeeman's Welwaren», «Ship O Hoy Bar» und «Casablanca». Das Holzhaus aus dem 16. Jahrhundert am Kopf des Zeedijk gegenüber der St. Olofskapelle beherbergt die traditionsreiche Kneipe Int Aepjen. Hier trifft man sich zur blauen Stunde, um ein «afzakkertje» zu nehmen: einen kleinen Drink, um die Sorgen des Alltags zu vergessen und sich auf den Feierabend vorzubereiten. Eins gehörte zu der ehemaligen Seemannskneipe auch eine Herberge. Matrosen, die ihr Geld verpraßt hatten und die Rechnung nicht mehr bezahlen konnten, mußten von der nächsten Reise ein Äffchen mitbringen. In kürzester Zeit wimmelte es hier von Affen und Läusen – daher der Name der Kneipe. Von den Bars blieb nur das Casablanca (Nr. 26). In den fünfziger Jahren war es der Treffpunkt afroamerikanischer Soldaten aus Deutschland. Heute

Easy going in der Kneipe an der Ecke

ist das Casablanca ein beliebter Treffpunkt für Karaoke-Fans.

Das berühmteste Café des Zeedijk ist jedoch 't Mandje von Bet van Beeren – der legendären «Königin des Zeedijk» (Nr. 63). Schon 1927 war es das erste Schwulencafé der Stadt, wo Männer mit Männern tanzten. Im hinteren Teil der Gaststätte hing eine Eule, deren Augen aufleuchteten, wenn Hetero-Publikum hereinkam. Bet van Beeren selbst machte aus ihrer lesbischen Vorliebe kein Hehl. Auf ihrem Simplex-Motorrad raste sie durch Amsterdam. 1967 starb sie und mit ihr der Zeedijk: das einstige Hafenquartier verkam zur Drogenmeile. Erst durch immense Investitionen in der Form von Public-Private-Partnerships, zwischen der Stadt und privaten Geldgebern, konnte der Niedergang gestoppt werden. Inzwischen ist der Zeedijk wie ein Phönix aus der Asche wieder auferstanden.

Das letzte Stück vor dem Nieuwmarkt sowie die Seitenstraße Binnen Bantammerstraat ist fest in fernöstlicher Hand: Chinatown. Die ersten Chinesen in Holland waren Seeleute aus Kanton, Hongkong und Shanghai, die ab 1929 infolge der Weltwirtschaftskrise in den Häfen von Rotterdam und Amsterdam strandeten. Um zu überleben, handelten sie mit Opium oder verkauften Erdnußkuchen. Katendrecht in Rotterdam und die Binnen Bantammer in Amsterdam wurden zu chinesischen Kolonien mit den ersten China-Restaurants in Holland. Heute leben offiziell 65 000 Chinesen im Lande, die meisten in Amsterdam. Neben einem chinesischen Buchladen, einem Supermarkt und einer Akupunkturklinik – unter den Chinesen befinden sich viele niedergelassene Ärzte – gibt es Import- und Exportgeschäfte und Großhandelsfirmen. Alles – made in China – wird hier umgesetzt, vor allem Unterhaltungselektronik. Amsterdam beherbergt den ersten chinesischen Fernsehsender Europas und bekommt auf dem Zeedijk demnächst einen Buddhatempel. Das Chinabild in Amsterdam prägen jedoch vor allem die Chinarestaurants, die es in allen Stadtteilen oft in Kombination mit indonesischer Küche gibt. Auf dem Zeedijk ißt man im Nam Kee (Nr. 113), im New King (Nr. 117) oder in einem der beiden Fischrestaurants Sin Sin (Nr. 72/74) und Lee Garden (Nr. 57). Eines der besten Chinarestaurants ist das dreistöckige Oriental City in der Damstraat/Ecke Oudezijds Voorburgwal: Hier essen auch die chinesischen Familien.

Zwischen Zeedijk und Warmoesstraat liegen die «Wallen», das Rotlichtviertel. Über die Korte und Lange Niezel gelangt man zur Warmoesstraat, der Hauptstraße der Gay-Leder-Szene mit Clubs wie dem Cockring, Argos und Eagle. In Hotel Winston (Warmoesstraat 123–129) treffen sich die «Nutzlosen der Nacht» (Jacques Brel) – derzeit ein Trendschuppen der Happy Few aus Medien- und Kulturszene. Die Warmoesstraat geht am Dam in die Theaterstraße Nes über. Im Brakke Grond kann man belgische Gerichte und Biere bekommen: Die Theatercafés Frascati und De Engelenbak servieren gute Menüs. Sisters ist eines der besten vegetarischen Restaurants der Stadt. Nach der Theatervorstellung geht man ins Blincker zum Bier und danach ins Winston, ins Seymour Likely oder ins Thijm

In der Jordaan-Kneipe mit Tante Leen und Johnny Jordaan an der Wand

(Nieuwezijds Voorburgwal beim Dam), wo Soul und Funky Music gespielt werden.

Vom Spui bis zum Rembrandtsplein: Schnulzen bis House

Spuistraat und Spui sind Zentren des «Afsprakencircuit»: hier dreht sich das Karussell der Anmache. Am schnellsten in den Grand Cafés Luxembourg und Dante. Dazwischen liegen die braunen Cafés Hoppe und De Zwart. Augenscheinlich trennt sie nur ein schmaler Steg, doch zwischen ihnen liegen Welten: bei Hoppe treffen sich Advokaten und Politiker, bei De Zwart Literaten und Philosophen. Ursprünglich gibt es in Amsterdam nur «braune Cafés», das sind Kneipen mit im Laufe der Zeit dunkel gewordenem Interieur. Ähnlich erscheinen die Probierstuben, die wie De drie fleschjes und Wijnand Focking zumeist noch aus dem 17. Jahrhundert stammen. Geschlossene Clubs, sogenannte «Societeiten», sind Künstlern und Studenten vorbehalten. Coffeeshops verkaufen kleine Mengen von weichen Drogen wie Haschisch und Marihuana, vor allem den in Holland angebauten «Nederwiet». Nach Genuß eines «Spacecake» hat sich schon so mancher auf die entsprechende Odyssee begeben.

Das Phänomen der Grand Cafés stammt aus dem Beginn der neunziger Jahre. Trendsetter ist De Jaren gewesen, bald gefolgt von den Mediencafés De Kroon und L'Opera auf dem Rembrandtsplein und Café Dantzig bei der Stopera, Stadhuis und Oper, am Waterlooplein. Andere Treffpunkte auf dem Rembrandtsplein sind Café Monico und das altehrwürdige Art-déco-Café Schiller im gleichnamigen Hotel.

In den Seitenstraßen gibt es gemütliche «Eethuisjes» und «Petit Restaurants» wie Szmulewicz und De Vinck. Für jeden Geschmack etwas bietet die Utrechtsestraat: vom Fischrestaurant Sluizer bis zu indonesischer Küche im Tempoe Doeloe und indischer Küche im Tagore.

Bis auf das Tuschinski-Kino und das Theater De Kleine Komedie ist die Gegend um den Rembrandtsplein vor allem eine Meile für Tanzwütige. Die Diskotheken reihen sich von der Amstelstraat wie Perlen auf einer Kette hintereinander: Soul Kitchen für die über Dreißigjährigen, Amsterdams hysterischster Hotspot iT, gegenüber – in der Wagenstraat – Sinner in the Heaven und kurz vor dem Plein Jantje's Verjaardag (Mainstream). Auf dem Rembrandtsplein selbst findet man Amsterdams Mega-Disko Escape. In der Seitenstraße beim Café Monico, dem Halvemaansteeg ist in Bars wie Chez Manfred, Entre Nous und Baja Beach Club wieder ein Teil der Gay-Szene zu Hause. Ansonsten wird lautstark das «Amsterdamer Lebenslied» mitgesungen in Etablissements wie Café Populair, Bolle Jan und The Shorts of London. Der mit dem Rembrandtsplein verwachsene Thorbeckeplein beherbergt Nachtclubs, wie sie jede Großstadt kennt: Hier amüsieren sich die Provinzler bei einem Abend «Großstadt». Und hier sowie im Red-Light-District tobt der «Vrijgezellen-Avond», die niederländische Variante des Polterabends, der letzte Abend vor der Hochzeit, an dem die Junggesellen noch einmal die Sau rauslassen dürfen: die Männer beim Striptease und die Frauen bei den Chippendales.

Die Diskokette setzt sich dann wieder in der Reguliersdwaars-

Vor dem Café «Die neue Ver-
liebtheit»

Klaus Mann über dieses Café: «Ob beim Kaffee-Kirsch im Bellevue in Zürich oder beim Jenever im Americain: überall die gleichen Gesichter»

straat fort, der Verbindungsstraße zwischen Rembrandtsplein und Leidsestraat/Spui. Hier liegen die Salsa-Disco Margerita, das Havana mit Soul- und Funky-Music, das Exit mit House-Music sowie die Tanzbar Richter. Flankiert werden sie von Gay-Bars und Nachtcafés. Am Singel gegenüber dem schwimmenden Blumenmarkt befindet sich in einem ehemaligen Kino der größte Konkurrent von Amsterdams tonangebender Disco «iT», das Roxy. Wie im «iT» ist es äußerst schwierig, hier Zugang zu bekommen: nur wer bekannt, jung, supersexy und extravagant gekleidet ist, wird eingelassen. Wenige Meter davon entfernt feiern die reiferen Jahrgänge – siebzig Prozent der Amsterdamer leben in Einzel-

haushalten – ihre Single-Feten im Hollywood. Von Rolling Stones bis Two Unlimited wird alles im Odeon gespielt, einem Dancing mit drei Tanzfluren in einem alten Grachtenhaus. Einlaß nur mit (internationalem) Studentenausweis gibt es in Amsterdams Alma-Mater-Disco Dansen bij Jansen. Über die Leidsestraat, die wegen ihrer vielen Snackbars «Rue de Mayonnaise» genannt wird, gelangt man zur dritten Piste: rund um den Leidseplein.

Leidseplein und Umgebung: Wohnzimmer und Herz der Stadt
Der Leidseplein ist das Zentrum der Hauptstadt, das nationale Wohnzimmer, das Herz von Amsterdam. Hat Ajax den Cup ge-

wonnen, dann stehen die Stars auf dem Balkon des Stadttheaters und die Fans ihnen zu Füßen – wie die Kinder nach dem Einzug von Sinterklaas, dem heiligen Nikolaus, Schutzpatron der Stadt und in Holland mit seinen Geschenken wichtiger als der Weihnachtsmann. In der Stadsschouwburg selbst werden Theaterkarrieren gemacht und gebrochen (siehe S. 153). Nebenan, im Café Americain, kamen ab 1933 die emigrierten Dichter und Denker aus der untergegangenen Weimarer Republik zusammen, und während der Besatzungszeit sind Café «Eylders» und «Rijnders» die Treffpunkte des Künstlerwiderstands um Gerrit van der Veen. Nach dem Krieg ergreift Café Eylders die Initiative, um den Leidseplein nach dem Vorbild der Pariser «Place du tertre» neuzugestalten. Sie versandet, und Amsterdams größte Zeitung *Het Parool* schlußfolgert: «Amsterdam, doch eine tote Stadt!»

Lebendig wird der Platz erst wieder in den sechziger Jahren, in der Zeit von Provo: Ein Nachtclub nach dem anderen wird gegründet. In De Lucky Star, The Blue Note, Shocking, Kick-Romantica und Starclub trifft sich die intellektuelle Jugend der Stadt. Sie wird im Gegensatz zur proletarischen Jugend, die sich am Nieuwendijk trifft und «Dijker» genannt wird, nach dem Leidseplein «Pleiner» genannt. Ab 1970 verlagert sich das Nachtleben in die Querstraßen der Leidsestraat: in die Korte und Lange Leidsedwaarstraat. Die Kneipiers ziehen die Notbremse und erwirken bei der Stadt, daß sie den ‹Plein› im Sommer als Terrasse und im Winter als Kunsteisbahn nutzen dürfen. Der Leidseplein wird zum nationalen Wohnzimmer. Auf der Laufroute zum Poptempel Paradiso, zum Multi-Media-Zentrum Melkweg und zum Vondelpark liegend, wird der Leidseplein in der Flower-Power-Zeit zum Inbegriff von «Magic Amsterdam». Die Fools um Django Edwards besetzen ihn, und bis auf den heutigen Tag treten hier Straßentheater und -musiker auf. In der Kulisse wird indes geschoben: das Bühnenbild prägen seitdem Dependancen von Luftfahrtgesellschaften und Niederlassungen der internationalen Fast-food-Ketten. Das Leidseplein-Theater, zuletzt Kino, wird zur Diskothek Cash mit Mainstream-Musik, und die ehemalige Polizeiwache wird 1985 zum Hauptsitz des Soft-Drug-Imperiums The Bulldog. Seitdem ist es nicht mehr das Herz, sondern es sind – um im Bilde zu bleiben – die Herzkranzgefäße, die heutzutage die Anziehungskraft des Leidseplein ausmachen.

Einer der Ausläufer des Leidseplein, der Kleine Gartmanplantsoen, beherbergt das Palladium und De Balie – Kneipen, in denen man sich zum Abend verabredet. In De Balie gibt es Avantgardetheater, Dichterlesungen, Kulturdebatten und – im Dezember – das Internationale Dokumentarfilmfestival, das dann auch ein Teil der Kinos am Leidseplein nutzt. Zwischen De Balie und Paradiso liegt der neu geschaffene, nach dem Schachweltmeister Max Euwe benannte Platz, mit Grand Café, Lido mit Blick auf den Vondelpark und einem Holland Casino. Ein anderer Ausläufer, um das Americain herum, beherbergt den Theaterkomplex Nieuwe de la Mar / Bellevue, das Kinocenter Calypso und die Theatercafés De Smoeshaan und Cafécox. Hinter dem Stadttheater liegt der Komplex einer alten Milchfabrik: seit der Hippiezeit berühmt als das Multi-Media-Zentrum De Melkweg. Nachtfalter schwärmen in die Seitenstraßen der Leidsestraat aus: Hier findet man Diskotheken wie Mimi's und Bunnies und Clubs wie Alto und Bamboo-Bar (Jazz), das Hard Rock Café und 't Feest van Joop. Dazwischen liegen unzählige Kneipen, Pizzerien und Eethuisjes wie Akbar (indisch) und Asian Delight (indonesisch). Wer mitten in der Nacht Hunger verspürt, der kann ihn hier stillen. Fast alle der wenigen Nachtrestaurants von Amsterdam befinden sich hier rund um den Leidseplein: Bojo, Homolulu, Padrino und Sedap heißen die Alternativen zu McDonald's-Hamburger und Febo-Pommes-frites.

Von Haarlemmerbuurt bis Jordaan: Zwischen Volksvergnügen und Schickimicki

Haarlemmerstraat und Haarlemmerdijk genießen vor allem unter den im Jordaan wohnenden Studenten große Popularität als «Pizza Alley»: sieben Pizzerien säumen derzeit die Straße. Dabei übersieht man schnell, daß es hier auch noch sehr gute Alternativen zum neapolitanischen Armenessen gibt: beispielsweise «Aal mit Bratkartoffeln» im Roserijn und Zalm, ein Seelachsmenü im Restaurant Dulac. Cineasten mit hungrigem Magen können im Art-déco-Kino The Movies ein «Filmmenü» reservieren: ein mehrgängiges Gericht plus Film.

Speisen plus Theater und eventuell als Nachtisch Disco bietet das Pacifik in der Westergasfabriek, wo die «Toneelgroep Amsterdam» von Gerard-Jan Rijnders auftritt, derzeit Amsterdams beste Theatergruppe.

Über die Brouwersgracht hinweg – hier ist Eethuis 't Smackzeyl zu empfehlen – gelangt man in den Jordaan. Auf der Lindengracht reihen sich zwischen Brouwersgracht und Lijnbaansgracht Kneipe an Kneipe: von der Terrasse des Thijssen bis zur «belgischen Bierterrasse von De Kat in de Wijngaert» liegen rund ein halbes Dutzend empfehlenswerte. Viele Kneipen sind gleichzeitig «Eethuis» und auf bestimmte Küchen spezialisiert: spanisch (Duende), mexikanisch (Caramba), italienisch (Il Fiore), und von allem etwas gibt's in populären «Eetcafés» wie De Platvink, Vandenberg und Floor. Entlang der Prinsengracht gibt es eine weitere Meile von Studentencafés mit Namen, die fast alle mit einem «P» beginnen: vom Papeneiland bis P'96. In den Seitenstraßen stehen weitere «Eethuisjes» wie De Reiger und De Eettuin zur Verfügung, aber auch Juwelen der indonesischen und der antillianischen Küche, das Jaya und das Sula, sowie in Kombination der beiden Cuisines das Rum Runners neben der Westerkerk. Eine besondere Atmosphäre verheißen jene typischen Jordaankneipen, wo noch die alten «Jordaanezen», die Ureinwohner sozusagen, zu Akkordeon- und Drehorgelmusik zusammenkommen, um ihre Lieder vom «Goede oude Jordaan», vom «pierement» und vom «Mooie Westertoren» live zu Gehör zu bringen. In besonderen Glücksstunden findet dies mit einer Polonaise über die Grachten ihren Höhepunkt. Die Chance, urjordaanesischen Frohsinn mitzuerleben, bietet sich am ehesten in Kneipen wie Café Nol, De Twee Zwaantjes und Rooie Nelis. Doch auch in unbekannteren Kneipen ist es zu vorgerückter Stunde mehr als «gezellig». Auch Touristen werden dann oft mit einbezogen, wenn Kneipenrunden geschmissen werden. Für Tanzwütige ist auf der Rozengracht mit Mazzo eine der besten Diskos der Stadt zu finden. Und Live-Auftritte von Jazz bis Blues und Salsa bieten Musikkneipen wie Korsakoff und das Maloe Melo auf der Lijnbaansgracht. Die Größen (des Jazz) von ehedem stehen hier neben den Newcomern.

Außerhalb der vier Nachtreviere ist zwischen den Grachten, aber auch in dem alten Ring von Arbeiterstadtteilen – von der ehemaligen Krakergegend «Staatsliedenbuurt» bis zu dem sich zum «Quartier Latin» von Amsterdam hin entwickelnden Viertel «De Pijp» – einiges zu entdecken. Hinzu kommt, daß statistisch jedes Jahr zwanzig Prozent der Kneipen ihren Eigentümer wechseln. Das heißt: Eine Kneipe, die eben noch «in» war, kann morgen schon vollkommen «out» sein. Darum gilt auch hier wie bei allem: Selbst auf Erkundung gehen. Am Leidseplein, beim VVV-Büro am Bahnhof und beim internationalen Bookshop Atheneum am Spui gibt es aktuelle Informationen: in *De Uitkrant*, *Pop- und Jazz Uitlijst*, *De Filmkrant* sowie die Handzettel und Programmzeitungen der Veranstalter.

RUND UM DEN REMBRANDT–TOWER

EIN AUSFLUG MIT DEM FAHRRAD

In Amsterdam gibt es mehr als eine halbe Million Zweiräder. Fahrradschneisen leiten durch die Innenstadt, führen kreuzungsfrei durch Tunnel, unter Viadukte und Häuser hindurch. Gut ausgeschildert kann man sogar durchs ganze Land radeln, denn Holland verfügt über das längste Radwegnetz der Welt. Fahrräder sind einfach zu mieten, unter anderem bei der «Fietsenstalling» (Fahrradaufbewahrung) an Bahnhöfen. Wer im Bicycle-Hotel in der Van Ostadestraat absteigt, der bekommt ein Leihfahrrad gratis. Unsere Fahrrad-Route beginnt in unmittelbarer Nähe dieses Hotels: am Sarphatipark im Pijp-Viertel, dem Quartier Latin von Amsterdam, und dauert ca. acht Stunden.

Der nur vier Hektar große Stadtpark, Sarphatipark, ist nach Samuel Sarphati (1813–1866) benannt, dem Sohn eines portugiesisch-jüdischen Tabakhändlers. Sarphati ist ein stadtbekannter Hausarzt, der vor allem im gesellschaftlichen Leben der Stadt hervortritt (Gründer u. a. der Amsterdamer Handelsschule). Die Liebe des bekannten Hausarztes zu Amsterdam äußerte sich in stadtplanerischen Initiativen. So entwickelte er den Plan, entlang der Amstel einen Boulevard mit Hotels, Terrassen, Treffpunkten, Parks und öffentlichen Villen anzulegen. Realisiert wurden das Amstel-Hotel, heute das königliche Gästehaus, und ein Teil des ursprünglich auf 16 Hektar avisierten Stadtparks. Hier am Sarphatipark ist der Ausgangspunkt der Tour, und wir fahren entlang der «Ceintuurbaan» (Ringbahn) in östliche Richtung weiter bis zur Amstel.

Nieuwe Amstelbrug und Berlagebrug

Der Amstel, ursprünglich ein Sumpf- und Gezeitenfluß, hat die Stadt ihren Namen zu verdanken: die altholländischen Worte

An der Amstel malte schon Rembrandt, heute thront der höchste Wolkenkratzer Amsterdams über dem Fluß: der Rembrandt-Tower

«ame» und «stelle» heißen «Wasser» und «Land»; Amstel bedeutet mithin «Wasserland» und Amsterdam: der Damm im Wasserland. Die älteste Niederlassung in diesem Wasserland war indes nicht Amsterdam (1275), sondern Ouderkerk. Die Westseite der Amstel wird Utrechter Seite genannt, das andere Ufer Weesper Seite. Hier fuhren die Schiffe nach Utrecht beziehungsweise Weesp. Auf der gegenüberliegenden Seite befindet sich der Kulturtreffpunkt De Ijsbreker, ein Café und Zentrum für moderne Musik. Schon im 17. Jahrhundert gab es hier eine Herberge, genannt nach dem an der Kade liegenden Eisbrecher, der die Amstel eisfrei halten mußte, damit die Wasserschiffe Amsterdam mit Süßwasser versorgen konnten. De Ijsbreker war und ist ein kosmopolitischer Treffpunkt.

Auf der rechten Uferseite, dem Amsteldijk, geht es weiter in südliche Richtung. Vor kaum hundert Jahren war hier noch Polderlandschaft: Nieuwer Amstel diesseits, Ouder Amstel jenseits des Flusses. Am Amsteldijk 67 mit einem zierlichen Glockenturm liegt das ehemalige Rathaus der Gemeinde Nieuwer-Amstel, 1896 von Amsterdam eingemeindet, heute Gemeindearchiv. Das Wappen oberhalb der Tür ähnelt dem von Amsterdam, hat jedoch keine drei vertikalen Andreas-Kreuze, sondern vier horizontale. Vor dem Rathaus an der Ecke zur (heutigen) Tolstraat befand sich bis 1896 ein Zolltor.

Seit 1932 verbindet die Berlagebrug den Süden Amsterdams mit der Ausfallstraße in Richtung Hilversum (heute Autobahn A 1). Sie war die letzte Arbeit des Stadtbaumeisters Petrus Hendrikus Berlage (1856–1934). Im Vergleich zu der ebenfalls von Berlage entworfenen Nieuwe Amstelbrug (1903) wurde die Berlagebrücke im Stil der Neuen Sachlichkeit gebaut. Die Farben Rot und Schwarz aus dem Amsterdamer Stadtwappen – sie finden bei den Stahlkonstruktionen der Brücke mannigfaltige Verwendung – signalisieren den Reisenden die Ankunft in Amsterdam. Die beiden Turmbauten beiderseits der «Vrijheidslaan» unterstreichen dies noch. Auf dieser Verkehrsachse marschierte 1940 die deutsche Wehrmacht ein, fünf Jahre später die kanadischen Befreier (Plakette am Brückenwächterhäuschen). Die Magistralen wurden benannt nach den Führern der Konferenz von Jalta: Stalinlaan (seit dem Kalten Krieg: Vrijheidslaan), Roseveeltlaan und Churchillaan. Wo die Straßenzüge zusammenkommen, erhebt sich der «Wolkenkrabber», einst mit elf Geschossen 1932 Amsterdams erstes Hochhaus. Das Appartementhaus ist eine Mischung aus Amsterdamer Schule (Backstein) und Neuer Sachlichkeit (Stahlkonstruktionen) und wird daher dem internationalen Expressionismus zugerechnet. Das Viertel (Rivierenbuurt) entstand in den zwanziger und dreißiger Jahren als Teil von Berlages berühmtem «Ausbreitungsplan Süd» (1905 und 1917). Ein Denkmal an den Amsterdamer Baumeister befindet sich am Kreuzpunkt der Straßen vor dem Wolkenkrabber.

Orte der Erinnerung

Zur Rechten liegt die Einfahrt zum Straßenbahndepot Lekstraat. Die Straßenbahner hatten einen entscheidenden Anteil am Gelingen des Generalstreiks am 25. Februar 1941, der Amsterdamer Reaktion auf die erste Judendeportation (siehe S. 100).

An der Gaaspstraat / Ecke Lekstraat befindet sich die Speeltuinvereniging Amsterdam-Zuid, eine 1923 gegründete Spielplatzinitiative. Das Motto bis heute lautet: «Zusammen leben – zusammen spielen.» Alle Kinder aus dem Stadtteil, von welchem weltanschaulichen oder religiösen Glaubensbekenntnis der Eltern auch immer geprägt, sollen hier zusammen spielen können. Zur Erinnerung an die Beschlagnahmung des Spielplatzes durch die deutsche Besatzungsmacht, die auf dem Gelände einen »Markt für Juden« einrichtete, steht heute am Eingang das «Kindermonument». Das Denkmal der Künstlerin und ehemaligen Widerstandskämpferin Truus Menger zeigt zwei spielende Kinder auf einer Rutsche, in deren Schatten abseits zwei jüdische Kinder stehen. Das Denkmal erinnert daran, daß von den 17 000 jüdischen Bewohnern des Stadtteils 13 000 deportiert wurden. Die Kinder der Catharinaschool am Platze haben die Patenschaft über das Kindermonument übernommen, und an jedem 3. November findet hier eine Gedenkfeier statt.

Vom Tower bis zur Amstel
Über die Trompenburgstraat kehren wir zurück zum Amsteldijk. Der Bürokoloß Rivierenstaete an der Ecke paßt hier architektonisch überhaupt nicht hin und wirkt wie die Trümmer nach einem Meteoriteneinschlag, von den Amsterdamern daher treffend «Affenfelsen» genannt. Wir überqueren die Kreuzung, die Hauptstraße heißt ab hier seit 1963 John F. Kennedylaan, und kommen auf den Amsteldijk. Die Amstel macht hier eine Biegung, das gegenüberliegende Ufer heißt De Omval, was in altniederländisch «scharfe

Biegung» bedeutet. Dort machte Rembrandt im 17. Jahrhundert einige seiner berühmten Federzeichnungen. Heute steht Amsterdams mit 125 Metern höchster Wolkenkratzer an dieser Stelle, nicht ganz ohne Traditionsbewußtsein Rembrandt-Tower genannt. Auf unserer Fahrrad-Tour leistet er fortan ausgezeichnete Dienste als Orientierungspunkt. An der Amstel und einigen Wohnbooten entlang kommen wir zu einem der wichtigsten Friedhöfe der Stadt.

Begräbnis Anfang der neunziger Jahre: Der rosa besprühte Sarg steht inmitten von Palmen, Orchideen und plätschernden Wasserläufen aufgebahrt. Gute Freunde des Verstorbenen tragen Gedichte vor, sein Lebenspartner erzählt von den letzten gemeinsamen Wochen. Zu chinesischem Feuerwerk ertönt «Wild Horses» von den Stones. Die Stille danach fällt wie ein Schleier auf die Anwesenden. Einige nahe Freunde tragen den Sarg durchs Spalier der Trauergäste zum Bootssteg, wo die blumengeschmückte Schaluppe wartet. Im Konvoi geht es durch die Grachten, an einigen Lieblingsstellen des Toten vorbei, dann die Amstel flußaufwärts zum Friedhof Zorgvlied. Immer öfter gibt es diese Riverpartys statt Fließbandbestattung. Durch Aids geriet die Möglichkeit, auch jung sterben zu können, ins Bewußtsein. Die Aidspatienten sind die ersten, die bewußt mit dem Tod umgehen und für sich neue Todesrituale kreieren und einfordern. Beim Amsterdamer Friedhof Zorgvlied steht man dem offen gegenüber: nicht zuletzt, weil er traditionell die letzte Ruhestätte bedeutender Amsterdamer Bürger ist. Hier liegen begraben: der Zirkusdirektor Oscar Carré und der

Theatergründer Herman Heijermans, der Schauspieler Louis Bouwmeester, der Literat Arthur van Schendel und die Kinderbuchautorin Annie M.G. Schmidt, um nur einige der über 100 000 hier begraben liegenden Amsterdamer zu nennen. Zorgvlied wurde 1870 von dem Landschaftsarchitekten Jan David Zocher, der auch den Vondelpark konzipierte, im Stile englischer Landschaftsgärten entworfen.

Amstelpark, alte Meister und Gegenwart

Hinter der Autobahnbrücke beginnt der Amstelpark, der anläßlich der Floriade 1972 angelegt wurde. Viele Attraktionen dieser «Bundesgartenschau auf holländisch» sind erhalten: Ausstellungspavillons, Kinderbauernhof, Ponyreiten und Miniatureisenbahn durch den Park. Zwischen Park und Amstel befindet sich noch eine der drei erhaltenen Sommerresidenzen und Landvillen reicher Amsterdamer: «Amstel-Rust» genannt. Daneben gibt es auf dem Wege nach Ouderkerk noch die Sommersitze Westeramstel und Ostermeer mit Teehäuschen, imposanten Toreinfahrten und Parkanlagen. In Rademakers *Holland Arcadia of de vermaarde rivier aan de Amstel* (1730) gibt es eine Reihe von Abbildungen dieser Landsitze, die reiche jüdische Kaufleute wie Manuel Ximenes, Baron von Belmonte und David de Pinto besitzen. De Pintos Landsitz Tulpenburg (nicht erhalten) wurde zum Zufluchtsort des aus Amsterdam verbannten Baruch Spinoza. Hinter dem Abzweig Machineweg steht ein Obelisk mit der Aufschrift «Terminus Proscriptionis – uyterste paalen der ballingen». Diese Zeichen bilden einen Ring um Amsterdam, um unliebsamen Bürgern zu signalisieren: Hier beginnt die «Bannmeile», sich innerhalb dieses Ringes aufzuhalten war verboten.

Hollands großer Maler, Rembrandt Harmensz van Rhijn, kann eigentlich getrost Rembrandt van Amstel genannt werden. Viele Motive seiner Arbeiten findet er nämlich am Amstelfluß: unter anderem «De Omval» und das «Sixbruggetje». Von der Stelle aus, wo heute sein Standbild steht, zeichnet er «De boerderij aan de Amstel» (1650/1669). In einer ganzen Reihe von Radierungen zeigt Rembrandt die Umgebung der Stadt und zeigt im Hintergrund die Silhouette Amsterdams. Das Interesse am Verhältnis von Stadt und Land spiegelt sich auch in den Werken anderer Künstler wider, sei es der sonntägliche Spaziergang an der Amstel, die große Zahl von Winterbildern, wie zum Beispiel «Riviergezicht bij Winter» von Aert van der Neer (im Rijksmuseum). Das gefrorene Wasser läßt den Ausflug aus der Stadt zum besonderen Vergnügen werden. Das Interesse am Detail und die Weitsicht prägen die Landschaftsmalerei Hollands. Kern-Holland wird dabei als ein weites, flaches Land erfahren. Das Aussehen, das Licht und die Farbe des Himmels wechseln ständig. In seinen *Erinnerungen an Holland* beschreibt Hendrik Marsman die holländische Polderlandschaft: «Denkend an Holland, seh ich breite Flüsse, träge durch ein unendliches Flachland ziehen …» Ein Blick auf die Amstel kann dieses Gefühl bestätigen. Schaut man zum Horizont, dann kommt aber vielleicht auch ein anderes, zeitgenössischeres, realistischeres Gefühl auf: Weiterradelnd sehen wir links und rechts Polderlandschaft

Phantastische Aussicht auf Amsterdam und die Amstel vom Rembrandt-Tower: Leider ist der Turm öffentlich nicht zugänglich

Im Stadtteil Bullewijk prallen die Gegensätze von Stadt und Land aufeinander

mit Trauerweiden und schwarz-weißen oder braunen Kühen und in der Ferne die Wohnblocks von Amstelveen in westlicher Richtung. Jenseits der Amstel liegen die Autobahn nach Utrecht und die Wohn- und Bürokolosse von Amsterdam-Zuidoost.

Die älteste Niederlassung an der Amstel stammt aus dem 11. Jahrhundert. In Ouderkerk

aan de Amstel, am Zufluß des Bullewijk in die Amstel, gibt es viele alte Gasthäuser, wo man zur Pause einkehren kann: De Paardenburg, ursprünglich ein Reiterhof aus dem 16. Jahrhundert, und Het Jagershuis. Die altholländische Atmosphäre mit Klappbrücke und regem Schiffsverkehr kann man von einer Terrasse direkt an der Mündung beider

Flüsse genießen. Man erreicht diese Brücke, indem man noch vor De Paardenburg die Amstel überquert und rechts in die Dorpstraat hineinfährt, am Rathaus wiederum rechts in die Kerkstraat abbiegt: an der großen Kirche vorbei erreicht man die Klappbrücke. Auf dem Grundstück daneben befinden sich die Reste des portugiesisch-israelischen Friedhofs aus dem Jahre 1616. Er ist der älteste Friedhof in den Niederlanden. Hier liegen berühmte Amsterdamer Juden begraben: der Verleger und Rabbi Menasseh Ben Israël, die Eltern des Philosophen Baruch Spinoza (sein Grab ist in Den Haag) sowie die Grabstätten der reichen Kaufleute De Suassos, Teixeira de Mattos und De Pintos. Schon im 17. Jahrhundert sind die

Verstorbenen mit Todesschaluppen die Amstel hinaufgefahren bis zum jüdischen Friedhof in Ouderkerk. Am Bullewijk steht noch das hölzerne Eingangstor, versehen mit dem Datum des jüdischen Kalenders 5376 (1616 n. Chr.), als der Friedhof offiziell seiner Bestimmung übergeben wurde. In hebräisch steht der folgende Text: «So, sagt der Ewige Gott, ich sehe, öffnet eure Gräber, und ich werde Euch aus euren Gräbern aufsteigen lassen, mein Volk, und bringe euch zum Lande Israels.» Heute gibt es einen Verein, der sich um die Pflege des Friedhofs kümmert und über seine Geschichte informiert. Das Büro befindet sich in der Kerkstraat 6 – 7 (Führungen).

Bürobauten in Bullewijk, Stadion der Superlative

Wir fahren jetzt von Ouderkerk auf dem Burgemeester Stramanweg in Richtung Bullewijk. Auf der Landkarte von 1575 kann man erkennen, daß in dem Dreieck zwischen den Dörfern Diemen, Ouderkerk und Weesp ein riesiges Sumpfgebiet liegt, mit vielen kleinen Wasserläufen und zwei Binnenseen, dem Diemermeer und dem Bijlmermeer, an dem der kleine Flecken Bijlmer liegt. Von 1622 bis 1626 legten Amsterdamer Kaufleute das Gebiet mit Windkraft trocken. Doch noch zweimal soll der gesamte Polder «blank» stehen. Als 1672 Ludwig XIV. mit seinen Truppen vor den Toren Amsterdams steht, wird der Polder als Teil des Verteidigungsgürtels «De Hollandse Waterlinie» unter Wasser gesetzt; 1702 bricht eine Jahrhundertflut die Deiche. Danach geschieht lange Zeit nichts in dieser sumpfigen Polderlandschaft. Erst Anfang der sechziger Jahre dieses Jahr-

hunderts gerät er wieder ins Blickfeld: Amsterdam will wachsen, und der Polder soll zum größten Bauplatz des Landes werden: Eine Stadt der Zukunft für 100 000 Menschen, eine Modellstadt in Reinkultur soll realisiert werden.

Hinter der Autobahntrasse A 2 Amsterdam – Utrecht kommen wir zunächst in den Stadtteil Bullewijk, in dem die Arbeit vorherrscht. Hier türmen sich die neuen Bürobauten wie Bauklötze einer futuristischen Spielzeugstadt auf. Die architektonischen Trends der letzten Jahre manifestieren sich hier in Spiegelfassaden, Marmorpalästen und Glas-Metall-Konstruktionen der internationalen Einfallslosigkeit. Je nach Geschmack sind einzelne Perlen zu entdecken, zum Beispiel Alberts Symphonie aus orangenen Backsteinen, der Hauptsitz der NMB-Bank neben dem Einkaufszentrum Amsterdamse Poort. Als Standortvorteil werden die drei Autobahnen, die Nähe zum Flughafen Schiphol, mit den Städten Utrecht, Hilversum und der Innenstadt Amsterdams gepriesen. Die Niederländischen Eisenbahnen haben im Bijlmer drei Bahnhöfe, und mit der U-Bahn ist man in 15 Minuten am Amsterdamer Hauptbahnhof. Geplant ist dazu noch eine Schnellstraßenverbindung über Schiphol bis an die Nordsee nach Ijmuiden. Nach einigem Zögern haben sich inzwischen nationale und internationale Unternehmungen angesiedelt. Der ehemalige Flugzeugbauer Fokker war ein Vorreiter. Danach ist es vor allem die Finanzwelt, die vom teuren Grachtengürtel in die Peripherie umzieht: So haben die ABN-AMRO-Bank, die NMB-Bank, The Hong Kong und Shanghai-Bank, die Girozentrale der PTT sowie verschiedene Versicherungen mittlerweile ihre Hauptsitze hierher verlagert. Hinzu kommen internationale Firmen aus der Software- und Computerbranche. Derzeit gibt es mehr als 450 Firmen, die 35 000 Menschen Arbeitsplätze geben. Dabei ist der größte Arbeitgeber im Südosten noch immer das Academisch Medisch Centrum (AMC), die Universitätsklinik der Stadt.

Die U-Bahn und Eisenbahntrasse in Richtung Utrecht bildet den Schnittpunkt zwischen dem Wohnzentrum (Bijlmermeer) und dem Geschäftszentrum (Zuid-Ost). Abweichend von der einst vom Architekten Le Corbusier geforderten Funktionstrennung, ist man nun wieder auf eine Durchmischung aus. Bislang am ehesten rund um das Einkaufszentrum Amsterdamse Poort geglückt, wo Kontore, Wohnwaben und der Bijlmerpark zusammenkommen. Schnurgerade füllt hier der Boulevard von Bijlmermeer durch die junge Stadt, ursprünglich auf einer Hochstraße. In der Erneuerungsplanung kommt diesem Verbindungsweg eine Funktion als Boulevard zu, auf dem flaniert werden soll: zum Vergnügungszentrum rund um das neue Ajax-Stadion.

Die Stadionarena gilt als das Nonplusultra der Freizeitgesellschaft, bestimmt für Familien – nicht nur für Vater und Sohn. Dieses kundenfreundliche Image soll auch die Hooligans der F-Side beruhigen. Im Gegensatz zu anderen Stadien, die eher schwer bewachten NATO-Basen gleichen, gibt es keine Gitterabsperrungen oder ähnliches. Statt dessen sind Akteure und Publikum – es ist kaum holländischer möglich – durch eine tiefe, jedoch trockene Gracht voneinander geschieden.

Regelmäßiger Nutzer der Mehrzweckarena ist neben dem Fußballclub «AJAX» auch das American Football Team «Amsterdam Admirals». Hier treten auch Popstars auf, werden Musicals und TV-Veranstaltungen präsentiert. Um vom holländischen Klima unabhängig zu sein, kann das Stadion mit einem Schiebedach innerhalb kurzer Zeit zur Halle werden. Fernsehkameras bringen die Ereignisse in die Wohnstuben, aber auch auf die Großbildschirme im Stadion selbst: zum Beispiel die Wiederholungen von Torszenen. Europas drittgrößter Fernsehproduzent, das Duo John de Mol und Joop van den Ende, hat gleich neben dem Stadion ein komplettes Studio. Ins Stadion selbst gelangt man mit Eisenbahn- oder U-Bahn. Wer mit dem eigenen Auto von der A 1 oder A 2 kommt, parkt im unterirdischen Parkhaus. Es soll in der Vorstellung der Projektplaner auch für Tagestouristen geeignet sein: Wer sich nicht mehr mit dem eigenen Auto in die Innenstadt traut, kann hier bewacht sein Auto abstellen und per U-Bahn ins Zentrum gelangen. Um das Stadion herum entsteht ein neues Vergnügungszentrum mit Kneipen, Cafés und dem bislang größten Kinocenter des Landes. Damit soll nicht nur das Stadion umrahmt werden, auch der «Bijlmerboulevard» soll damit seinen würdigen Abschluß erhalten, meinen die Stadtplaner. Ob der Bijlmerdreef wirklich zum Flanieren einladen wird, bleibt abzuwarten.

Zurück in die Zukunft: Bijlmermeer

Am 4. Oktober 1992 verläßt ein Frachtflugzeug der israelischen Luftfahrtgesellschaft El Al den

Flughafen Schiphol in Richtung Tel Aviv. Noch im Steigflug fällt eines der Triebwerke aus, der Pilot möchte zum Flughafen zurückkehren. Doch bei einer weiteren Kurve über das IJ-Meer verliert die Maschine einen Motor. Dann geht alles rasend schnell: In der Flugschneise über Bijlmermeer kommt es zum Absturz. Der Jumbo-Jet bohrt sich in eines der elfgeschossigen Wohnhäuser und explodiert. Wie von einem Karateschlag getroffen, sind die Eckteile der Blocks Groeneveen und Kruitberg eingestürzt, alles steht in Flammen, Brand- und Kerosingeruch. Eine Katastrophe mit vielen Opfern und langfristigen Folgen, denn die Öffentlichkeit soll nie erfahren, welche gefährliche Fracht die Boeing 747 transportierte. 43 Menschen werden getötet. Wie viele Tote und Verletzte es wirklich gibt, weiß bis zum heutigen Tage niemand mit Gewißheit festzustellen. Hier wohnen viele illegale Asylanten. Die Stadt verspricht allen Illegalen, die betroffen sind, eine Amnestie. Bijlmermeer steht plötzlich im Rampenlicht; nicht die Trabantenstadt, sondern ihre Bewohner. Man spricht von 10 000 illegalen Ghanaern. Eine Woche nach dem Absturz ziehen Tausende trauernd in einem stillen Umgang durch den Bijlmeer. Das Fernsehen überträgt die Trauerfeierlichkeiten aus dem RAI-Kongreßzentrum live. Die Trauer verbindet. Unterschiede werden überbrückt. Eine Nation wird auf die Probleme aufmerksam gemacht. «Ja, Bijlmermeer muß anders werden.» Aber: «Mit städtebaulichen Mitteln allein ist nichts zu retten. Notwendig ist eine soziale Erneuerung.» Soziale Erneuerung – diesen Begriff prägte Jan Schaefer, Amsterdams charismatischer Sozialdemokrat und Querdenker. Soziale Erneuerung bedeutet, daß die Bürger in die Planung und Gestaltung ihrer Quartiere und damit in die Verantwortung einbezogen werden. Der Psychologe Piet Vroon erklärt: «Nirgendwo in den Niederlanden ist das Mißverständnis zwischen persönlichem Territorium und öffentlichem Gelände so groß wie in Bijlmermeer. Niemand fühlt sich für die Freiflächen verantwortlich.» Die Bewohner von Bijlmermeer, der Schlafstadt, wachen auf, fordern bessere Verwaltung ihrer Wohnungen.

Ein Vierteljahrhundert nach Übergabe der ersten Wohnungen entscheidet man sich zu einer radikalen Erneuerung: Renovierung und teilweise Abriß der riesigen, in Zickzacklinien angeordneten Plattenbauten. Noch in den sechziger Jahren war der Bau der Modellstadt Bijlmermeer für Architekten und Stadtplaner die Verwirklichung eines Ideals. Von Le Corbusier inspiriert, ließen sie Autos in Parkhäusern verschwinden, verlegten sie Straßen auf Stelzen. Die Grünflächen zwischen den Blocks sollten nur von Fußgänger- und Fahrradwegen durchzogen werden. «Zukunft mieten» hieß der Slogan. Die Technokraten hatten folgenden Traum: Mann mit einem guten Job kommt am Feierabend von seiner Arbeit in der Stadt mit dem Auto nach Hause und fährt hoch über die Grünflächen auf dem Bijlmerdreef zu seiner Parkgarage. Diese ist durch eine überdachte Laufbrücke mit seinem Wohnblock verbunden. Ein Lift bringt ihn nach oben. Dort warten Frau und Kinder, mit denen er nach dem warmen Essen um 18.00 Uhr noch ein wenig spazierengeht in der Parklandschaft, die sich unter Laufbrücken, Metro- und Autobahntrassen zwischen den Blocks ausdehnt. Die Werbeprospekte lockten mit Bildern von glücklichen Familien.

Doch die vorfabrizierten Normwohnungen im Galeriestil entsprachen nicht den Bedürfnissen der Durchschnittsholländer. Diese wollten ein Haus mit Garten, großes Wohnzimmer mit Terrasse nach hinten, Schlaf- und Kinderzimmer im ersten Stock. Die besserverdienenden Amsterdamer zogen nicht hierher, sondern nach Purmerend, Hoorn und Almere. Bijlmermeer hingegen verwahrloste zusehends, wurde zum Alptraum, zur «Beton-Insel für ethnische Minderheiten, Flüchtlinge, Junkies und Kriminelle», wie eine Tageszeitung titelte. Eine unpersönliche und unsichere Schlafstadt, ein Auffang- und Durchgangslager für Einwanderer.

Der Wohnblock Florijn, vom Bijlmerdreef aus zur Linken, ist mit 800 Wohnungen der größte Lindwurm im Bijlmermeer. Anno 1995 ist die Hälfte der Bewohner arbeitslos. Ganze Geschosse stehen leer, ständig kommen die Umzugswagen. Verwurzelung, ein Gefühl von Identität mit dem Viertel, sonst so typisch für das Leben in Amsterdam, kommen hier kaum auf. Aber seit dem Flugzeugabsturz gibt es das Projekt «Erneuerung Bijlmermeer». Wo nötig, werden einige der Lindwürmer abgerissen, derzeit insgesamt Wohnungen von fast 5000 Menschen. Andere Blocks werden von Grund auf renoviert. Bei Neubauten lautet die Devise: weg vom Hochbau und hin zum Niedrigbau. Sogenannte «Bebos» (beneden/boven) – eine Wohnung (beneden) mit Garten, die andere (boven) mit Dachterrasse – sollen fortan für Bijlmermeer charakteristisch werden. Zudem bekommen arbeitslose Bijlmer-Bewohner bei den Renovierungs- und Abrißarbeiten bezahlte Jobs angeboten. Um die Sicherheit vor Ort zu erhöhen und die Kriminalität zu bekämpfen, werden im Rahmen der Arbeitsbeschaffungsmaßnahmen derzeit 200 Bewohner zu Wachpersonal ausgebildet, die mit Walkie-Talkies ausgerüstet ihre Runden machen. Schulung und Erwachsenenbildung sind weitere Schwerpunkte. Die jährlichen Kosten für die Erneuerung belaufen sich auf rund 300 Millionen Gulden in der ersten Phase. Dem steht jedoch gegenüber, daß die Defizite der Wohnungsbaugesellschaft «Neu-Amsterdam» durch Leerstand und Vandalismus 1992 eine Rekordhöhe von 130 Millionen Gulden jährlich erreichten. Fast 140 Millionen Gulden fließen zudem jedes Jahr an Sozialhilfe nach Bijlmermeer. Durch die Aktivitäten des Projektbüros «Erneuerung Bijlmermeer» erhofft man sich schon rein rechnerisch eine Kostensenkung. Wenn dazu die Lebensqualität und Vitalität des Stadtteils und seiner Bewohner erhöht werden, dann haben alle gewonnen. Im Jahre 2006 soll sich die Metamorphose in Bijlmermeer vollzogen haben.

Religionen, Parks und Polderlandschaft

Die letzten Blocks hinter Groeneveen gehören zur «K-Wüste», ihre Namen beginnen mit einem «K». Am meisten berüchtigt: Kraaiennest. In der Nummer 100 befindet sich das Ökumenische Zentrum. Schwarze Männer und Frauen in farbigen Gewändern kommen

207

Trauer an der Absturzstelle des
Jumbo-Jets in Bijlmermeer

hier zum Gottesdienst. Statt Orgelmusik ertönen die Klänge von Tamborins, Bongos, elektrischen Gitarren und von einem Schlagzeug. Dann hallt die Predigerstimme durch Brother Texel durch die Räume. «Er kam quer durch mein Fenster hinein. In einem großen Licht eines heiligen Feuers nahm er mich mit und heilte mich. Jesus Christus ist gekommen, um Südost zu verändern, um Holland zu verändern, um Surinam zu verändern. Er ist gekommen, um uns aus den Händen des Teufels zu retten.» Mit ganz anderem Pathos wird hier das Hochamt für Christen aus Suriname abgehalten. An anderen Tagen kommen die Gläubigen der «Korean Mission Church», dann die der «Assembly of God» und dann die Mitglieder des «Christian Worship Center» hier zusammen. Nebenan haben marokkanische Moslems ihre Moschee. Ein Stück weiter steht der Mandir, der Tempel der surinamischen Hindus im Kulturzentrum Vikaash. Viele religiöse Gruppen beginnen im Wohnzimmer und entwickeln sich dann zu eigenständigen religiösen und oft auch sozialen Organisationen. Bei der Planung vor 25 Jahren dachte man, in Bijlmermeer habe man mit einem Ökumenischen Zentrum genug. Doch im Unterbauch von Bijlmermeer braust es von Spiritualität. Schätzungen zufolge sind über 25 000 Bewohner religiös aktiv. Im Rahmen der Erneuerung Bijlmermeer wird eng mit allen religiösen Gruppen zusammengearbeitet, nicht zuletzt aus der Einsicht heraus, daß sie das organisch gewachsene, verbindende Ferment in der künstlich geschaffenen Stadt darstellen.

In Gaasperplas endet eine der beiden U-Bahn-Linien von Bijl-mermeer. Der Park mit Spazier-, Reit- und Fahrradwegen rund um den künstlichen See, Wasserabenteuerspielplatz, Bootsverleih, Liegewiese und Campingplatz ist das Naherholungsgebiet der Bijlmermeer-Bewohner. Über den Loosdrechtdreef radeln wir durch den Gaasperpark zum Gaasp und zur Weespertrekvaart. Über diesen Kanal gelangten die «Trekschuiten» nach Weesp. Wir fahren in umgekehrter Richtung die Weespertrekvaart entlang, um Bijlmermeer herum zurück bis zum Café De Ijsbreker an der Amstel. (Routebeschreibung: erst auf dem Provincialeweg, dann auf der Weesperstraat, Prins Hendrikade, beim Beukenhorst rechts über die Brücke nach Diemen und sofort wieder links den Rijksweg 705 entlang bis zum Middenweg, wo wir die Stadtgrenze von Amsterdam erreichen. Hier liegt das alte Fußballstadion von Ajax und Betondorp.) Onderlangs, «unten entlang», so heißt die Straße parallel zur Autobahn. Unter dem Autobahnzubringer Gooise Weg hindurch gelangen wir wiederum zur Weespertrekvaart, und auf der Weesper Zijde folgen wir dem Kanal bis zum Rembrandt-Tower an der Amstel. Wir passieren wieder die Kreuzung an der Berlagebrücke. Danach zur Rechten das traditionsreiche Journalistencafé Hesp und ein paar hundert Meter weiter, hinter der Nieuwe Amstelbrug, erreichen wir schließlich das Café De Ijsbreker.

INFOTEIL

INFOTEIL AMSTERDAM VON A–Z

Anreise und Einreise

Mit dem Auto

Amsterdam ist über die Autobahnen von der deutsch-niederländischen Grenze in rund 90 Minuten zu erreichen: von Norden (Bremen) über Groningen / Afsluitdijk über die A 7 / E 22 bzw. via Lelystad / Flevopolder auf der A 6 und A 1 / E 22, aus Richtung Hannover / Berlin über die A 1 / E 22 und aus Richtung Ruhrgebiet / Köln über die A 2 / E 35 via Arnheim / Utrecht. Es empfiehlt sich, das Auto am Stadtrand bei einem sogenannten Park & Ride-Platz kostenlos abzustellen und von dort aus mit öffentlichen Verkehrsmitteln ins Zentrum zu fahren. Wer sein Auto im «Transferium» unter dem neuen Ajax-Stadion ArenA stehenläßt, weiß es für wenige Gulden bewacht und kann zudem die U-Bahn kostenlos benutzen. In einer Stadt mit hoher Drogenkriminalität ist Autobewachung kein Luxus. Wer sich also mit dem eigenen Gefährt in den Grachtendschungel wagt, kann eines der Parkhäuser ansteuern. Da inzwischen fast ganz Amsterdam mit Parkautomaten versehen ist, sollte man das nötige Kleingeld zur Hand haben: pro Stunde etwa 4 Gulden. Bei dem städtischen Büro für «Parkeerbeheer» kann man auch für 20,70 Gulden Parkkarten erhalten, die den ganzen Tag gültig sind. Die Automaten befinden sich neben den gelben Schildern mit dem Buchstaben «P». Wer nicht oder zu wenig bezahlt, riskiert ein Bußgeld von mindestens 121 Gulden und eine gelbe Radklemme. Die Summe muß vorab bei einem der Büros für «Parkeerbeheer» bezahlt werden, bevor die Klemme wieder entfernt wird. Wird nicht innerhalb von 24 Stunden gezahlt, wird gnadenlos abgeschleppt (siehe S. 216 «Parkklemme»).

Mit der Bahn

Die Niederlande verfügen über ein sehr dichtes Bahnnetz. Innerhalb der Randstad Holland (zwischen Rotterdam, Delft, Den Haag, Leiden, Amsterdam, Hilversum und Utrecht) verkehren die Züge im S-Bahn-Takt. Von der Bundesrepublik aus ist Amsterdam durch zahlreiche Direktverbindungen erreichbar: fünfmal täglich verkehren Inter-Regio-Züge zwischen Berlin und Amsterdam mit Endbestimmung: Flughafen Schiphol / Hoofddorp; neunmal täglich gibt es Euro-City-Direktverbindungen von Köln über Arnheim und Utrecht. Direkte Fernverbindungen bestehen u. a. mit München, Wien, Klagenfurt, Innsbruck / Brenner in Österreich und Basel, Interlaken, Chur, Brig und Chiasso in der Schweiz. Rückfahrkarten 2. Klasse kosten von Wien rund 577 DM, von Basel 390 DM, von Berlin 306 DM und von Köln 102 DM zuzüglich EC- und IC-Zuschlägen. Für Karten 1. Klasse ist der Preis etwa 1,5mal so hoch. Senioren können 30 Prozent und Kinder bis zu 11 Jahren 50 Prozent Ermäßigung bekommen. Sondertarife erfragen! Auskunft in der Bundesrepublik, Tel. 0221 / 9254580, und das Info-Zentrum der Niederländischen Eisenbahnen, Tel. 06 / 9292 (50 Cent die Minute).

Mit dem Flugzeug

Der Flughafen Schiphol liegt etwa 15 Kilometer südwestlich von Amsterdam entfernt. Transfer: alle 20 Minuten fährt ein Zug von Schiphol zum Hauptbahnhof (8 Gulden), alle 30 Minuten fährt ein KLM Hotel Shuttle Bus (15 Gulden) zu den wichigsten Hotels in der Innenstadt, die Taxifahrt dauert ca. 20 Minuten und kostet rund 60 Gulden. Schiphol-Infotelefon in deutsch oder englisch · 06 / 3503 40 50.

Einreise

Zwischen Deutschland und den Niederlanden ist das Schengener Abkommen in Kraft. Für deutsche, Schweizer und österreichische Staatsangehörige reicht ein gültiger Personalausweis für einen Aufenthalt bis zu drei Monaten.

Antiquariate

The Book Exchange, Kloveniersburgwal 58, Tel. 6266266. Auf englische und amerikanische Bücher, meist Fiction, spezialisiert. Auch gut sortiert in Philosophie und Psychologie.

Cine qua non, Staalstraat 14, Tel. 6255588, Di-Sa 13–18 h, Filmantiquariat.

Van Gennep, Nieuwezijd Voorburgwal 330, Tel. 6264448. Modernes Antiquariat auf allen Gebieten, vor allem Literatur, Kunstbücher, Sozialgeschichte, Marxismus und Sexualität.

A. Kok en Zoon, Oude Hoogstraat 14–18, Tel. 6 23 11 91. Breites Angebot an wissenschaftlichen Büchern, auch antiquarische deutsche Literatur. Nicht so preiswert.

De Slegte, Kalverstraat 48–52, Tel. 6 22 59 33. Antiquarischer Büchersupermarkt. Modernes und altes Antiquariat. Gutes Angebot an Kunstbüchern. Auf der zweiten Etage gibt's deutsche Literatur, Wissenschaft auf der zweiten und dritten Etage.

Architektur

Amsterdam stellt sich noch immer dar wie im Goldenen Jahrhundert: In der Mitte der Altstadt, auf dem Dam, steht das Rathaus (heute: Koninklijk Paleis), den Altstadt-Kern (Singel) umgeben die konzentrischen Ringe des Grachtengürtels mit Heren-, Keizers- und Prinsengracht. Hier endete die Stadt für lange Zeit. Stadterweiterungen schufen das Volksviertel Jordaan, den Ring von Arbeiterstadtteilen aus dem 19. Jahrhundert (von Westerpark bis Indische Buurt), und schließlich die sozialdemokratischen Wohnutopien der Amsterdamer Architektenschule: Berlages «Plan Süd». Nach dem Krieg entstehen in den sechziger Jahren die Gartenstädte im Norden und Westen der Stadt sowie die Trabantenstadt Bijlmermeer im Südosten. Die Sanierung von Altstadtgebieten und die Funktionsveränderung der alten Häfen hat neue Wohnmöglichkeiten ergeben: auf und am Wasser, in ehemaligen Speichern und Industriegebieten. Was Amsterdam so positiv von anderen Städten in der Welt unterscheidet, ist natürlich der Stadtkern mit seinen Grachtenhäusern und ihren Giebelvariationen (Treppen, Schnabel-, Hals-, Glocken-, Leistengiebel und Kronenleiste) und die Verdopplung dieser pittoresken Szenerie durch das Wasser der Kanäle. Mitten in diesem Meer von Häusern trifft man auf Inseln der Stille: die sogenannten Hofjes.

Informatiecentrum «De Zuiderkerk», Zuiderkerkhof 72, Tel. 6 22 29 62, ständige Ausstellung zum Thema «Bauen und Wohnen».

Archivisie, Postbus 14 603, Tel. 6 25 89 08, veranstaltet Architekturführungen durch Amsterdam.

Artifex-Travel, Herengracht 343, Tel. 6 20 81 12, organisiert Führungen durch die Börse von Berlage und durch das neue Sportstadion ArenA.

Auktionshäuser

Amsterdam ist ganz unbestritten eines der Zentren der bildenden Kunst auf der Welt. Neben den rund 80 Kunsthändlern der Stadt – man laufe unter anderem durch die Spiegelgracht in Richtung Rijksmuseum – finden regelmäßig Kunstauktionen statt im Veilinggebouw De Zwaan auf der Keizersgracht und bei Glerum cum suis in der Beethovenstraat im vornehmen Süden der Stadt. Besondere Ereignisse bilden zuweilen die Auktionen der Amsterdamer Dependancen von Christie's und Sotheby's.

De Eland, Elandsgracht 68, Tel. 6 24 32 05. Nachlässe, Konkursmassen und Sammlungen aller Art versteigert seit 1913 dieses Auktionshaus im Jordaan.

Stadsbank van Lening, Oudezijs Voorburgwal 300, Nes 57, Tel. 6 22 24 21. Das städtische Pfandhaus organisiert regelmäßig Verkäufe (vor allem Schmuck und Elektronik), dem sogenannte «Kijkdagen», an denen man sich alles zuvor gut anschauen kann, vorausgehen. Unter Telefonnummer 6 22 24 21 kann man die Termine erfragen.

Veilinggebouw De Zwaan, Keizersgracht 474, Tel. 6 22 04 47.

Christie's Amsterdam, Cornelis-Schuyt-straat 57, Tel. 5 75 52 55.

Sotheby's, Rokin 102, Tel. 6 27 56 56.

Ausflüge

Von Amsterdam aus kommt man relativ schnell zur Nordsee. **Zandvoort** ist das Strandbad der Amsterdamer (und deutscher Familien aus dem Ruhrpott). Man erreicht es in ungefähr einer halben Stunde mit dem Zug der NS ab Hauptbahnhof. Das Monopol der niederländischen Eisenbahnen hat kürzlich der Privatunternehmer Lovers durchbrochen, bislang Veranstalter von Grachtenrundfahrten und Organisator des Museumboots. Mit Lovers-Railway kann man in alten Eisenbahn-Waggons über die einst stillgelegten

Trajekte der NS nach **Ijmuiden** fahren, wo sich ein riesiger Strand und ein neu gebauter Club Nautico mit Segelhafen befinden. Im alten Seehafen findet der Visafslag statt, wo man frisch gefangenen Nordseefisch bekommen kann. Was in Ijmuiden allerdings die Stimmung verderben kann, ist der Anblick der Stahlwerke Hoogovens auf der anderen Seite des Nordseekanals, der den Amsterdamer Hafen seit 1876 mit dem offenen Meer verbindet.

Nördlich von Amsterdam befindet sich das «Waterland», eine einzigartige Landschaft, die nach den Einpolderungen im 17. Jahrhundert entstand und Maler wie Rembrandt und Ruysdael inspirierte. Mit Kanu oder Flachboot kann man mit dem gleichnamigen Organisator auf «Wetlands-Safari» gehen. An der ehemaligen Zuidersee, dem heutigen Ijsselmeer, liegen die alten Handelsstäde **Monnickendam**, **Hoorn** und **Enkhuizen** sowie die ehemaligen Fischerdörfer **Edam**, **Volendam** und **Marken**. Auf den Spuren der Seefahrer kann man Hoorn, das dem Kap Hoorn seinen Namen gab, erobern: Jan Pieterszoon Coen, der Gründer von Batavia, Abel Tasman, der Entdecker von Neuseeland und Tasmanien, und Willem Schouten, der die Südspitze Amerikas erreichte – sie alle sind Hoorner Söhne. In einem ehemaligen Lagerhaus der Vereinigten Ostindischen Kompagnie von Enkhuizen ist heute das «**Zuiderzee-Museum**» untergebracht, fünfhundert Meter davon entfernt das dazugehörige Freilichtmuseum: Hier kann man alles erfahren über die Folgen, die sich ergaben, als durch den Bau des Afsluitdijk die salzige Zuiderzee zum Süßwasser-Ijsselmeer wurde.

Von Amsterdam aus kann man die altholländischen Käsestädte **Gouda** und **Alkmaar**, die Städte der großen Maler **Haarlem** (Frans Hals), **Leiden** (Jan Steen) und **Delft** (Johan Vermeer) sowie die Residenzstadt **Den Haag** und der Welt größten Hafen **Rotterdam** in weniger als einer Stunde mit dem Zug erreichen. Auskünfte und Informationen erteilt das Touristenbüro VVV am Hauptbahnhof. Wenn man einmal keine Lust hat, sich um alles selbst zu kümmern: Holland International und andere Touroperator bieten Tagesausflüge an.

Auskunft und Information

In Amsterdam

Das **Amsterdam Tourist Office (VVV)** informiert über Unterkünfte, Theaterkarten, Stadtpläne und Routen für Stadtbummel und Ausflüge in die Umgebung. Gegen eine kleine Gebühr werden auch Zimmer vermittelt. Auf jeden Fall sollte man sich dort die kostenlos ausliegende *Uitkrant* oder für 3,50 Gulden die vierzehntäglich erscheinende englischsprachige *What's on* holen. Bei vielen Museen, Theatern, bei Atheneum Nieuwscentrum auf dem Spui und bei Amsterdams Uit Buro (AUB) in der Stadsschouwburg auf dem Leidseplein sind weitere Programminformationen zu bekommen: u. a. die *Pop & Jazz Uitlijst* mit Informationen über Live-Auftritte und die *Filmkrant* mit Kinoprogrammen und Filmkritiken (in holländischer Sprache). Im Sleep-In Arena befindet sich auch eine Art Jugend VVV mit einem Info-Service über die Jugend-Szene.

VVV – Touristeninformation, NZH Koffiehuis, Stationsplein 10 (vor dem Hauptbahnhof), Postanschrift: Postbus 3901, 1001 AS Amsterdam, Mo–Fr 9–18, Sa 9–17, So 10–13, 14–17 Uhr. Ostern: Mo–Sa 9–23, So 9–21 Uhr. Weitere Büros in der Leidsestraat 106. (Ab Ostern: Mo–So 10.30–17.30 Uhr) und am Flughafen Schiphol.

Telefonische Informationen erhält man über Tel. 06/3403 40 66 (Kosten: 75 Cent pro Minute) vom Ausland aus Tel. 00 31-6 34 03 40 66.

Amsterdams Uit Buro, Leidseplein 26, Telefonische Reservierung: 6 21 12 11, geöffnet von Montag bis Samstag von 10 bis 18 Uhr.

Informationen zu Hause

Das Niederländische Büro für Tourismus (NBT) ist mit Prospektmaterial gut sortiert. Jährlich erscheint eine aktuelle Broschüre. Besonders interessant ist das jeweilige «Winter-Arrangement» mit Sonderangeboten und Ermäßigungsgutscheinen für Museen und Sehenswürdigkeiten («Amsterdam-Paß»). Die Vermittlung von Unterkünften und der Verkauf von Theaterkarten erfolgt kostenlos über das Nederlands Reserverings Centrum in Leidschendam.

Deutschland: **Niederländisches Büro für Tourismus (NBT)**, Hohenzollernring 38–49, Postfach 270580, 50511 Köln, Tel. 0221/2570383, Fax: 0221/2570381

Österreich: **Niederländisches Büro für Tourismus (NBT)**, c/o KLM, Kupferschmiedgasse 2, A-1010 Wien 1, Tel. 01/5123525/5121604

Schweiz: **Niederländisches Büro für Tourismus (NBT)**, Talstraße 70, CH-8023 Zürich, Tel. 01/2119482

Niederländisches Reservierungszentrum (NRC) Postfach 404, 2260 AK Leidschendam, Tel. 0031-70-3175456, Fax: 0031-70-3202611. An Wochentagen von 8 bis 20 Uhr und samstags von 8 bis 14 Uhr (in deutscher Sprache).

Aussichtspunkte

Vom Neubau des Rembrandt-Tower am Amstelbahnhof hätte man einen vorzüglichen Ausblick über die Grachtenstadt und – bei gutem Wetter – weit über das holländische Polderland bis nach Rotterdam und Den Haag, bis zum Dom von Utrecht und im Westen bis zum Nordseestrand. Doch leider gibt es keine Aussichtsplattform. So kann man nur zum obersten Stockwerk des **Okura-Hotels** oder zum Aussichtsrestaurant des viel niedrigeren **Havengebouw** beim Hauptbahnhof oder erklimmt einen der Glockentürme der **Oude Kerk**, der **Zuider-** oder der **Westerkerk**. Vom **Westertoren** bietet sich eine phantastische Aussicht auf die Altstadt und die puppenhaften Häuschen des Volksviertels Jordaan.

Auto

Algemeen Nederlandse Wielrijders Bond (ANWB), Bijlmerplein 1001, Tel. 6913996; Museumplein 5, Tel. 6730844; Osdorpplein 420, Tel. 6104905. Öffnungszeiten: Mo–Fr 8.45–16.45, Sa 8.45–12 Uhr. Entspricht dem deutschen ADAC. Gibt Informationen, die fürs Autofahren wichtig sind.

Wegenwacht, Tel. 6060888. Hat man eine Panne innerhalb Amsterdams, kann man vom ANWB unter obiger Nummer Hilfe bekommen.

Tankstellen mit Nachtservice

Texaco, Sarphatistraat 225, Tel. 6242795.

Mobil Houthaven, Spaarndammerdijk 218, Tel. 6828064.

Mobil, Gooiseweg 11, Tel. 6941926.

Kool Lijnden, Amstelveenseweg 280, Tel. 6718934.

Parkhäuser

Bijenkorf, Beursplein, vom Damrak aus zwischen gleichnamigem Warenhaus und der Börse von Berlage.

Byzantium Parkeergarage, Stadhouderskade, gegenüber dem Leidsplein, nebem dem Eingang zum Vondelpark.

Europarking, Marnixstraat, neben dem Polizeipräsidium an der Elandsgracht und am Busbahnhof.

Muziektheater, Waterlooplein, unter dem Rathaus und der Oper.

Parking Plus Amsterdam Centraal, Prins Hendrikkade, beim Hauptbahnhof.

Rai, Europa-Boulevard, Autobahn-Abfahrt Rai, im gleichnamigen Kongreßzentrum.

Transferium, Burgemeester Stamanweg, unter dem neuen Ajax-Stadion ArenA, U-Bahn-Ticket mit Parkschein gratis.

Parkklemme

Im Zentrum von Amsterdam und im Museumsviertel kosten alle Parkplätze pro Stunde 4 Gulden, außerhalb in den anderen Stadtteilen die Hälfte. Hat man nicht oder zu wenig bezahlt und wurde eine gelbe Radklemme gesetzt, muß man beim «Parkeerbeheer» ein Bußgeld von mindestens 121 Gulden bezahlen, bevor die Radklemme wieder entfernt wird. Nach 24 Stunden wird das Auto abgeschleppt, und man kann nach Zahlung von weiteren 250 Gulden sein Auto an der Cruquiuskade 25, Tel. 5559800, geöffnet rund um die Uhr, wieder abholen. Abgeschleppte Fahrzeuge können ausschließlich hier abgeholt werden. Die Kosten sind vor Ort zu zahlen, Kreditkarten werden akzeptiert. Meldestelle für defekte Parkautomaten: Tel. 5530144, Beschwerden: Tel. 5530367.

Oder man bezahlt einem Kurier die Buße, nach weiteren 10 Minuten kommt der Kleinbus von Parkeerbeheer, und gegen Vorlage der Quittung wird die Radklemme entfernt. Der Service kostet extra, man kann billiger auch selbst zu einer der **Parkeerbeheer-Büros**. Zentrale Tel.-Nr. 5530300.

Bäckereien

Paul Année, Runstraat 25, Tel. 6235322 und Bellamystraat 2–4, Tel. 6183113, Di. geschlossen. Biologische Bäckerei mit sehr gutem Sauerteigbrot.

Hartog's Volkorenbakkerij, Ruyschstraat 56, Tel. 6651295, Super-Vollkornbrot.

Runneboom, Eerste Van der Helststraat 49, Tel. 6735951, internationale Brotsorten neben Albert-Cuyp-Markt.

Theeboom, 2e Sweefinckstraat 5, Tel. 6627086, und Maasstraat 16, Tel. 6624827. Hat samstags zu, dafür sonntags geöffnet.

Bahnhöfe

Eisenbahn

Die internationalen Züge halten alle im Hauptbahnhof **Centraal Station**. Kommt man am Flughafen an, so bietet sich auch die Möglichkeit, von **Schiphol** aus mit dem Zug in den Süden der Stadt zu fahren: zum Südbahnhof (**Zuid-World Trade Center**) etwa oder zum Bahnhof **RAI** neben dem gleichnamigen Kongreßzentrum. Weitere Vorortbahnhöfe sind **Bijlmermeer** und der **Amstel**-Bahnhof (aus Richtung Utrecht) und der Bahnhof **Sloterdijk** (aus Richtung Haarlem oder aus Richtung Zaandam). Telefonische Fahrplaninformation: Tel. 06/9292 (national), Tel. 06/9296 (international).

Busse

Der Hauptbahnhof ist auch gleichzeitig Busbahnhof. Auf dem Bahnhofsvorplatz und der Prins-Hendrikkade fahren die gelben Busse der **Noord-Zuid-Hollandse Busgesellschaft** (NZH), Tel. 09009292, in die Umgebung nach Broek in Waterland, Purmerend, Volendam, Marken, Hoorn und Alkmaar, aber auch nach Almere und Weesp in Richtung Süden. Beim Busbahnhof in der Marnixstraat/Ecke Elandsgracht fahren die **NZH-Busse**, Tel. 09009292, in westliche Richtung nach Ijmuiden und Haarlem und in südwestliche Richtung nach Schiphol, Aalsmeer und Alphen aan de Rijn.

Bars

April, Reguliersstraat 37/2, Tel. 6259572, Schwulenbar.

Bamboo-Bar, Lange Leidsedwaarsstraat 66, Tel. 6243993, Tanzbar.

Bar Vive la Vie, Amstelstraat 7, Tel. 6240114, Lesbenbar.

Café Entre Nous, Halvemaansteeg 14, Tel. 6231700, Gay-Bar.

Chez Manfred, Halvemaansteeg 10, Tel. 6200171, bekannte Gay-Bar, gegründet von Manfred Langer, dem «Erfinder» des iT.

Theatercafé De Smoeshaan, Leidsekade 90, Tel. 6250368, Bar, in der sich Schauspieler nach ihrem Auftritt treffen.

Canecao Brazilian Bar, Lange Leidsedwaarsstraat 68–70, Tel. 6380611, Salsa-Bar.

Palladium, Kleine Gartmanplatsoen 7, Tel. 6266566, Bar-Treff der happy few.

Rum Runners, Prinsengracht 277, Tel. 6274079, karibische Bar.

Behinderte

Behinderte haben es in Amsterdam nicht leicht. Vor allem die Innenstadt mit ihren schmalen Stegen und den «Amsterdammertjes», die das wilde Parken verhindern sollen, machen zum Beispiel das Rollstuhlfahren zum Hindernislauf. Andererseits gibt es oft abgeflachte Bürgersteige und Ampeln mit akustischen Signaltönen. Darüber hinaus sind die Niederlande eines der wenigen Länder auf der Welt, das seine Banknoten mit Erkennungszeichen für Blinde ausgestattet hat. Leider gibt es noch zu wenig öffentliche Gebäude, Hotels und Restaurants, die behindertengerecht gebaut sind. Man sollte sich nicht abschrecken lassen und um Hilfe bitten. Bei der Planung einer Amsterdamreise kann man im voraus Kontakt aufnehmen mit der **Stichting Gehandicapten Overleg Amsterdam (SGOA)**, Tel. 6 38 38 38, die ein Selbsthilfe-Netzwerk für Behinderte errichtet haben.

Bibliotheken

Boekmanstichting, Herengracht 41, Tel. 6 24 37 39, Mo–Fr 10 bis 17 Uhr, sammelt alles über Kunst, Kultur und Kulturpolitik.

The British Council, Keizersgracht 343, Tel. 6 22 36 44, Mo–Fr 10–16.30 Uhr. Lesesaal mit englischen Zeitungen und Zeitschriften, englischer Literatur.

Centrale Bibliotheek, Prinsengracht 587, Tel. 5 23 09 00, Mo 13–21 Uhr, Di–Fr 10–21 Uhr, Sa 10–17 Uhr. Auf der zweiten Etage viele Bücher über Amsterdam. Wer länger hierbleibt, kann für sechs Monate Mitglied werden: Ausweis mitnehmen!

Goethe-Institut, Herengracht 470, Tel. 6 23 04 21, Mo–Do 13–16 Uhr. Deutsche Zeitungen, deutsche Illustrierte und viel deutsche Literatur. Im Sommer kann man angenehm im Garten lesen.

Internationaal Instituut voor Sociale Geschiedenis, Cruquiusweg 31, Tel. 6 68 58 66, Mo–Fr 9.30–17 Uhr. Europas größtes Archiv der int. Arbeiterbewegung.

Universiteitsbibliotheek, Singel 425, Tel. 5 25 91 11. Mo–Fr. 9.30–17 und 19–22 Uhr. Kein Ausleihen von Büchern an Nichtstudenten. Lesesäle (Mo–Fr 9.30–24 Uhr) und Studiensäle. Billiger Kaffee in der Cafeteria.

John Adams Instituut, Herenmarkt 97, Tel. 6 24 72 80. Archiv für die niederländisch-amerikanischen Beziehungen.

Buchhandlungen

Nach Büchern stöbern lohnt sich in Amsterdam, denn die Bewohner lesen viel und in vielen Sprachen. Auch hat die Stadt seit Jahrhunderten Übung in Freigeisterei. Entsprechend vielfältig ist das Angebot.

À la Carte, Utrechtstraat 110–112, Tel. 6 25 06 79, Reisebücher, Landkarten.

American Discount Bookcenter, Kalverstraat 185, Tel. 6 25 55 37, Mo–Sa 10–22, So 11–19 Uhr. Amerikanische Taschenbücher aller Art.

Athenaeum Boekhandel, Spui 14–16, Tel. 6 23 39 33, 6 22 62 48, 6 22 04 64. Internationales Angebot an Literatur, Film, Kunst.

Athenaeum Nieuws Centrum, Spui 14–16, Tel. 6 24 29 72, Mo–Sa 7–22, So 10–18 Uhr. Großes internationales Angebot an Zeitungen und Magazinen.

Au Bout Du Monde, Singel 313, Tel. 6 25 13 97, viel esoterische Literatur.

De Verbeelding, Utrechtsestraat 40, Tel. 6 26 53 85. Moderne Kunst, Fotografie und Architektur.

Chinese Boekhandel Ming Ya, Geldersekade 105, Tel. 6 25 83 30, mitten im Chinesenviertel.

Comics Import Amsterdam (CIA) Zeedijk 31A, Tel. 6 20 50 78. Importe internationaler Comics.

Computerboekhandel Wolfkamp, Utrechtstraat 35, Tel. 6 27 76 94, Mo geschlossen. Computerbuchladen und -verlag.

Computercollectief, Amstel 312, Tel. 6 22 35 73, Mo geschlossen. Computer-Programmierbücher.

English Bookshop, Lauriergracht 71, Tel. 6 26 42 30, Mo–Fr 11–18, Sa 11–17 Uhr. Englischsprachige Literatur.

Fort van Sjakoo, Jodenbreestraat 24, Tel. 6 25 89 79. Mo–Sa 12–18.30 Uhr. Kämpferisches von A wie Anarchismus bis Z wie Zuid-Afrika.

Himalaya, Warmoesstraat 56, Tel. 6 26 08 99, New Age, Mystik, Yoga, kleine Natur-Snackbar, Horoskop-, Tarotlesungen.

International Theatre Bookshop. Leidseplein 26, Tel. 6 22 64 89, Mo–Fr 12–18 Uhr.

Intertaal, Van Baerlestraat 76, Tel. 6 71 53 53, Sprachlehr- und Wörterbücher.

Joachimsthal, Van Leijenberghlaan 116, Tel. 4 42 07 62. Größte Auswahl an Büchern über jüdische Kultur und Religion.

Kinderboekwinkel, Rozengracht 34, Tel. 6 22 47 61, auf Kinderbücher spezialisiert.

Allert de Lange, Damrak 62, Tel. 6 24 67 44, englische Literatur, Film, Reisebücher.

MilieuBoek Boekhandel, Plantage Middenlaan 2, Tel. 6 24 49 89. Umwelt- und Naturbücher am Hortus Botanicus (Botanischen Garten).

Pied à terre, Singel 393, Tel. 6 27 44 55, tausend Karten für die Welt zu Fuß.

Scheltema Holkema Vermeulen b. v., Koningsplein 20, Tel. 6 26 72 12, montags geschlossen, breites Sortiment, englische Literatur.

Vrolijk, Paleisstraat 135, Tel. 6 23 51 42. Buchladen mit Schwergewicht auf lesbischer und schwuler Literatur.

Die weiße Rose, Rozengracht 166, Tel. 6 38 39 59. Deutsche Bücher und Niederländer in deutscher Übersetzung.

Xantippe, Prinsengracht 290, Tel. 6 23 58 54, Frauenbuchladen.

Camping

Die Campingplätze sind im allgemeinen vom 1. April bis Mitte September, manche bis Ende September geöffnet. Die Übernachtung kostet zwischen 6 und 15 Gulden pro Person.

Amsterdamse Bos, Kleine Noorddijk 1, 1432 CC Aalsmeer, Tel. 6 41 68 68, ca. 1.4.–31.10. geöffnet. Tagsüber mit dem Bus 171, 172, 173 ab Hauptbahnhof zu erreichen. Die meisten Campingbesucher sind motorisiert und haben einen Wohnwagen.

Gaaspercamping, Loosdrechtsedreef 7, Tel. 6 96 73 26. Am Rande eines künstlichen Sees und Parks ist der Campingplatz über die Autobahn A 9 erreichbar, die die A 1 (aus Richtung Hannover über Hilversum) und die A 2 (aus Richtung Ruhrgebiet/Köln über Arnheim/Utrecht) noch vor der Amsterdamer Ringautobahn über Bijlmermeer hinweg verbindet: Autobahn-Abfahrt S 113 und dann den Provinciaalse Weg Richtung Weesp nehmen. Öffentliche Verkehrsmittel verbinden den Gaaspercamping mit der Amsterdamer Innenstadt: vom Hauptbahnhof aus gelangt man per U-Bahn oder per Nachtbus 75 – quer durch Bijlmermeer – zur Endstation Gaaspersplas.

Vliegenbos, Meeuwenlaan 138, Tel. 6 36 88 55, ca. 1. 4.–30. 9. geöffnet, Jugendcamping. Wohnwagen werden nicht gern gesehen. Billigtarife für Jüngere. Tag und Nacht erreichbar mit Bus 32, 31, 39, Nachtbus 72.

Clubs und Discos

Die meisten kommerziellen Discos sind in der Nähe von Leidseplein, Spui und Rembrandtsplein. Über das Wann und Wo informiert das SleepIn Arena unter der Nummer 6 94 74 44.

Amnesia, Warmoesstraat 38–42, Ou dezijd Voorburgwal 3, Tel. 6 23 70 59/ 6 38 14 61.

Arena, 's Gravesandestraat 51, Tel. 6 94 74 44, Disco im gleichnamigen SleepIn, samstags ab 23 Uhr Soul, Hip-Hop, Sixties und Seventies, kein House.

Cockring, Warmoesstraat 96, Tel. 6 23 96 04, Gay-Disco der Lederszene.

Dansen bij Jansen, Handboogstraat 11, Tel. 6 20 17 79, Studentendisco.

Escape/Chemistry, Rembrandtsplein 11–15, Tel. 6 22 11 11. Mega-Disco, Drehort für einige Sky-TV-Produktionen.

Exit, Reguliersdwarsstraat 42, Tel. 6 25 87 88, für Schwule.

Hollywood, Singel 447, Tel. 6 23 39 84. Veranstaltet samstags Singlepartys für die über Dreißigjährigen.

IT, Amstelstraat 24, Tel. 6 25 01 11. Fr 22–4, Sa 22–4.30 Uhr. Größter Tanz-schuppen der Stadt.

Jantje's Verjaardag, Amstelstraat 9, Tel. 6 25 19 73. Vor allem freitags und samstags gerammelt voll.

Korsakoff, Lijnbaansgracht 161, Tel. 6 25 78 54. Alternativ mit kleinem Tanzflur, daneben: Maloe melo.

Mazzo, Rozengracht 114, Tel. 6 26 75 00, Avantgarde. Erlesen in Aus-stattung und Publikum, Mitglied-schaft Pflicht, aber Zutritt für jeden.

De Melkweg, Lijnbansgracht 234 a, Tel. 6 24 17 77. Nach den Vorstellungen im großen Saal kann man dort tanzen, und samstags ist «Dancehall Night».

Margaritas, Reguliersdwaarsstraat 108, Tel. 6 25 72 77, Caribbean Dancing, Salsa und Merengue.

Marcanti Plaza, Jan van Galenstraat 6–10, Tel. 6 82 34 56, bekannt wegen seiner House-Partys und Überraschun-gen.

Odeon, Singel 460, Tel. 6 24 97 11, für die etwas ruhigeren Herrschaften. Geöffnet ab 23 Uhr.

Club 114, Herengracht 114, Tel. 6 22 76 85, geöffnet ab 23 Uhr.

Richter, Reguliersdwarsstraat 36, Tel. 6 26 15 75 und 6 26 15 73, modern und sehr beliebt. Zugang Nichtmitglieder: 10 Gulden.

Roxy, Singel 465, Tel. 6 20 03 54. The place for trendy people. Jeden dritten Sonntag «Pussy Lounge» (nur für Frauen).

Silodrome, Westerdoksdijk/Nieuwe Silo 51, Tel. 6 86 43 22, (Rollerskate-) Disco im Kraker-Bollwerk.

RED, Oudezijds Voorburgwal 216, Tel. 6 25 96 42, einst Bhagwan-Disco Zorba the Buddha, heute Trance-House, Kis-sen auf dem Fußboden – wie in den sechziger Jahren.

Sinners in the Heaven, Wagenstraat 357, Tel. 6 20 13 75. Berühmt für seine wechselnden Interieurs von kirchlich bis orientalisch.

Soul Kitchen, Amstelstraat 32, Tel. 6 20 23 33. Für die über Dreißigjähri-gen.

Seymour Likely 2, Nieuwezijds Voor-burgwal 161, Tel. 4 20 50 62. Post-Nucleares Interieur, auch etwas älteres Publikum.

Thijm, Nieuwezijds Voorburgwal 163, Tel. 6 22 45 41, gleich daneben. Publi-kum wie im Seymour Likely 2.

West Pacific, Haarlemmerweg 8–10, Tel. 5 97 44 58. Restaurant auf dem Gelände der Kultur-Westergas-Fabrik, um 23 Uhr werden die Tische zur Seite gestellt und beginnt die Disco, viel Kulturvolk.

Winston Kingdom, Warmoesstraat 127, Tel. 6 23 13 80. Disco für Leute der Kultur- und Medienszene. Donners-tags: Licht und Liebe, Live-Auftritte und Performances.

Drogen

Der Gebrauch harter Drogen hat ein großes Sozialproblem in Amsterdam geschaffen. Viele ausländische Junkies kommen in die Stadt, darunter ein Großteil deutscher. Wer mit Drogen-abhängigkeit zu tun hat, findet in Am-sterdam einige Anlaufstellen, die Hilfe vermitteln oder zum Erfahrungsaus-tausch bereit sind.

AMOC-DHV (Amsterdams Oecu-menisch Centrum – Deutscher Hilfs-verein), Stadhouderskade 159, Tel. 6 72 11 92, Mo–Fr 11–16 Uhr, telefo-nisch schon ab 10 Uhr erreichbar. Der AMOC-DHV arbeitet unbürokratisch und betreut auf Wunsch Drogenab-hängige.

JELLINEK Preventie Informatiespree-kuur, le Weteringsplantsoen 8, Tel. 6 26 71 76, Mo–Fr 13–17 Uhr. Die Stif-tung bietet keine direkte Hilfe für Dro-genabhängige, sondern versucht, prä-ventiv zu arbeiten, indem sie Lehrern, Sozialarbeitern und Jugendleitern In-formationen über Drogen gibt und ih-nen in Kursen zeigt, wie man über das Problem sprechen kann.

Einkaufen

Antiquitäten

Trödel kann man am besten auf dem Noordermarkt, montags morgens, oder auf dem Flohmarkt kaufen. Antiquitäten gibt's auf manchen Märkten, auf dem Antiekmarkt Nieuwmarkt im Sommer und auf den überdeckten Antiekmärkten (siehe S. 236 «Märkte»).

De Eland, Elandsgracht 68, Tel. 6230343. Von echten Antiquitäten bis zu kuriosem Trödel wird hier alles versteigert.

Bioläden

An Bioläden herrscht in Amsterdam wahrlich kein Mangel. Sie sind Teil einer breitgefächerten alternativen Infrastruktur, die sich seit den Kaboutern herausgebildet hat.

Conscious Dreams Psychonautic Shop, Kerkstraat 117, Tel. 6388865, Kräuter, Tees, Drinks und Kicks, Vitamine und Aminos.

Dela Rosa's Vitamins, Staalstraat 10, Tel. 4201201. Alles über Vitamine: Know how und Präparate, zum Beispiel von der NASA.

Gimsel, Huidenstraat 19, Tel. 6248087.

De groene hoek, Runstraat 28, Tel. 6646264, anthroposophischer Bioladen, wo man auch Fleisch von gesunden Kühen kaufen kann.

De Belly, Nieuwe Leliestraat 174, Tel. 6245281. Biologisch-dynamischer Laden, sehr reell. Gemüse, Milchprodukte und Brot täglich frisch, auch Non-food-Artikel wie Kosmetik und Haushaltswaren.

Jacob Hooy & Co, Kloveniersburgwal 10–12, Tel. 6243041. Seit 1743 betreibt die fünfte Generation Oldenboom diesen Reformladen mit ursprünglicher Inneneinrichtung. Reformartikel, Kräuter, Homöopathie, Naturkosmetik.

Markus, Nieuwe Kerkstraat 8, Tel. 6251223, einer der preiswertesten Bioläden. Sehr freundlich, für die Kunden auch eine Art Treffpunkt.

Natuurlijk, Hugo de Grootplein 20, Tel. 6848587. Der Name sagt's: natürlich belassen.

Design

Bebob-Design Light & Presents, Utrechtsestraat 101, Tel. 6256169, Lampen und Geschenke aus den fünfziger Jahren.

Bebob-Design Interieur, Prinsengracht 764, Tel. 6245763, Designermöbel der dreißiger bis siebziger Jahre, Sammlerstücke.

The Frozen Fountain, Prinsengracht 629, Tel. 6229375, bunt avantgardistische Möbel.

d'Oude Gaper, Utrechtsestraat 118, Tel. 6200362, Modeschmuck in großer Auswahl.

De Vredespijp, le v. d. Helststraat 5–11, Tel. 6764853. Second-hand-Möbel in Art déco, teilweise modern aufbereitet.

Drogerie

Hooy & Co., Kloveniersburgwal 12, Tel. 6243041. Natürlich gibt es noch hundert andere Drogerien in Amsterdam. Diese aber hat ihre alte Kaufmannsladen-Einrichtung behalten.

Headshops

The Headshop, Kloveniersburgwal 39, Tel. 6249061. Alles für den Kopf.

Mia Kram, Kerkstraat 371, Tel. 6242882, bietet neben Trödel, Spielzeug und Gebrauchtmöbel.

Käse

Holländischen Käse kann man am besten auf einem der Märkte kaufen. Von den vielen Spezialgeschäften in der Stadt wird hier nur eins genannt. Es hat über 80 verschiedene Sorten.

Abraham Kef, Marnixstraat 192, Tel. 6262210, Mo geschlossen. Hier kann man auch zu Mittag essen, aber nur mit Reservierung, und preiswert ist es nicht gerade.

Kaffee / Tee

Brandmeesters's Koffie, Van Baerlestraat 13, Tel. 6757888, gemütliches Geschäft mit vielen Kaffee- und Teesorten, auch Versand.

SOS Wereldwinkel, Huidenstraat 16, Tel. 6 25 22 45. Wer sicherstellen will, daß das Geld, das er für ein Produkt bezahlt, auch dem Land zugute kommt, in dem es hergestellt wird, sollte hier kaufen. Solidaritätskaffee aus Tanzania beispielsweise schmeckt ausgezeichnet.

Geels & Co., Warmoesstraat 67, Tel. 6 24 06 83, ältester Kaffeeladen der Stadt, im ersten Stock privates Kaffee- und Tee-Museum.

Simon Levelt (ehemals Keijzer), Prinsengracht 180, Tel. 6 24 08 23, schöner Kaffeeladen von 1839.

Wijs en Zoon, Warmoesstraat 102, Tel. 6 24 04 36, ein Laden aus dem vorigen Jahrhundert, viele Teesorten.

Klamotten

Gibt es überall zu kaufen, am billigsten auf den Märkten in der Albert Cuyp Straat und am Waterlooplein.

Lady Day, Martenstraat 9, Tel. 6 23 58 20, Damenoberbekleidung, die sowohl edel als auch ausgeflippt ist.

Ruderalis Hempfashion, Haarlemmerstraat 71, Tel. 6 27 89 81, Kleidung aus Hanf.

Green Lands Hemp-Eco-Products, Utrechtsestraat 26, Tel. 6 25 11 00. Alle Hanfprodukte

Plakate

Kunsthandel Art Unlimited, Keizersgracht 645, Tel. 6 23 65 24, Ausstellungsplakate.

De Lach, Bloemstraat 35, kein Telefon, Di–Sa 13–18 Uhr, alte Filmplakate und Filmfotos.

Plattenläden

Boudisque, Haringpakkerssteeg 18, Tel. 6 23 26 03, riesiges Angebot, auch second hand.

Concerto, Utrechtsestraat 60, Tel. 6 26 65 77, bieten auch Second-Hand-Platten und CDs.

Jazz Inn, Vijzelgracht 9, Tel. 6 23 56 62. Der Name sagt's: spezialisiert auf Jazz.

Musicland, Kinkerstraat 59, Tel. 6 16 28 80; Ferdinand Bolstraat 131, Tel. 6 64 23 88, riesiges Angebot, auch reduziert.

Nieuwe Muziekhandel, Leidsestraat 50, Tel. 6 27 14 00, verkauft auch Konzertkarten, beispielsweise fürs Paradiso.

Staalplaat, Jodenbreestraat 24, Tel. 6 25 41 76. Fast nur Kassetten mit experimenteller, industrieller und sonstiger moderner Musik. Die Kassetten stammen von kleinen Labels.

Sound of the Fifties, Prinsengracht 669, Tel. 6 23 97 45, nur von 12 bis 18 Uhr geöffnet. Guter alter Rock'n'Roll, Soul, Blues und Jazz.

Unico, Ceintuurbaan 83, Tel. 6 73 88 88. Soul, Salsa, surinamische Musik.

Postkarten

Paper Moon, Singel 419, Tel. 6 26 16 69, einer der ersten Kartenläden, riesige Auswahl.

Perspektief, Reestraat 24, Tel. 6 23 80 18. Moderner Schmuck, Karten, Poster.

The Silver Screen, Haarlemmerdijk 94, Tel. 6 38 13 41. Alles dreht sich um den Film: Karten, Poster, Platten, Bücher, Fotos.

Spiele und Spielzeug

De Beestenwinkel, Staalstraat 11, Tel. 6 23 18 05, Stofftiere in allen Variationen: Steif, mit und ohne Knopf im Ohr.

Goochem, M. v. B. Bastiaansestraat 47, Tel. 6 12 03 56, Holzspielsachen.

Puppendokter, Reestraat 18–20. Wer ein Liebhaber von Spielzeugbären ist, hat hier seine wahre Freude: Mehr als 100 der Gesellen brummem hier.

Teken aan de Wand, Huidenstraat 6, Tel. 6 25 62 41, montags geschlossen. Hampelmänner, Mobiles und anderes Spielzeug.

Stoffe

Barotex, Nieuwe Hoogstraat 11, Tel. 6 22 08 52, montags geschlossen.

Handgemachte Schleierstoffe, reine Seidenstoffe.

Capsicum, Oude Hoogstraat 1, Tel. 6 23 10 16, Naturstoffe aus allen möglichen Ländern in den tollsten Farben.

Colorique, Huidenstraat 30, Tel. 6 38 14 82, ständig sich veränderndes Angebot an Stoffen aus Amerika und Indien.

De Kniphal, Albert Cuypstraat 162, Tel. 6 79 58 31, von Seide bis zu durchscheinendem Plastik.

Töpferei
Klei Kollektief, Hartenstraat 19, Tel. 6 22 57 27. Teuer und kaum geeignet für den praktischen Gebrauch, aber dennoch schön zum Ansehen.

De Walvis, Nieuwe Looiersstraat 76, Tel. 6 23 42 98, preiswerte und kunstvolle Gebrauchsgegenstände.

Verschiedene Läden
De Afstap, Oude Leliestraat 12, Tel. 6 23 14 45, Wolle mit natürlichen Farben, auch Utensilien, die man zum Weben braucht.

De Bierkoning, Paleisstraat 125, Tel. 7 25 23 36, mehr als 750 Biersorten.

Condomerie Het Gulden Vlies, Warmoesstraat 141, Tel. 6 27 41 74. Di–Fr 13 – 18 und Sa 12 – 17 Uhr. Alles Erdenkliche zum Überstreifen.

Judd's Fetish and Fantasy, Korsjespoortsteeg 14, Tel. 6 25 91 98. Erotischer Lifestyle-Laden.

Absolute Danny, Stromarkt 13, Tel. 4 21 09 15. Erotischer Lifestyle-Laden.

Nieuws Innovations & Accessoires, Prinsengracht 297, Tel. 6 27 95 40. Alles, was neu ist.

The Leading Edge, im Magna-Plaza-Warenhaus, Spuistraat 137, Tel. 6 26 47 03, über 1000 Neuheiten.

Joe's Vliegerwinkel, Nieuwe Hoogstraat 19, Tel. 6 25 01 39. Alles Erdenkliche zum Aufblasen.

Mail & Female, Prinsengracht 489, Tel. 6 23 39 16, Erotica für Frauen, Laden und Postordervertrieb.

Phonemaster, Overtoom 436 – 440, Tel. 6 85 30 31, ein Laden nur mit Telefonen.

Rudolfo's Skateshops, im Warenhaus Magna Plaza, 2. Stock, Nieuwezijds Voorburgwal 182, Tel. 6 24 06 48. Skates in allen Ausführungen.

Witte Tanden Winkel, Runstraat 5, Tel. 6 23 34 43. Wer noch immer nicht weiß, was man alles für sein Gebiß tun kann, sollte diesen Laden als Anregung besuchen.

Ermäßigung
Auch in Amsterdam hat der Studentenausweis preisdämpfende Wirkung. Die meisten Museen, einige Theater und die alternativen Filmhäuser akzeptieren ihn aber nicht. Für alle unter 26 lohnt sich deshalb der **Cultureel Jongeren Paspoort (CJP)**. Der Ausweis ist für 15 Gulden zu erwerben bei:
AUB Ticketshops, Leidseplein, Ecke Marnixstraat, Tel. 6 21 12 11, Mo–Sa 10 – 18 Uhr. Man muß ein Paßfoto und seinen Paß / Personalausweis mitbringen. CJPler sind automatisch Mitglied im Melkweg und können die meisten Museen umsonst besuchen.
Bei Theater- und Musikveranstaltungen zahlen sie bis zu 30 Prozent weniger. Für Leute ab 26 sieht's schlechter aus. Museumsfreunde können immerhin für 45 Gulden bei AUB, den VVV-Büros und in den größeren Museen einen **Museumspaß** erwerben.

Fahrräder
Will man die Stadt wirklich kennenlernen, sollte man das Verkehrsmittel nehmen, das die Amsterdamer selbst gebrauchen: das fiets (Fahrrad). Mit dem fiets sieht man mehr von der Stadt. Tagsüber ist das Fahrrad außerdem auch schneller, da Autos immer wieder hinter einem Lieferwagen an der Gracht Schlange stehen und warten. Ruud Schimmelpenninck, Provo-Veteran, Erfinder (u. a. des Wit-Car und des Liegefahrrads) und Mit-Bedenker des «Weißen Fahrradplans», hat neue gelbe Fahrräder für den öffentlichen Gebrauch entwickelt: eine Art Münz-Fahrrad, das man nach einer Erprobungsphase an verschiedenen Plätzen der Stadt wird ausleihen können.

Fahrradverleih

Ausleihen läßt sich ein Rad ab etwa 10 Gulden pro Tag. Man muß seinen Paß mitnehmen und eine Pfandsumme (zwischen 25 und 200 Gulden!) hinterlassen.

TC 105, Utrechtsedwarsstraat 105, Tel. 6 23 46 57, Mo–Fr 8 – 18, Sa u. So 9 – 18 Uhr, Leihgebühr 10 Gulden pro Tag, Pfand 200 Gulden.

Take-a-Bike, Stationsplein 12, Tel. 6 24 83 91, Mo–So 8 – 22 Uhr, gleich neben dem Hauptbahnhof. Leihgebühr 12,50 Gulden pro Tag, Pfand 200 Gulden.

Rent-a-Bike, Pieter Jacobsdwarsstraat 11 (Nähe Damstraat), Tel. 6 25 50 29, Leihgebühr 12,50 Gulden pro Tag, Pfand 50 Gulden plus Paß oder 100 Gulden.

Take-a-Bike, Amstelveenseweg 880 – 890, Tel. 6 44 54 73. Am Eingang des Amsterdamer Stadtwalls kann man in den Sommermonaten, wenn auch der Campingplatz geöffnet ist, für 10 Gulden pro Tag und bei einem Pfand von 100 Gulden ein Fahrrad mieten.

Holland Rent a Bike, Damrak 247, Tel. 6 22 32 07, befindet sich im Keller der Beurs van Berlage. Leihgebühr 12,50 pro Tag, Pfand 50 Gulden.

Mac Bike, Marnixstraat 220, Nieuw Uilenburgerstraat 116, Tel. 6 20 09 85, Leihgebühr 10 Gulden / Tag, 50 Gulden / Woche, Pfand 50 Gulden.

Feste und Feiertage

Obwohl die Niederlande ein von Ursprung christliches Land und zudem noch eine Monarchie sind, gibt es lediglich zehn gesetzliche Feiertage: Neujahrstag, Karfreitag, Ostern, Himmelfahrt, Pfingsten und Weihnachten. Ansonsten gibt es nur noch den Koninginnedag, den Geburtstag der Königin am 30. April. Das ist der Geburtstag der alten Königin, der noch immer sehr populären heutigen Prinzessin Juliana. Die Niederlande gehören zu den europäischen Ländern, die den 1. Mai, den Tag der Arbeit, nicht feiern: Viele müssen sich noch erholen vom Koninginnedag und bleiben zu Hause: einen «Snipper-Tag» nehmen, blaumachen.

25. Februar – Februarstreik

Zum Andenken an den ersten Antipogrom-Streik der Geschichte, dem Streik der Amsterdamer Bevölkerung aus Protest gegen die erste Judendeportation 1941 durch die Nazis, findet alljährlich am Monument des «Dokwerkers» am Jonas Daniel Meijer Plein eine Gedenkfeier mit anschließendem Blumendefilee statt.

4. Mai – Totengedenken

Kein offizieller Feiertag, es wird gearbeitet, und die Geschäfte sind offen. Doch abends um 20 Uhr legen die Königin und die Regierung am Nationalen Monument auf dem Dam Kränze nieder zur Erinnerung an die Toten des Zweiten Weltkrieges. Im ganzen Land werden dann zwei Gedenkminuten eingelegt. Früher stoppten dann alle Züge, Straßenbahnen und Busse, und die Ampeln wurden auf Rot geschaltet. Wehe dem Auto mit deutschem Kennzeichen, das dann nichtsahnend weiterfuhr.

5. Mai – Befreiungstag

Am 5. Mai 1945 unterschrieb General Blaschkowitz, Befehlshaber der deutschen Truppen in den Niederlanden, die Kapitulationsurkunde. Heute werden im Andenken an die Befreiung von den deutschen Faschisten Stadtteilfeste und Parkfeste organisiert, zu denen oft die alliierten Veteranen aus Kanada und den USA eingeflogen werden.

Holland Festival im Juni

Den ganzen Monat über internationales Theater, Musik und Tanz auf sehr hohem Niveau seit 1948. In den letzten Jahren immer mehr ein elitäres Fest der Happy Few, in der Nachkriegszeit entstanden, um den Kulturhunger des Volkes nach der Nazibesatzungszeit zu stillen.

Vondelpark-Events

Von Juni bis einschließlich August Theater, Live-Musik und Open-air-Kino im Vondelpark, kosmopolitisch und gratis.

September

Im Volksviertel Jordaan findet zehn Tage lang am Johnny-Jordaan-Plein (Elandsgracht / Ecke Prinsengracht) das Jordaan-Festival statt: mit Live-Auftritten der Interpreten des Amsterdamer Lebensliedes – kurz: mit viel Herz und Schmerz.

Ende September feiern die rund 10 000 Chinesen Amsterdams auf dem Nieuwmarkt-Platz ihre China-Woche: mit Drachentanz, Musik und Film.

Oktober

In den Herbstferien zeigt das Internationale Kinderfilmfestival Cinekid die neuesten Kinofilme und Fernsehproduktionen für Menschen ab 6.

November

Am 11. November ziehen die Kinder mit Laternen durch die Straßen, gehen von Haus zu Haus und singen dem heiligen Martin zu Ehren. Wer die Haustür öffnet, teilt Süßigkeiten oder Dubbeltjes (Zehn-Cent-Stücke) aus.

An einem Sonnabend, drei Wochen vor seinem Geburtstag am 5. Dezember, zieht der Schutzpatron der Stadt, der St. Nikolaus, Sinterklaas auf seinem Schimmel in die Stadt. Seine schwarzen Helfer, die Zwarte Pieten, streuen dabei unablässig Pfeffernüsse.

Dezember

In der ersten Dezember-Woche findet das Internationale Dokumentar Filmfestival Amsterdam (IDFA) statt, auf dem die Joris-Ivens-Awards verteilt werden. Das Jahresende feiert man zumeist im holden Familien- oder Freundeskreis. Nur wenige Etablissements organisieren Silvesterpartys. Nachts um zwölf trifft man sich vor allem auf dem Nieuwmarkt, wo die Chinesen ihr Feuerwerk anzünden.

Filme

Die Grachtenstadt als Kulisse – diese kleine Auswahl nennt Filme, die mit unterschiedlichem Ansatz und unterschiedlicher Qualität etwas über Amsterdam erzählen (siehe S. 124: «Original mit Untertiteln»). Viele sind in gutsortieren Videotheken auszuleihen.

Regen: Experimentelles Filmgedicht des Filmpioniers Joris Ivens über einen regnerischen Tag in Amsterdam.

Borinage: Dokumentarfilm von Joris Ivens über die Armut und den Kampf dagegen im belgischen Kohlerevier wo schon Vincent van Gogh wirkte.

Puppet an a Chain: Amerikanischer Actionfilm von Geoffrey Reeve aus dem Jahre 1970.

Diamonds are Forever: Sean Connery in diesem Bond-Film von 1971 auf Diamantenjagd durch die Grachtenstadt.

The Amsterdam Kill: Robert Mitchum als amerikanischer Drogenagent.

Türkische Früchte: Der bestbesuchte Kinofilm aller Zeiten in den Niederlanden von Paul Verhoeven mit Rutger Hauer und Monique van de Ven als Liebespaar im Flower-Power-Amsterdam. In Deutschland lief der Film seinerzeit als Softporno in den Vorstadtkinos.

La Ragazza in Vetrina: Italienische Bergarbeiter – mit Lino Ventura in der Hauptrolle – besuchen in diesem Kinofilm von 1960 das Amsterdamer Rotlichtviertel.

Ciske, der kleine Halunke: Ex-Ufa-Regisseur und Mitbegründer der Defa Wolfgang Staudte verfilmte 1955 Piet Bakkers gleichnamigen Roman um einen Amsterdamer Lausbuben.

Amsterdam Global Village: Einer der Höhepunkte im Dokumentarfilmschaffen des Amsterdamer Filmemachers Johan van der Keuken.

Makkers staakt uw wild geraas: Früher Spielfilm des Altmeisters Fons Rademakers, 1961 mit dem Silbernen Bären auf der Berlinale gekrönt.

Een Koninkrijk voor een Huis: Im Stile des italienischen Neorealismus gefilmte Geschichte um die Wohnungsnot im Nachkriegsholland, mit der populären Sängerin Heintje Davids als holländische Anna Magnani.

«Die weniger glückliche Rückkehr von Jozef Katus in das Land von Rembrandt»: Höhepunkt des Provokinos 1966 mit Handkamera nahezu dokumentarisch gefilmtes Spielfilmdebüt von Wim Verstappen.

De Jantjes: Erster der sogenannten «Jordaan-Filme» mit der Revuestar Fien de la Mar in der Hauptrolle. 1934 von Jaap Speyer gedreht.

Bleeke Bet: Zweiter Jordaanfilm, der auf dem Erfolg von «De Jantjes» aufbaut. Johannes Heesters besingt darin den Glockenturm der Westerkerk. Der aus Berlin geflüchtete jüdische Regisseur Richard Oswald drehte ihn in Ufa-Manier.

Komödie um Geld: Lange Zeit unbekannt gebliebener Exilfilm von Max Ophüls aus dem Jahre 1936.

Pygmalion: Shaw-Verfilmung von Ludwig Berger aus dem Jahre 1937.

Das Tagebuch der Anne Frank: George Stevens Verfilmung des weltberühmten Tagebuchs mit Milly Perkins als Anne. Aus dem Jahre 1959.

Amsterdamned: Thriller von Dick Maas. Düsteres Wesen macht die Grachten von Amsterdam unsicher.

Das Attentat: Mulisch-Verfilmung von Altmeister Fons Rademakers, der dafür einen Oscar erhielt.

Cult Videotheek, Amstel 45, Tel. 6227843. Verleih von Kultfilmen auf Video: von Hollywood bis China, von Klassik bis (S)exploitation. Eine Auswahl bietet der Mailorderkatalog von Kaufvideos.

Fluggesellschaften

KLM, G-Metsustraat 2–6/Museumplein, 1071 EA Amsterdam, Tel. 6493633; Reservierungen rund um die Uhr, Tel. 020/4747747.

Lufthansa, Wibautstraat 129, 1091 GL Amsterdam, Tel. 5608100, Reservierungen (Mo–Fr 9 bis 17.30 Uhr), Tel. 020/6685851.

Swissair, Tel. 6795000 (Mo–Fr 8.30 bis 17.30 Uhr).

Frauen

Amazone, Singel 72, Tel. 6279000, Frauengalerie und Organisationsbüro. Frauen in Kunst + Kultur.

Lorelei, Prinsengracht 495, Tel. 6234308 und 6629884. Antiquariat für Frauenliteratur. Geöffnet: Mi–Sa, 12–18 Uhr.

Saarein, Elandstraat 119, Tel. 6234901, einzige reine Frauenkneipe Amsterdams, freitags Tanznacht.

Vrouwen in de beeldende Kunst, Entrepotdok 66, Tel. 6266589. Stiftung, die Frauen bei ihrer künstlerischen Tätigkeit unterstützt und Ausstellungen organisiert. Mo–Fr 10–16 Uhr.

Vrouwenhuis, Nieuwe Herengracht 95, Tel. 6252066. Mi–Fr 14–17 Uhr Information; Bar Di–Mi 19.30–24, Do 18–24 Uhr. Größtes und ältestes Frauenhaus in Amsterdam, mit Bar als Treffpunkt. Im Haus gibt es Räume für verschiedene Gesprächsgruppen.

Friedhöfe

Der Friedhof mit den meisten Grabstätten von Prominenten aus Amsterdam ist ohne Zweifel **Begraafplaats Zorgvlied.** Unter dem Einfluß von Aids-Opfern hat sich ein neues Bewußtsein hinsichtlich des Begräbnisrituals entwickelt: statt üblicher Fließbandbestattung entscheiden sich viele für ein individuelles Begräbnis, zum Beispiel: der letzte Gang als River-Boat-Party die Amstel hinauf zum Friedhof Zorgvlied. Historisch ist dies übrigens nicht neu. Schon im 17. Jahrhundert ließen sich die reichen jüdischen Kaufleute per Todesschaluppe über die Amstel zum Jüdischen Friedhof nach Ouderkeerk fahren (siehe Fahrrad-Tour).

Portugiesisch-Israelischer Friedhof, Ouderkerk aan de Amstel, nicht mehr als Friedhof in Gebrauch. Hier ruhen Berühmtheiten wie die Eltern von Baruch Spinoza und der Rabbi Menaseh ben Israël.

Jüdischer Friedhof Diemen, Ouddiemerlaan 146, Tel. 6992305.

Jüdischer Friedhof Muiderberg, Tel. (0294-) 261304.

Begraafsplaats Zorgvlied, Amsteldijk 273, Tel. 6445236.

Begraafsplaats Westgaarde, Ookmeerweg 275, Tel. 6195680. Fließbandbestattungen.

Galerien

Alle herkömmlichen Galerien sind in der «Uitkrant» und dem Museumsmagazin aufgelistet. Wir verzeichnen deshalb hier nur zwei Galerien, die dort fehlen, weil sie eher Anlaufstellen der Kunstguerilla der Stadt sind.

Aschenbach Bilderdijkstraat 165, Tel. 6 85 35 80, Mi–So 13–18 Uhr, im ursprünglich gekraakten Tettenrode-Komplex im Kinkerbuurt-Viertel. Performances, Videos, Musik mit jungen Künstlern aus dem In- und Ausland.

W 139, Warmoestraat 139, täglich 13–19 Uhr geöffnet. Ein Museum oder Lagerhaus für Objekte, Skulpturen, Zeichnungen, Gemälde, Fotos, Dias, Filme, Bücher und Texte. Auch ein Ort für Aufführungen.

Geld
In der Bahnhofshalle gibt es eine Wechselstube, **Grenswisselkantoor**, die Reise-, Euroschecks und Bargeld wechselt (24-Uhr-Service, sonntags 8 bis 22.45 Uhr). Die Banken und Niederlassungen der Postbank haben werktags (außer samstags) von 9 bis 17 Uhr geöffnet, in den Einkaufsvierteln der Stadt donnerstags abends zu unterschiedlichen Zeiten, aber meist bis 21 Uhr, wenn die Läden zumachen. In den Warenhäusern des Zentrums kann man während der Geschäftszeit (also auch samstags und sonntags) Schecks und Geld beim «Klantenservice» (Kundendienst) wechseln. Nachdrücklich muß vor den privaten Wechselstuben an den touristischen Laufrouten gewarnt werden. Oft wird mehr als zehn Prozent an Provision (Kommisssion) gerechnet.

Die niederländische Währung ist der Gulden abgekürzt: Hfl, Dfl oder NLG). Der Cent (1/100 Gulden) ist zwar schon seit Jahrzehnten aus dem Verkehr gezogen – die 1 Cent-Münzstücke zu prägen kostete die Niederländische Bank 3 Cent –, doch viele Preise sind noch in Cent angegeben. Beim Abrechnen wird der Betrag auf 5 Cent auf- bzw. abgerundet. Gültige Münzen: Stuiver (5 Cent), Dubbeltje (10 Cent), Kwartje (25 Cent), Gulden (100 Cent), Rijksdaalder (250 Cent), Fünf-Gulden-Stück. Gültige Banknoten sind 10, 25, 50, 100, 250 und 1000 Guldenscheine.

Geldautomaten befinden sich im Hauptbahnhof und bei Post- und Bankfilialen, entweder im Vorraum oder eingelassen in der Fassade direkt an der Straße. ABN AMRO-Bank: Dam 2, Leidsestraat 1, und Vijzelstraat 68/78. Postbank: Singel 250–256, Nieuwezijds Voorburgwal 182, Waterlooplein 2. Bei sehr vielen Hotels, Restaurants und Geschäften kann mit den international üblichen Kreditkarten bezahlt werden.

Gepäckaufbewahrung
Am Bahnhof: Die Gepäckaufbewahrung befindet sich in den Katakomben des Hauptbahnhofs. Geöffnet ist sie Montag bis Samstag von 5 bis 1 Uhr, Sonntag/Feiertag von 6 bis 1 Uhr. Piktogramme weisen einen den Weg. Daneben befinden sich auch die «kluisjes», die Schließfächer.

Am Flughafen: Im Ankunftsbereich zwischen Halle 1 und 2. Pro Gepäckstück werden 5 Gulden verlangt. Öffnungszeiten: Mo–So 6 bis 22.45 Uhr.

Grachtenrundfahrten
Zahlreiche Gesellschaften bieten einstündige Bootstouren an, die sich für einen ersten, allgemeinen Überblick eignen. Die Abfahrtsplätze befinden sich im Zentrum.

Amsterdam Canal Cruises, Nicolaas Witsenkade (gegenüber Heineken Brouwerij), Tel. 6 26 56 36.

Rederij P. Kooy BV, Rokin, Tel. 6 23 38 10.

Rederij Lovers BV, Prins Hendrikkade, Tel. 6 22 21 81.

Meijers Rondvaarten, Damrak, Tel. 6 23 42 08.

Rederij Plas, Damrak, Tel. 6 22 60 96.

Internet-Adressen
Amsterdam ist anders, geheimnisvoll, gefährlich: Drogen, Prostitution und Kanäle machen die Stadt so exotisch – und so beliebt. Seit einiger Zeit sind es vor allem die Kanäle, die Amsterdam als Babylon, als Dschungel, als Gefahr, kurz, als Gegenbild von teutscher Zucht und Ordnung erscheinen lassen. Nein, nicht die Grachten, auf denen seit Jahrhunderten Waren aus aller Welt frei verschifft, verschoben, gehandelt werden. Sondern die weitverzweigten, undurchschaubaren Informationskanäle des Internet, deren

227

«Traffic» aus Bits und deren Ware aus Worten besteht.

In Amsterdam wurde das Hackermagazin *WIRED* konzipiert, das die Welt ganz mit unstillbarem Zukunftshunger versorgt. Schließlich ist Amsterdam verkabelter – zu Netzdeutsch: «wired» – als andere Städte. Fast jeder Haushalt hängt am Kabelfernsehnetz, und jeder Einwohner hat das Recht auf die doppelte Stadtbürgerschaft: eine im realen Raum und eine im Cyberspace des Netzprojektes De Digitale Staad (DDS). Stadtraum, sozialer Raum, Kyberraum, sie sind ebenso verwoben und vernetzt wie die schillernde Grachtenlandschaft selbst.

Amsterdam ist mehr als eine Stadt, ist Symbol, Chiffre und ungekrönte Hauptstadt der digitalen Vernetzung. Und Amsterdamer Netzcomputer sind daher der Lieblingsfeind der deutschen Staatsanwaltschaft. Immer wieder trifft den Server des Providers xs4all der Zorn dubioser Saubermänner. Die Scientology-Sekte mit Sitz in L.A. prozessiert immer mal wieder gegen Amsterdam Provider, wenn diese durch die Publikation von sekteninternen Papieren gegen das Copyright verstoßen. Und weil auf diesem Server, der in den Achtzigern aus der Hackerszene entstand, die in Deutschland verbotene Zeitschrift «radikal» erscheint, sperrte das Deutsche Forschungsnetz im April 1996 auf Druck der Generalbundesanwaltschaft seinen Zugang zu allen Seiten bei xs4all. Und erreichte damit nur, daß das verbotene Pamphlet auf Dutzenden von anderen Heimatseiten «gespiegelt», also vervielfältigt wurde. Ein voller Erfolg für die Herausgeber.

Heute brauchen sich Besucher nicht mehr auf Schiffe, Bahnen, Busse zu verlassen, um einen ersten Eindruck der Stadt zu bekommen. Einfach den Computer angeworfen, und schon kann man Karten bestaunen, Hotels buchen, virtuelle Stadtführungen mitmachen, Kontakte knüpfen oder von Site zu Site surfen, Kinoprogramme durchblättern oder Ausstellungen bewundern. Und da jede Stadt, und die digitale erst recht, sich in ständigem Umbau befindet, sollte das oberste Prinzip lauten, sich nie blind auf vorgekaute Empfehlungen zu verlassen. Konkret: jede unaktuelle Website wird ersetzt durch ein Vielfaches an besseren, aktuelleren, und die findet man am besten mit einer der «Suchmaschinen», etwa unter
www.lycos.com
www.altavista.com oder
www.yahoo.com / Recreation / Travel

Reisevorbereitung

Wen das Fern-WWW gepackt hat, sollte vor dem Kofferpacken einen Blick auf den Wetterbericht für Amsterdam werfen, zum Beispiel per Satellitenbild auf der Seite von **Intellicast** unter der Adresse http://www.intellicast.com / weather / ams /

Das **Citynet** ist für einen ersten Überblick geeignet, von «Shopping» über «Where to Stay» bis hin zu Veranstaltungshinweisen und «Weather». Aber auch Hotellisten kann man hier einsehen sowie Karten, die man zoomen kann: http://www.citynet.de

Eine der vielen kostenlosen **Mitfahrzentralen** im Netz hat das Nummernschild http://www.chance.de / frames / c-bazaar.htm

Mitwohngelegenheit gesucht? In **Chance** bieten immer wieder auch Londoner und Amsterdamer Wohnungen auf Zeit oder zum Tausch an.
http://www.chance.de / frames / c-bazaar.htm

Weitere Mietangebote im Magazin **Timeout** gibt http://www.timeout.nl Größer ist das Angebot allerdings in der internationalen **Mitwohnzentrale**: http://www.imNet.net

Wer über einen **CompuServe**-Anschluß verfügt, kann unter GO Citylife allerlei Aktuelles und Wissenswertes erfahren, an Diskussionen teilnehmen und die Leute in Amsterdam kennenlernen, per Tastatur versteht sich.

Wie komme ich von Schiphol Airport zur Station Sloterdeijk? Mit dem **Subway Navigator**, der uns bei der Hand nimmt und per Streckennetzkarte anzeigt, wo es langgeht und obendrein noch die Fahrzeit anzeigt!
http://metro.jussieu.fr:10001 / bin / statlist / english / nederland / amsterdam

Weitere Verbindungen und Fahrpläne bietet die **Amsterdam Public Transportation Information**. Hier sind alle Bus-, Bahn- und U-Bahn-Linien, selbst Fähren und Touristenbahn aufgeführt, aber leider nicht interaktiv abfragbar: http://www.xs4all.nl / blunted.

Eine kleine, schleichwerbungstrotzende Stadt-(Ein)Führung bieten die vollmundig als «virtual tours» angekündigten Seiten von **Channel**. Eine Karte lädt zum Mauswandern ein. Mit kleinen Bildchen werden verschiedene Straßen und Grachten auf den Bildschirm gezaubert, man kann sich den Damrak ansehen oder natürlich das Sexodrom.

Auch alphabetisch läßt sich suchen unter
http://www.channels.nl/adam.html

Amsterdam, a city visit, heißt die nette, englischsprachige Einführung in Vergangheit und Zukunft der Stadt, von den «early days» über «urban renewal» bis hin zum Kapitel 11: «Towards the Millennium». www.amsterdam.nl/02toin/02hist.html

CITY OF INSPIRATION grüßen ausgerechnet zwei Löwen, die das Stadtwappen halten auf der Seite «City of Amsterdam». Hier gibt es Links zu Geschichte, zu Wirtschaft und zu Touristenattraktionen:
http://www.amsterdam.nl/adam_eng.html

Hotelsuche

Für eine rundum gelungene Begrüßung sorgt der interaktive Reiseführer des Time-Out-Verlages, der neben einer wohlinformierten Einleitung auch die Möglichkeit bietet, das Wetter nachzusehen, Hotel-Heimatseiten zu begutachten, per E-Mail ein Zimmer zu buchen, von Budget (unter 160 Gulden pro Nacht) bis Deluxe (über 500 Gulden) bietet unter der Adresse
http://www.timeout.nl/TO/Amsterdam/Guide/accommodation

Ein praktischer Hotelservice heißt einfach **Bookings** und gibt Aufschluß über die Ausstattung, die Preise von Hotels – hollandweit. Das Verzeichnis läßt sich abfragen nach den Kategorien «City Centre», «Near Highway», «Near Beach», «TV in Room», «Near Airport», die Buchung erfolgt online unter der Adresse http://www.bookings.nl/links/banner – dds.html

Der **Internet Guide to Amsterdam**, vom Mathematiker Steven Pemberton geschrieben, ist eine gute Adresse, um eine Adresse zum Übernachten zu finden. Mitsamt einer launigen Einführung in die eigenartigen Gebräuche der Eingeborenen, «Places to see» und natürlich einem Eventkalender. Selbst die aktuellen Wechselkurse gibt es hier: http://www.omroep.nl/cgi-bin/tt/nos/page/t/m/568-1

Wer lieber nach Postleitzahl und Karte nach einem Hotel sucht, gehe zu http://www.cwi.nl/steven/amsterdam/postcodes.html

Kunst und Kultur, Essen und Trinken

Was ist diese Woche los? Einst kaufte man am Kiosk das Stadtmagazin **Time-Out**, bis es 1995 vor den Druckkosten ins Netz flüchtete. Dort verrät es, sortiert nach den Rubriken Art, Clubs, Film, Gay, Music, Theatre alles, was läuft unter der Adresse http://www.timeout.nl.

Musik, Kabarett, Tanz, Pop nach Genre, Woche, Tag oder Veranstaltungsort listet das Verzeichnis **Theater Concert Online** auf und bietet auch die Möglichkeit, gleich online Tickets zu bestellen– www.theater.nl/

Ein besonderer «Netzleckerbissen» ist die Seite des **Stedelijk-Museums** (http://art.cwi.nl/stedelijk/), wo man sich schon einmal in den jeweils aktuellen Ausstellungen umsehen kann, ebenso wie im Archiv. Hier gibt es auch Informationen zum World Wide Media Festival.

Alles zu schwuler Kultur ist unter der Adresse der **Homo Plein**, also «Homo-Platz» zu finden, ein Großteil davon auf englisch: www.dds.nl/plein/homo

Das darf nicht fehlen: Die Cybersite von **Ajax Amsterdam**, ganz auf englisch, mitsamt Ajax-Quiz, den Spielergebnissen, einem Screensaver und allerlei Interviews unter der Adresse www.xs4all.nl/michielh/

Auf der offiziellen Seite des **Netherlands Board to Tourism** steckt nicht nur ein kleiner Museumsrundgang, inklusive Bildern aus dem Van-Gogh-Museum, Stedelijk, Rijksmuseum und dem Anne-Frank-Haus, komplett mit Öffnungszeiten und Telefonnummern.

Und wem die Stadt stinkt, der findet hier schließlich die **Amsterdam Getaways**: kleine Fluchten aus den Grachten in Richtung Hoorn, Enkhuizen, Utrecht, Haarlem, Leiden. Aber noch geschickter wäre es, sich einfach eine kleine Broschüre zu holen. Wo? Nachsehen unter http://www.nbt.nl/NBT-Welcome.html.

Medien, Politik, Netzkultur

«welkom in de WAAG» heißt es auf der Seite der society for old and new media, unter http://www.waag.org.

De Waag ist Treffpunkt, Labor und Datenschmiede und arbeitet eng zusammen mit dem Konzertveranstalter Paradiso und De Balie, einem Zentrum für Kultur und Politik. Ein Medienlabor bietet für Studenten der Uni Utrecht Forschungsmöglichkeiten unter dem Motto «a meeting point for technology, critical practice and cultural programming» – whatever that means. Das persönlich und physisch zu erkunden lohnt sich, denn das Gebäude, in dem der Verein untergebracht ist, «De waag» eben, wurde 1488 als Stadttor und später als Stadtwaage benutzt. Ein Restaurant und ein Café laden zu einer Pause ein – vor allem das.

Projekt «Reading Table»: das ist ein Tisch, an dem man in guter alter Kaffeehaustradition Zeitung lesen kann im Papierformat oder eben ganz nebenbei im Internet, denn im Tisch ist ein Monitor eingebaut. Und zwei Kinder-Computer stehen unter dem Tisch, der den niederländischen Designpreis gewonnen hat.

Im «Club On Air» wiederum lassen sich Musikkonzerte aus aller Welt live auf der Leinwand mitverfolgen.

Für Aufsehen sorgt auch die Arbeit des «tactical media network», das von Sarajewo bis Chiapas immer wieder mit Computerunterstützung in Krisenregionen aushilft.

Auch die **De Digitale Stad** (DDS) ist weltberühmt. Es ist das europäische Pendant des kalifornischen «The Well», eine virtuelle Gemeinschaft eben. Hier wurde das Unmögliche möglich: ein Stadtnetz für alle, kostenlos – leider nur auf nederlandske, bis auf wenige Ausnahmen, wenn man auf die Option klickt «bezoek de stad als tourist»: http://www.dds.nl.

Provider der Digitalen Stadt ist **xs4all**, einer der umstrittensten Server der Welt, da die Betreiber überzeugt für die Bürgerrechte auf dem Datenhighway eintreten. Hier sind auch allerlei interessante Projekte versammelt: http://www.xs4all.nl.

Das **Mediamatic-Magazin** ist ein Muß für Netzfans, gemacht von den Leuten, die auch die berühmten Doors-of-Perception-Konferenzen organisiert haben unter dem Titel: «Any world, any media, one issue»: http://www.mediamatic.nl.

Leider nur für Leute, die Niederländisch verstehen: **Radio Online**, unter www.omroep.nl/tros. Wer parallel zum Radiohören auch gleich mitchatten will zu den jeweiligen Themen, begebe sich in den IRC-Kanal #trosradio. Eine Webkamera ist in der **Wibautstraat** installiert. Leider ist die Straße schlecht beleuchtet, also am besten vor Anbruch der Dunkelheit vorbeischauen: http://ff.vin.nl/webcam.

Internet-Cafés

Leider gibt es nur wenige, denn die meisten eingeborenen Netizens sind ohnehin Einwohner von xs4all oder De Digitale Staad – und die Touristen haben Besseres zu tun, als in die WW-Welt zu surfen.

Wer dennoch eine E-Mail-Postkarte an die Lieben daheim senden möchte, kann das in den Cafés tun, die in der mit tausendundeinem Frame zugemüllten, aber informativen Seiten **The Cyber Cafes of Europa** auftauchen: wwww.xs4all.nl/bertb/cybercaf.html.

Eine Liste der Cybercafés bietet auch **Eurogate**, und nicht nur für Amsterdam: http://eurogate.iit.nl/travel/netherl/amsterd.htm.

Wer allerdings schon vor Ort ist, ohne Computer und fern der Heimat, setze sich an die PCs im **The Cyberc@fé Amsterdam**, einem, jetzt kommt es: «Inter-Multimedia-Net C@fe»(!) mit Macs und Dosen und fast allen Browsern und AOL und den Spielen Quake und Doom und Hexen und Cappucciono und Saft und einer hilfreichen Crew, reale Adresse: Nieuwendijk, 191012 LZ Amsterdam, Tel. 020-6235146.

Eines der nettesten Cybercafés ist das **Myster 2000**, an dessen alten Geräten und gemütlichen 14.4er Modems das Datenwarten nichts kostet – außer Geduld, nur für die Drinks wird bezahlt. Außerdem finden andere Aktionen und Aufführungen in dem Gebäude statt, vor allem von Kunststudenten frequentiert: Lijnbbaansgracht 92, 1015 GZ Amsterdam, Tel. 31206202970.

www.euro.net/sala/myster.

Jugend

Jongeren Advies Centrum (JAC) Amstel 30, Tel. 6242949. Mo, Di, Do, Fr 10–22 Uhr, Mo–So 19–22 Uhr. Das JAC gibt Informationen und Hilfen an Jugendliche in den Bereichen Wohnen, Arbeit, Recht, psychische und materielle Probleme. Die Beratung ist anonym. In Notfällen wird eine kostenlose Übernachtung gewährt.

AMOC-DHV (Amsterdams Oecu-menisch Centrum – Deutscher Hilfs-verein) Stadhouderskade 159, Tel. 6721192. Mo-Fr 16–16 Uhr, Hilfe für deutschsprachige Jugendliche mit psy-chischen oder materiellen Problemen, Beratungen in juristischen Fragen.

Kartenvorverkauf

AUB Ticketoffice, Leidseplein / Ecke Marnixstraat, Tel. 6211211. Mo–Sa 10–18 Uhr.

VVV-Touristen-information, NZH-Koffiehuis, Stationsplein 10, Postan-schrift: Postbus 3901, 1001 AS Amster-dam, Tel. 6266444.

Kinos

Amsterdam bietet reichlich Gelegen-heit, gute Filme zu sehen. Ausländi-sche Filme werden im Original mit holländischen Untertiteln gezeigt. Die meisten Kinos haben freitags und samstags auch noch gegen Mitternacht Vorstellungen. Ein ausführliches Pro-gramm findet man mittwochs im *NRC Handelsblad* in *Het Parool,* donn-erstags in *Volkskrant.* Das nichtkom-merzielle Angebot der Filmhäuser ist gesondert aufgeführt. Das Programm der Filmhuizen (Off-Kinos) steht auch in der *Filmkrant.* Die folgende Auswahl konzentriert sich, mit wenigen Aus-nahmen, auf die Abspielstätten, bei de-nen die Programmarbeit im Vorder-grund steht.

Amsterdams Filmhuis Rialto-theater, Ceintuurbaan 338, Tel. 6623488. Am-sterdams kommunales Kino zeigt täg-lich um 18, 20 und 22 Uhr Filme, oft ausgezeichnete Serien zu einzelnen Ländern oder Regisseuren.

Kinderfilmcentrum Rialto-theater, Ceintuurbaan 338, Tel. 6623488. Mittwochs, samstags und sonntags um 13 und 15 Uhr Filme für Kinder.

The British Council, Keizergracht 343, Tel. 6223644. Dienstags und Mitt-wochs um 19 Uhr (außer Juli, August) Filme in englischer Originalfassung. Eintritt meist frei.

Desmet, Plantage Middenlaan 4 A, Tel. 6273434. Regelmäßiges Kinderpro-gramm, Nachtvorstellungen.

Filmmuseum Cinematheek, Vondel-park 3, Tel. 6831646. Dienstags bis donnerstags hervorragende Zyklen über einen bestimmten Regisseur oder über ein Land.

Kriterion 1 und 2, Roeterstraat 170, Tel. 6231708. Haben ein ausgewähltes Angebot. Serien über bestimmte Regis-seure, Filmfestivals. Freitags gibt's ab und zu eine Filmnacht, die mit einem Frühstück Samstagmorgens endet.

Kriterion Kinderfilmtheater, Roeter-straat 170, Tel. 6228206.

De Meervaart, Osdorpplein 205, Tel. 6107393. Zu unterschiedlichen Zei-ten, meist donnerstags bis samstags, laufen in diesem Gemeindetreff auch die verschiedensten anspruchsvolle-ren Filme. Im Oktober während der Herbstferien findet hier das Cinekid-Kinderfilmfestival statt.

De Melkweg, Lijnbaansgracht 243 a, Tel. 6241777. Zeigt Mittwoch bis Sonntag auch Filme.

The Movies, Haarlemmerdijk 161, Tel. 6245780. In den drei Filmsälen gibt's immer einen besonderen Film. Das Kino ist «schön alt» eingerichtet und hat eine Bar, wo man ab und zu Live-Musik hören kann, Nachtvorstel-lungen.

Soeterijn, Linnäusstraat 2, Tel. 5688500. Montags zeigt das Tropen-museum in seinem Souterrain Filme ethnischer Minderheiten und unter-drückter Völker.

Tuschinski, Reguliersbreestraat 26–28, Tel. 6262633. Prachtbau mit fünf Sälen im Jugendstil.

De Uitkijk, Prinsengracht 452, Tel. 6237460. Bietet anspruchsvolle Filme. Hier haben schon die Filmpio-niere der Amsterdamer Filmliga nach anderen Filmen Ausschau gehalten.

Kirchen und Synagogen

Katholisch
St. Nicolaaskerk, Prins Hendrikkade 73 (gegenüber dem Hauptbahnhof, wird derzeit restauriert), Tel. 6248749.

De Papegaai, Kalverstraat 58, Tel. 6231889, sonntags 9, 10.30, 12.15 Uhr.

Ökumenischer Gottesdienst
De Duif, Prinsengracht 754hs (beim Amstelfeld), Tel. 6270350, sonntags 10.30 Uhr.

Protestantische Kirchen
Anglikanische Kirche, Groenburgwal 42, Tel. 6248877.

English Reformed Church Presbyterian, Begijnhof 48, Gottesdienste in englischer Sprache, Tel. 6622221.

Eglise Wallone / Wallonische Kirche, Walenpleintje / Oudezijds Achterburgwal 159, Gottesdienste in französischer Sprache, Tel. 6232074.

Oude Kerk, Oudekerksplein 1, Tel. 6258284.

Westerwerk, Prinsengracht 281, Tel. 6247766.

Synagogen
Portugiesische-Israelitische Synagoge, Jonas-Daniel-Meijer-Plein 1

Synagoge, Jacob-Obrechtstraat

Synagoge, Gerard Doustraat, 1969 restauriert

Synagoge, Jacob Soetendorpstraat 8

Kneipen und Cafés
Zur näheren Charakterisierung siehe auch das Kapitel «Nachttour».

Americain, Leidseplein 28, Tel. 6245322. Jugendstil-Café mit großer Lesetafel im Hotel Americain. Beliebter Amsterdamer Treffpunkt.

Gerrit van Beeren, Koningsstraat 54, Tel. 6222329. Individuelles braunes Café mit einfachen, preiswerten Speisen.

Gran Café Berlage, Beursplein 1, Tel. 6384639. Elegantes Restaurant-Café, auch für Ausstellungen und Konzerte genutzt.

De Blincker, St. Barbarenstraat 7, Tel. 6271938. Theatercafé.

Bulldog Palace, Leidseplein 15, Tel. 6271908. Softdrugs, Fun und Entertainment.

Cul de Sac, Oudezijds Voorburgwal 99, Tel. 6254548.

De Doffer, Runstraat 12, Tel. 6226686.

De Druif, Rapenburgerplein 83, Tel. 6244530.

De Engelbewaarder (Het Literair Café), Kloveniersburgwal 59, Tel. 6253772.

Frascati, Nes 59, Tel. 6241324. Theatercafé.

Hard Rock Cafe, Korte Leidsedwarsstraat 28 – 39, Tel. 6266422.

Helmers, 1e Constantyn Huygenstraat 59, Tel. 6122761.

Hesp, Weesperzijde 130, Tel. 6651202.

De Hoogte, Nieuwe Hoogstraat 2a, Tel. 6260604.

Hoppe, Spui 18, Tel. 6240756. Traditioneller Amsterdamer Treffpunkt schon ab mittags.

De Huyschkaemer, Utrechtsestraat 137, Tel. 6236891.

De Ijsbreker, Weesperzijde 23, Tel. 6681805.

De Jaren, Nieuwe Doelenstraat 20 – 22, Tel. 6 255771. Sehr groß, sehr voll, mit zwei Terrassen aufs Wasser.

Kalkhoven, Prinsengracht 283, Tel. 6248649.

Kaptein Zeppos, Gebed 'zonder End 5, Tel. 6242057. Geöffnet von 16 bis 1 Uhr.

Karpershoek, Martelaarsgracht 2, Tel. 6247886.

De Kikker, Egelantierstraat 130, Tel. 6279198.

De Koophandel, Bloemgracht 49, Tel. 6239843. Braunes Café. Treff von Künstlern und Popmusikern.

Maloe Melo, Lijnbaansgracht 163, Tel. 4204592. Jazz und lateinamerikanische Musik live. Dunkel und rauchig, viel Surinamer, Antillaner, Araber.

Du Lac, Haarlemmerstraat 118, Tel. 6 24 42 65.

Het Land van Walem, Keizersgracht 449, Tel. 6 25 35 44.

Het Molenpad, Prinsengracht 653, Tel. 6 25 96 80.

't Monumentje, Westerstraat 120, Tel. 6 24 35 41.

Morlang, Keizersgracht 451, Tel. 6 25 26 81.

Het Café Mulder, Weteringsschans 163, Tel. 6 23 78 74.

Het Nieuwe Paleis, Paleisstraat 16, Tel. 6 26 06 00.

Café No1, Westerstraat 109, Tel. 6 24 53 80. Geöffnet von 20 bis 2 Uhr, Freitag und Samstag bis 3 Uhr.

L'Opera, Rembrandtsplein 27, Tel. 6 27 52 32.

Oosterling, Utrechtsestraat 140, Tel. 6 23 11 10.

Papeneiland, Prinsengracht 2, Tel. 6 24 19 89.

De Pels, Huidenstraat 25, Tel. 6 22 90 37.

Pieper, Prinsengracht 424, Tel. 6 26 47 75.

De Pieter, Sint Pieterspoortsteeg 29, Tel. 6 23 60 07.

De Pilsener Club, Begijnesteeg 4, Tel. 6 23 17 77.

De Pool, Oude Hoogstraat 8, Tel. 6 24 87 10.

De Prins, Prinsengracht 124, Tel. 6 24 93 82.

P 96, Prinsengracht 96, Tel. 6 22 18 64. 21 – 3, Wochenende bis 4 Uhr.

Quibus, Van der Helstplein 7, Tel. 6 73 60 85.

De Reiger, Nieuwe Leliestraat 34, Tel. 6 24 74 26.

Rick's Café, Oudezijds Voorburgwal 252, Tel. 6 22 96 58.

Rum Runners, Prinsengracht 277, Tel. 6 27 40 79. Caribbean Music.

Schillercafé, Rembrandtsplein 22, Tel. 6 23 16 60.

De Schutter, Voetboogstraat 13, Tel. 6 22 46 08.

Seymour Likely Lounge, Nieuwezijds Voorburgwal 250, Tel. 6 27 14 27.

Shorts of London, Rembrandtsplein 20, Tel. 6 22 56 56.

Smackzeyl, Brouwersgracht 101, Tel. 6 22 65 20. Gemütliche braune Kneipe, gutes Essen.

De Spuyt, Korte Leisedwarsstraat 86, Tel. 6 24 89 01. Geöffnet von 20 bis 2 Uhr, Freitag und am Samstag bis 3 Uhr.

Tisfris, Sint Antoniebreestraat 142, Tel. 6 22 04 72.

De Tuin, 2e Tuindwarsstraat 13, Tel. 6 24 45 59.

De Twee Zwaantjes, Prinsengracht 114, Tel. 6 25 27 29. Live-Musik des Amsterdamer Lebenslieds.

Vertigo, Vondelpark 3, Tel. 6 12 30 21. Café im Filmmuseum, mit großer Sommerterrasse.

Welling, Johannes Verhulststraat 2, Tel. 6 62 01 55. Treffpunkt für Künstler und Literaten.

Duende, Lindengracht 62, Tel. 4 20 66 92. Spanische Taverne.

Wildschut, Roelof Hartplein 1 – 3, Tel. 6 73 86 22. Attraktives Café im Art-Nouveau-Stil.

Café Zilver, Rembrandtsplein 19, Tel. 6 23 81 01.

Probierstuben
De Admiraal
Herengracht 319, Tel. 6 25 43 34. Hier

kann man Genever und Liköre, Amsterdamer Produkte, probieren.

De Drie Fleschjes, Gravenstraat 18, Tel. 6 24 84 43. Probierstube aus dem 17. Jahrhundert.

Wijnand Focking, Pijlsteeg 31, Tel. 6 24 39 89. 11 – 20 Uhr, So geschlossen. Auch in dieser mehr als 300 Jahre alten Probierstube wird am liebsten der Genever getestet. Wie leert man ein randvolles Glas? Man beugt sich drüber und schlürft den ersten Schluck.

Koffiehuizen
Das Beiwort «Café» schmückt in Amsterdam eher Kneipen als das, was wir darunter verstehen. Das «Koffiehuis» wiederum ist eine Einrichtung zum Frühstücken und für die Mittagspause.

Back Stage, Utrechtsedwarsstraat 67, Tel. 6 22 36 38. Besitzer sind zwei Siouxindianer, die als Christmas Twins ein berühmtes Tänzerpaar waren.

Barney's Breakfast Bar, Haarlemmerstraat 102, Tel. 6 25 97 61. Gute Auswahl.

Coffeeshop Biba, Hazenstraat 15, Tel. 6 26 11 34.

Esprit, Spui 10, Tel. 6 22 19 67. Gutes Frühstück.

Kaffieshop Françoise, Kerkstraat 176, Tel. 6 24 01 45. Schöner Coffeeshop zum Frühstücken, mit Galerie.

Koffiehuis 't Loosje, Nieuwmarkt 32, Tel. 6 27 26 35. Einfache Bewirtung, stilvolles Kacheldekor der Jahrhundertwende, korrekte Atmosphäre.

Malvesijn, Prinsengracht 598, Tel. 6 38 08 99. Ruhiger Laden.

The Pancake Bakery, Prinsengracht 191, Tel. 6 25 13 33. Pfannkuchen, eine holländische Spezialität.

Pannekoekenhuis Upstairs, Grimburgwal 2, Tel. 6 26 56 03. Montags geschlossen, ab 11.30 Uhr leckere Pfannkuchen.

Sisters, Nes 102, Tel. 6 26 39 70. Sehr schöner Teeshop, mehr als 40 Sorten, vegetarische Menüs.

Warenhaus mit Frühstück
De Bijenkorf, Damrak 90, Tel. 6 21 80 80. Für rund 10 Gulden kann man soviel essen, wie man will: Die Hollandse Koffietafel bietet Salate, Brot, Aufschnitt und Käse. Von 9 bis 11.30 Uhr.

Konsulate
In Notsituationen sollte man von den Konsulaten nicht zuviel erwarten. Besser wende man sich an den AMOC-DHV (siehe S. 230 «Jugend»). Dieser Verein hilft speziell deutschsprachigen Touristen in Amsterdam.

Konsulat der Bundesrepublik Deutschland, Lairessestraat 172, Tel. 6 73 62 45, Mo–Fr 9.30 – 12 Uhr.

Konsulat von Österreich, Weteringschans 106, Tel. 6 26 80 33, Mo–Fr 10 – 12 Uhr.

Konsulat der Schweiz, Johan Vermeerstraat 16, Tel. 6 64 42 31, Mo–Fr 10 – 12 Uhr.

Kraker
Bis auf einige wenige zumeist legalisierte Kraak-Bollwerke wie der NRC-Handelsblad-Komplex hinter dem Königlichen Palast auf dem Nieuwezijds Voorburgwal ist das Kraken für viele ein Relikt aus alten Zeiten. Wer was zum Wohnen sucht, setzt in Amsterdam inzwischen mehr auf «Anti-Kraak» denn auf Kraken: leerstehende Wohnungen und Häuser werden von Besitzern, Maklern und Spekulanten zum zwischenzeitlichen Bewohnen kostenlos oder gegen geringe Gebühren überlassen. Vorteil: Man kann billig unterkommen, Nachteil: Man weiß nie, wie lange das Glück währt. Die Veteranen der Kraakbewegung leben inzwischen zumeist in legalisierten Verhältnissen. Bredero's Motto «'t kan verkeren» – alles ist veränderlich – trifft auch auf die einst so stolze Krakerszene zu.

Silo, Westerdoksdijk 51, Tel. 6 86 43 22. Kraker-Bollwerk mit Café und Disco.

Kriminalität
Als Drogenmekka steht Amsterdam in dem Ruf, eine sehr kriminelle Stadt zu sein. In der Tat: Es gibt die Beschaffungskriminalität der Junkies. Spezialität: Autos knacken und Diebstähle.

Auf dem Stationsplein am Hauptbahnhof warnt die Polizei über Lautsprecher vor Taschendieben. In den achtziger Jahren grassierte das Hütchenspiel, und war die Pillenbrücke in der Damstraat fest in deutscher Junkie-Hand. Doch allen Gruselmärchen zum Trotz ist Amsterdam nicht krimineller als Hamburg oder Frankfurt. Die kriminellste Stadt des Landes ist übrigens die eher beschauliche Residenzstadt Den Haag. Dennoch gibt es Straßen und Plätze, die man zu bestimmten Tages- und Nachtzeiten lieber meiden beziehungsweise wo man obacht geben sollte. Der berühmt-berüchtigte Zeedijk gilt nach seinem Facelift inzwischen als nahezu sicher. Nur noch an seinem «Kopf», zum Nieuwmarkt hin, treffen sich Dealer und Junkies. Auch die «walletjes», das Rotlichtviertel, hat viel von seinem Schrecken verloren. Doch um die «Oude Kerk» und auf der Korte- und Lange Niezel sollte man wachsam sein. Taschendiebe schlagen vor allem am Hauptbahnhof zu, auf dem Damrak, dem Dam und den Einkaufsstraßen Kalverstraat und Nieuwendijk. Nach gelungenem Raub verschwinden sie dann auf Nimmerwiedersehen in einem der vielen Stege und Gäßchen.

Kulturzentren

Qibibio, Prins-Hendrikkade 20–21, Tel. 5 53 93 55. New-Age-Zentrum mit Einkaufspassage, Buchladen, Teegarten, Café, vegetarischem Restaurant, Sauna, Dachterrasse, Workshops und Lesungen.

De Melkweg, Lijnbaansgracht 234a, Tel. 6 24 17 77, Mi–Sa ab 19.30 Uhr. Kulturzentrum mit Rockmusik, Theater-, Tanz- und Mimevorstellungen, Workshops und Filmvorführungen. Alles läuft gleichzeitig, es ist immer was los.

Paradiso, Weteringschans 6, Tel. 6 26 45 21. Musikzentrum. Rock-, Punk-, New Wave- und Doom-Musik finden hier das Publikum.

Lesben

Gay & Lesbian Switchboard, Tel. 6 23 65 65. Täglich telefonische Info und Beratung von 10 bis 22 Uhr.

COC (NVIH), Rozenstraat 14, Tel. 6 23 40 79. Das COC-NVIH bemüht sich schon seit Jahren um die Emanzipation von Homosexuellen durch Aktionen und Aufklärung. Es hat ein Info-Café, eine Bar und ein Dancing, samstags von 20 bis 2 Uhr nur für Frauen.

Homolulu, Kerkstraat 23, Tel. 6 24 63 87. Elegante schwule Bar. An manchen Tagen nur für Frauen.

Roxy-Lady, in der Disco Roxy, Singel 465, Tel. 6 20 03 45. Jeder dritte Sonntag im Monat ist Roxy von 8 bis 13 Uhr den Frauen vorbehalten. Eintritt 10 Gulden.

Saarein, Elandstraat 119, Tel. 6 23 49 01. Bekannteste Frauenkneipe Amsterdams, geöffnet von 13 bis 1 Uhr.

Sonja, Nassaukade 122, Tel. 6 84 33 25, Lesben-Kneipe.

Vrouwenhuis, Nieuwe Herengracht 95, Tel. 6 25 20 66. Amsterdamer Frauenhaus, in dem sich unter anderen auch die «Lesbische Groepen Amsterdam», eine Gesprächsgruppe, trifft.

Sauna Kylpy, Mercatorplein 23–25, Tel. 6 12 34 96. Badehaus für Frauen.

Lesen

Romane

Das Attentat, Harry Mulisch, Rowohlt TB 21130, 1989

Max Havelaar, Multatuli (d. i. Eduard Douwes Dekker), Bruckner & Thünker, 1993.

Das Bittere Kraut, Marga Minco, Rowohlt Taschenbuch Verlag, 1959.

Die Nacht der Girondisten, Jacob Bresser, Rowohlt Taschenbuch Verlag, 1959.

Tramhalte Beethovenstraat, Grete Weil, Fischer TB, 1983.

Der Commissaris fährt zur Kur, Janwillem von de Wetering, Rowohlt TB 1983.

De Gier im Zwielicht, Janwillem van de Wetering, Rowohlt TB 1993.

Outsider in Amsterdam, Janwillem van de Wetering, Rowohlt TB 1977.

Rattenfang, Janwillem von de Wetering, Rowohlt TB 1986.

Hoffmanns Hunger, Leon de Winter, Diogenes, 1994.

Erzählungen
Das Tagebuch der Anne Frank, Anne Frank, Fischer Taschenbuch 1992.
Geschichten aus sieben Ghettos, Egon Erwin Kisch, Fischer 1982.
Heiteres aus Amsterdam, Simon Carmiggelt, Ullstein 1990.

Sachbücher
Das unbekannte Holland, Ernest Zahn, Siedler 1984.
Holländische Kultur im 17. Jahrhundert, Johan Huizinga, Benno Schwabe & Co, 1961.
Herbst des Mittelalters, Johan Huizinga, Kröner, 1975.
Das Geld und die Freiheit, Henry Méchoulan, Klett-Cotta, 1992.
Amsterdam, Sprache der Bilderwelt, Roland Günter, Gebr. Mann, 1991.
Von Rembrandt zu Vermeer, Mariet Westermann, DuMont, 1996.

Märkte

Allgemeine Märkte
Albert Cuypstraat, Montag bis Freitag von 9 bis 18 Uhr, Samstag von 9 bis 17 Uhr ist der größte Markt in den Niederlanden. Irre Auswahl zwischen einheimischer und exotischer Kost.

Dapperstraat, montags bis freitags von 9 bis 18 Uhr, samstags bis 17 Uhr, sehr billig.

Lindengracht, dienstags bis freitags von 9 bis 13 Uhr, samstags von 9 bis 17 Uhr großer Markt mit viel Textilien.

Ten Katestraat, montags bis freitags von 9 bis 18 Uhr, samstags bis 17 Uhr.

Westerstraat, montags von 9 bis 14 Uhr allgemeiner Markt.

Antiquitäten und Kunst
AAC Centrum, Lijnbaansgracht 187, Tel. 6 24 90 38.

Antiekmarkt de Looier, Elandsgracht 109, Tel. 6 24 90 38. Montag bis Donnerstag von 11 bis 17 Uhr, Samstag von 9 bis 17 Uhr.

Kunstmarkt, Thorbeckeplein, sonntags von 10 bis 17 Uhr.

Blumenmärkte
Amstelveld, montags von 9 bis 13 Uhr, Blumen- und Kräutermarkt.

Singel, montags bis samstags ein schöner, nicht sehr billiger Blumen- und Pflanzenmarkt, 9 – 18 Uhr, samstags bis 17 Uhr.

Büchermarkt
Oudenmanhuispoort, montags bis freitags von 10 bis 16 Uhr, gebrauchte Bücher; findet nicht immer statt.

Spui-Büchermarkt, freitags von 10 bis 16 Uhr auf dem Spui vor dem Maagdenhuis.

Flohmarkt
Noordermarkt, Westerstraat, nur montags morgens zwischen 9 und 13 Uhr. Noch echter Flohmarkt mit bezahlbaren Preisen. Auch viele Stoffe.

Waterlooplein, Montag bis Freitag von 10 bis 18 Uhr, Samstag von 9 bis 17 Uhr. Ziemlich kommerziell.

Vogelmarkt
Noordermarkt, Westerstraat, samstags von 8 bis 13 Uhr werden dort Vögel und andere Kleintiere angeboten.

Medien
In Amsterdam erscheinen die wichtigsten Tages- und Wochenzeitungen und nahezu alle Zeitschriften. Die größte Tageszeitung ist das konservative Massenblatt **De Telegraaf**. Zu den seriösen Tageszeitungen zählt man die Morgenzeitungen **Volkskrant** (ursprünglich katholisch) und **Trouw** (calvinistisch, aus dem Widerstand hervorgegangen), sowie zwei Mittagszeitungen: die sozialdemokratische, im Widerstand entstandene **Het Parool** und das Quality Paper **NRC-Handelsblad**. Die intellektuelle Szene liest zudem die linksliberalen Wochenzeitungen **Vrij Nederland** und **HP / De Tijd**. Die Linke liest seit über 100 Jahren die rührige **De Groene Amsterdammer**. Sie liegen in den Grand Cafés an den Lesetischen gratis aus. Stadtzeitschriften wie in Deutschland oder der Londoner Time Out vergleichbar gibt es nicht. Veranstaltungshinweise entnimmt man der gratis ausliegenden **Uitkrant**, die vom Amsterdams Uit Buro herausgegeben wird. Auf der Mattscheibe kann man lokale Fernsehprogramme sehen. In dem Kanal **Salto** gibt es ein kunterbuntes Gemisch medialer Lokalmatadoren. Und **AT 5** heißt die offizielle Lokalfernsehstation. Was in den

Zeiten der Kraker als Stad Radio Amsterdam Berühmtheit erlang, existiert heutzutage unter dem Namen **Radio Nord-Holland** nur noch als publizistischer Torso.

Mietwagen

Ein Leihwagen für Amsterdam lohnt sich wegen der Parkplatzprobleme in der Innenstadt allenfalls für Ausflüge.

Avis, Nassaukade 380, Tel. 6836061, Schiphol: 6041301.

Budget, Overtoom 121, Tel. 6126066.

Ouke Baas, Van Ostadestraat 366, Tel. 6794842.

Rent a Brick, Wenckebachweg 19, Tel. 6922930. Ab 50 Gulden pro Tag.

Minderheiten

Gemeinde Amsterdam, Tel. 6385551, Montag bis Freitag von 9.30 bis 17 Uhr erreichbar. Hier können Diskriminierungen jeder Art gemeldet werden.

Komitee Indonesie, Minahassastraat 1, Tel. 6940024. Verbreitet kritische Informationen über Indonesien, auch darüber, welche Rolle in der indonesischen Geschichte die Niederlanden gespielt haben.

Spinoza, Wittenstraat 25, Tel. 6861430. Ein multikulturelles Zentrum, wo verschiedene Ausländer und Holländer – schwarz, weiß, gelb, braun – Musik, Theater und Workshops machen.

Mitfahrzentrale

International Lift-Center, Nieuwezijds Voorburgwal 256, Tel. 6224342 (Lifter), 6224230 (Fahrer), Mo-Fr 10 bis 19 Uhr, Sa 10 bis 16 Uhr, So 12 bis 15 Uhr.

Mitwohnzentralen

INTAS Amsterdam, the international accomodation service, Christoph Blans, Schinkelkade 47/II, 1075 VK Amsterdam, Tel. 4705705, Di bis Do 17 bis 21 Uhr.

INTAS Berlin, Brahestraße 37, 10589 Berlin, Tel. 3499331 oder 3458329. Vermittelt auch Unterkünfte in Amsterdam.

De Doelen, Weesperstraat 1, Tel. 5231205. Mo 13–17; Di, Do, Fr 9–12; Mi 11.30–15 Uhr Zimmervermittlung.

Steunpunt wonen, Nieuwe Zijds Voorburgwal 32, Tel. 5230130. Zimmervermittlung von 9 bis 17 Uhr.

Museen

Museumboot, Centraal Station, Rederij Lovers, Tel. 6256464. Macht fünfmal täglich eine 75 Minuten dauernde Fahrt, mit Stopps und Ausstiegsmöglichkeiten an elf Museen.

Amsterdams Historisch Museum, Kalverstraat 92, Tel. 6255822, Mo-So 11–17 Uhr. Museum zur Stadtgeschichte.

Anne Frank Huis, Prinsengracht 263, Tel. 6264533. Mo-Sa 9–17, So 10–17, Juni bis August 9–19 Uhr. Versteck der jüdischen Familie Frank von 1942 bis 1944. Ausstellung über Judenverfolgung und Diskriminierung.

Ajax Museum, Arena Boulevard 3, Tel. 4284290, Mo-So 9–18 Uhr. Clubgeschichte des Fußballvereins.

Bijbels Museum, Herengracht 366, Tel. 6242436. Di-Sa 10–17, So 13–17 Uhr. In altem Grachtenhaus. Umfaßt archäologische Funde und alte Bibeln.

Erotisch Museum, Oudejijds Achterburgwal 54, Tel. 6247303.

Filmmuseum, Vondelpark 3, Tel. 6831646. Mo-Fr 10–17 Uhr. Bibliothek und Dokumentation Di-Do 10–17 Uhr. Wechselausstellungen. Die feste Ausstellung bilden Kameras und Projektoren.

Haschisch-Museum, Oudezijds Achterburgwal 148, Tel. 6235961. Täglich geöffnet von 11 bis 18 Uhr, Do-Sa bis 22 Uhr. Alles zum Hanf von A bis Z.

Het Kattenkabinett, Herengracht 497, Tel. 6265378. Museum um einen aristokratischen Kater mit Bildern, Skulpturen und wechselnden Ausstellungen, alles zum Thema die Katze in der Kunst (von Rembrandt bis Cobra).

Joods Historisch Museum, J. D. Meijerplein 2/4, Tel. 6209945, täglich 11–17 Uhr. Jüdisches Museum.

Madame Tussaud, Dam 2, Tel. 6 22 99 49, täglich 10–18, Juli und August 10–20 Uhr (im Warenhaus von Peek & Cloppenburg), zeigt u. a. Amsterdam im 17. Jahrhundert.

Multatuli-Museum, Korsjespoortsteeg 20, Tel. 6 38 19 38, nur dienstags geöffnet, ansonsten sind telefonische Verabredungen möglich. Leben und Werk des Schriftstellers des holländischen Kolonialromans «Max Havelaar».

Museum Amstelkring, Oudezijds Voorburgwal 40, Tel. 6 24 66 04, Mo–Sa 10–17, So 13–17 Uhr. Kaufmannshaus aus dem frühen 17. Jahrhundert, in dessen Dachgeschoß sich eine katholische «Schlupfkirche» befindet: «Ons' lieve Heer op solder».

Museum Fodor, Keizersgracht 609, Tel. 6 24 99 19, Mo–So 11–17 Uhr. Wechselausstellungen von in Amsterdam lebenden Künstlern.

Museumswerf 't Kromhout, Hoogte Kadijk 147, Tel. 6 27 67 77. Mo + Mi–Sa 10–16 Uhr, So 13–16 Uhr. Schiffswerft aus dem 18. Jahrhundert.

Museum Willet Holthuysen, Herengracht 605, Tel. 5 23 18 70, Mo–So 11–17 Uhr. Vollständig eingerichtetes Grachtenhaus von 1668.

Nederlands Persmuseum, Cruquiusweg 31, Tel. 6 68 58 66, Mo–Fr 11–17 Uhr. Dokumentiert die einmalig liberale Tradition des Pressewesens in den Niederlanden.

Nederlands Scheepvaart Museum, Kattenburgerplein 1, Tel. 5 23 23 11, Di–Sa 10–17, So 13–17 Uhr. Glanz und Gloria der niederländischen Marine. Mit ergänzenden Geschichtskenntnissen sehr interessant.

New-Metropolis, Oosterdok 2, Tel. 5 31 22 33. Mitten im grauschwarzen Wasser des Binnensees ragt die metallgrüne Bugkonstruktion des italienischen Stararchitekten Renzo Piano aus den Fluten: darin befindet sich über mehrere Etagen verteilt ein Warenhaus der Wissenschaft: das Science Museum New-Metropolis.

Occo Hofje, Nieuwe Keizersgracht 94, Tel. 6 22 52 19. Zutritt nach Absprache.

Altenhof mit Regentenkammer aus dem 18. Jahrhundert, eigentlich kein Museum.

Het Rembrandthuis, Jodenbreestraat 4–6, Tel. 6 24 94 86, Mo–Sa 10–17, So 13–17 Uhr. Beinahe vollständige Sammlung der Radierungen Rembrandts.

Rijksmuseum, Stadthouderskade 42, Tel. 6 73 21 21, Di–Sa 10–17, So 13–17 Uhr. In Bildern wiedergegebene Sozialgeschichte der Niederlande.

Schriftmuseum J. A. Dortmond, Singel 425, Tel. 5 25 24 76. Mo–Fr 10–13, 14–16.30 Uhr. Bibliotheks-, Buchdruck- und Zeitungsgeschichte Amsterdams.

Sexmuseum Amsterdam, Damrak 18, Tel. 6 22 83 76. All about sex.

Stedelijk Museum, Paulus Potterstraat 13, Tel. 5 73 29 11, 5 73 27 37. Mo–So 11–17 Uhr. Moderne Kunst. Auch Filmvorführungen.

Theatermuseum im Nederlands Theater Instituut (NTI), Herengracht 168, Tel. 6 23 51 04. Di–So 11–17 Uhr. Grachtenhaus mit weithin erhaltener Ausstattung.

Tatoo-Museum, Oudezijds Achterburgwal 130, Tel. 6 25 15 65. Kulturgeschichte der Tätowierung.

Theo Thijssen Museum, 1e Leliedwaarsstraat 16, Tel. 4 20 71 19. Do–So 12–17 Uhr. Museum über Leben und Werk des Dichters und Pädagogen Theo Thijssen.

Tropenmuseum, Linnaeusstraat 2, Tel. 5 68 82 00. Mo–Fr 10–17, Sa, So 12–17 Uhr. Das gut gemachte Museum läßt einen auf instruktive Weise teilhaben am Alltag fremder Völker und den Problemen der Dritten Welt.

Van Loon Museum, Keizersgracht 672, Tel. 6 24 52 55, Mo 10–17 Uhr. Grachtenhaus aus dem 17. Jahrhundert mit altem Interieur.

Verzetsmuseum, Lekstraat 63, Tel. 6 44 97 97. Di–Fr 10–17, Sa, So 13–17 Uhr. Dokumentiert den Widerstand gegen die deutsche Besatzung im Zweiten Weltkrieg.

Vincent van Gogh Museum, Paulus Potterstraat 7, Tel. 5705200. Di–Sa 10–17, So 13–17 Uhr. Größte Sammlung des sozialengagierten Künstlers van Gogh.

Woonbootmuseum, Prinsengracht gegenber Nr. 296, Tel. 4270750. Di–So 10–17 Uhr. Über die Romantik des freien Wohnens auf dem Wasser.

Außerhalb Amsterdams

Aviodome, Schiphol Centrum, Tel. 6041521. 10–17 Uhr, November bis April, Mo geschlossen.

Musik

Weltmusik

Akhnaton, Nieuwezijds Kolk 25, Tel. 6243396. Afrikanische, karibische und lateinamerikanische Musik.

Meloe Melo, Lijnbaansgracht 163, Tel. 4204592. Eintritt bei Live-Konzerten 5 bis 8 Gulden: Jazz, Salsa, Reggae und afrikanische Musik.

Mozes en Aaronkerk, Waterlooplein 57, Tel. 6221305. Ab und zu Musik aus den Ländern der sogenannten Dritten Welt.

Soeterijn, Linnaeusstraat 2, Tel. 5688500. Gamelan-Konzerte, Sufi-Hymnen, tunesische Ensembles, pakistanische Musik sowie Antillen-Reggae- und Salsa-Bands.

Spinoza, Wittenstraat 25, Tel. 6861430. Multikulturelles Zentrum.

Folk-Musik

Café Nol, Westerstraat 109, Tel. 6245380. Freitags und samstags Amsterdamer Traditionspflege.

Casablanca, Zeedijk 26, Tel. 6255685. Ehedem legendäres Jazz-Café, heute Karaoke-Café.

De Twee Zwaantjes, Prinsengracht 114, Tel. 6252729. Amsterdamer singen Amsterdams.

Bolle Jan, Korte Reguliersdwaarsstraat 3, Tel. 6259376. Holländische Schlager live.

Jazz

Alto, Korte Leidsedwaarsstraat 115, Tel. 6263249. Einer der ältesten Jazz-Clubs mit Live-Auftritten.

Bim-Huis, Oude Schans 73–77, Tel. 6233373. Die Konzerte beginnen Mo–Do meist ab 22.30 Uhr, Eintritt um 15 Gulden.

De Engelbewaarder, Kloveniersburgwal 59, Tel. 6253772. Samstag und Sonntag gibt's hier Live-Musik. Sonntag Jazz-Session.

Klassik

Beurs van Berlage, Damrak 243, Tel. 6270466, Klassik der Börse.

Het Concertgebouw, Van Baerle Straat 98, Tel. 6718345 (Reservierungen), klassische Konzerte.

Muziektheater (Stopera), Amstel 3, Tel. 6255455. Das einzige Haus, das größeren Operninszenierungen Platz bietet.

Elektronische Musik

De Ijsbreker, Weesperzijde 23, Tel. 6939093 u. 6681805. Kulturelles Zentrum für Theater, Bewegungstanz, Elektronische Musik. Gute Arbeitsatmosphäre, Eintritt 10 Gulden.

Orgelkonzerte

Engelse Kerk, Begijnhof 48, Tel. 6249665.

Oude Kerk, Ouderkerksplein 1, Tel. 6258284. Hier spielte schon Sweelinck im Goldenen Jahrhundert.

Sint Nicolaaskerk, Prins Hendrikkade 76, Tel. 6248749.

Rockmusik

De Melkweg, Lijnbaansgracht 234a. Tel. 6241777. Legendärer Treffpunkt mit Weltmusik!

Korsakoff, Lijnbaansgracht 161, Tel. 6257845. Fast jeden Tag Live-Musik und Disco, verschiedene Musikstile.

Paradiso, Weteringschans 6, Tel. 6264521. Reggae, Doom, Punk, New Wave und afrikanische Musik.

New Age

Au Bout du Monde, Singel 313, Tel. 6 25 13 97. Esoterischer Buchladen mit mehr als 10 000 Titeln.

De Roos, Vondelstraat 35–37, Tel. 6 89 00 81. Treffpunkt der New-Age-Szene am Vondelpark. Buchladen, Teestube und jede Menge Kurse, Workshops und Lesungen.

Himalaya, Warmoesstraat 56, Tel. 6 26 08 99. Buchladen mit esoterischer Literatur, CDs und Tarotkartenleger im Café.

Koörddanser, Postbus 273, Tel. 6 99 66 78. Monatliches Mitteilungsblatt der New-Age-Szene mit allen Kursen und Workshops, Adressen und Kleinanzeigen. Weitere Zeitschriften sind Bres, Onkruid, Prana und Jonas – in allen besseren Kiosken zu bekommen und bei den obigen Adressen.

Musique du Monde, Singel 281, Tel. 6 25 31 24. Wenige Meter vom Buchladen entfernt der CD-Laden mit New Age- und Weltmusik.

Oibibio, Prins-Hendrikkade 20–21, Tel. 5 53 93 55. New Age-Zentrum mit Warenhaus, Teegarten, Grand Café, Sauna, Dachterrasse, Workshops und Lesungen.

Notfall

Notruf, Tel. 06-11

Tourist Medical Service, Tel. 6 73 75 67, 30 Gulden pro Konsultation.

Erste-Hilfe-Stationen der Krankenhäuser

Academisch Medisch Centrum, Meibergdreef 9, Tel. 5 66 91 11. Das Krankenhaus der Gemeentelijke Universiteit liegt in der Trabantenstadt Bijlmermeer, es ist aber mit der Metro schnell zu erreichen.

Kruispost, Oudezijds Voorburgwal 129, Tel. 6 24 90 31. Täglich 18–2 Uhr. Für Notfälle, im Stadtzentrum gelegen.

Onze Lieve Vrouwe Gasthuis, le Oosterparkstraat 179, Tel. 5 99 91 11. Einziges Krankenhaus in der Innenstadt.

Slotervaart Ziekenhuis, Louwesweg 6, Tel. 5 12 93 33. Endstation Straßenbahnlinie 2.

Vrije Universiteits Ziekenhuis, Boelelaan 1117, Tel. 5 48 91 11. Mit U-Bahn / Schnellstraßenbahn 51 erreichbar.

Apotheken

Die Apotheken haben von 9 bis 17.30 Uhr Montag bis Freitag geöffnet. In den anderen Zeiten gibt es diensthabende Apotheken – welche das genau sind, kann man Tag und Nacht telefonisch unter der Nummer 6 94 87 09 erfahren. Medikamente gibt es nur auf Rezept, die gewöhnlichen Allheilmittel kann man dort frei erwerben – doch ist nicht jedes Mittel, was man zu Hause so bekommt, hier auch rezeptfrei. Im Branchenverzeichnis «De gouden Gids» (Der goldene Führer) findet man die Adressen der Apotheken.

Rechtsberatung

Buro voor Rechtshulp, Spuistraat 10, Tel. 6 26 44 77. Mo 13–16, Di-Fr 9–13 und Mi zusätzlich 17–19 Uhr. Kostenlose Beratung in juristischen Fragen.

Öffnungszeiten

Die meisten Geschäfte haben montags von 13 bis 18 Uhr geöffnet, Di-Fr von 9 bis 18 Uhr, Sa von 9 bis 17 Uhr; in der Innenstadt sonntags auch von 12 bis 17 Uhr. Die Öffnungszeiten der Banken: Mo-Fr von 9 bis 16 Uhr; Post: Mo-Fr von 9 bis 18 Uhr.

Parks

Amstel Park, Busse 8, 60. Großer Park an der Amstel.

Amsterdamse Bos, Busse 65, Stadtwald mit großer Spielwiese für Kinder, Ruderbahn, Freiluftbühne und einigen Seen.

Oosterpark, Bus 22, Tram 3, 6, 9, 14; beim Tropenmuseum.

Rembrandtpark, Bus 18, Tram 1, 7, 13, 17. Ziemlich großer Volkspark, durchzogen von einigen Kanälen.

Sarphatipark, Tram 3, 4. Beim Albert Cuyp Markt im Pijp-Viertel.

Sloterplas, Sloterpark, Busse 18, 19, 47, Tram 1. Riesiger See mit einem schönen Park.

Vondelpark, Tram 1, 2, 3, 6, 12. Wichtigster Park von Amsterdam. Von Juni bis August Freiluftbühne mit Gratis-Vorstellungen mittwochs bis sonntags. Mehrere Terrassen, Seen, Rosengarten. Für manche der Central Park von Amsterdam.

Post

Die Postämter haben werktags (außer Samstag) von 9 bis 17 Uhr geöffnet. Das Hauptpostamt (am Singel 250, Tel. 5 56 33 11) werktags von 8.30 bis 18 Uhr, donnerstags zusätzlich bis 20.30 Uhr, samstags von 9 bis 12 Uhr. Nicht weit vom Hauptbahnhof befindet sich das Bahnhofspostamt Oosterdokskade (ein großer weißer Komplex), geöffnet jeden Tag bis 21 Uhr.
Die grau-roten Briefkästen haben links einen Schlitz nur für Amsterdam, rechts wird alles mit «overige bestemmingen» – Post ins Ausland – eingeworfen.
Postlagernde Sendungen kann man auf der Hauptpost abholen – mit dem Ausweis. Die korrekte Adresse: Name, poste restante, Amsterdam, Niederlande.

Restaurants

Preiswert

Agora, Roetersstraat 11, Tel. 5 25 52 70. Mensa beim Kriterion-Kino.

Atrium, Oudezijds Achterburgwal 237, Tel. 5 25 39 99. Mensa: Mittagessen 12–14 Uhr, Abendessen 17–19 Uhr, Menü 8,25 Gulden, auch für Nichtstudenten. Sehr schön in einem überdachten Innenhof gelegen.

De Keuken van 1870, Spuistraat 4, Tel. 6 24 89 65. Garküche mit Tagesgericht. Montag bis Freitag von 11–20 Uhr, Samstag und Sonntag 16–21 Uhr.

Leto, Haarlemmerdijk 114, Tel. 6 26 56 95. Schnelle Bedienung!

Moeders Pot, Vinkenstraat 119, Tel. 6 23 76 43. Holländische Küche.

Szmúleéwicz, Bakkerstraat 12, Tel. 6 20 28 22. Geöffnet 12–16 und 17.30–21.30 Uhr. Billiges Tagesgericht.

Chinesische Küche

Moy Kong, Zeedijk 87, Tel. 6 24 19 06, sehr lecker.

Fisch

Julia, Amstelveenseweg 160, Tel. 6 79 53 94, Mo geschlossen. Nicht preiswert, aber gut.

Lucius, Spuistraat 247, Tel. 6 24 18 31. Gute Küche.

Sluizer, Utrechtsestraat 45, Tel. 6 26 35 57. Berühmt wegen seiner Tagesgerichte.

Französische Küche

Bark, Van Baerlestraat 120, Tel. 6 76 26 76. Gute französische Küche.

De Staalmeesters, Kloveniersburgwal 127, Tel. 6 23 42 18.

Smoeshaan, Leidsekade 90, Tel. 6 27 69 66. Holländisch-französische Küche.

Van Hale, Saenredamstraat 39, Tel. 6 76 24 95. Montag bis Freitag 18–23.30 Uhr. Nouvelle Cuisine im Pijp-Viertel.

Holländische Küche

De blauwe Hollander, Leidsekruisstraat 28, Tel. 6 23 30 14.

Indische Küche

Koh I noor, Westermarkt 29, Tel. 6 23 31 33. Nicht ganz billig, aber sehr gut.

New Delhi, Overtoom 350, Tel. 6 16 78 58. Preiswert, Mi geschlossen.

Indonesische Küche

Bojo, Lange Leidsedwarsstraat 49–51, Tel. 6 11 84 76.

Putri Ayu, Jan-Pieter Heyestraat 103, Dienstag bis Sonntag von 17 bis 23 Uhr, gut und billig.

Speciaal, Nieuwe Leliestraat 142, Tel. 6 24 97 06. Billig und gut.

Sukasari, Damstraat 26, Tel. 6 24 00 92. Billig und gut.

Tempo Doeloe, Utrechtsestraat 75, Tel. 6 25 67 18.

Israelische Küche

Betty's, Rijnstraat 75, Tel. 6 44 58 96, So–Fr 10–21 Uhr, Sa geschlossen.

Italienische Küche
Bizerte, Lange Leidsewaarsstraat 49, Tel. 6 22 37 59. Ehrgeizig in Pizzen.

Da Damiano, Jan-Pieter Heyestraat 139, Tel. 6 85 07 95, dienstags geschlossen. Hervorragende Pizzen, gutes Olivenweißbrot.

Pastorale, Haarlemmerdijk 139, Tel. 6 25 99 28. Riesengute Pizzen und nicht teuer.

Japanische Küche
Akitsu, Rozengracht 228–230, Tel. 6 25 32 54.

Japans Eethuis An, Weteringschans 199, Tel. 6 27 06 07. Ausgezeichnetes Essen, nicht zu teuer.

Mexikanische Küche
Alfonso's, Korte Leidse Dwarsstraat 69, Tel. 6 27 05 80; Utrechtsestraat 32, Tel. 6 25 24 96. Gut und nicht teuer.

Caramba, Lindengracht 342, Tel. 6 27 11 88, sehr gut und ziemlich billig.

Mexico, Prinsengracht 186, Tel. 6 24 65 38. Kleiner, sehr guter Mexikaner.

Rose's Cantina, Reguliersdwarsstraat 38, Tel. 6 25 97 97. Im Sommer mit Terrasse.

Spanische Küche
Casa Tobio, Lindengracht 31, Tel. 64 89 87. Mi geschlossen.

Iberia, Kadijksplein 16, Tel. 6 23 63 13. Ausgezeichnete Küche, jedoch nicht ganz billig.

Surinamische Küche
Riaz, Bilderdijkstraat 193, Tel. 6 83 64 53. Eines der ältesten.

Rishi Roti Room, le Oosterparkstraat 91, Tel. 6 92 86 28. 17–22 Uhr, Dienstag geschlossen.

Alle surinamischen Lokale haben preiswerte exotische Genüsse. Viele der Restaurants liegen beim Albert Cuyp Markt.

Vegetarische Küche
Baldur, Weteringschans 76, Tel. 6 24 46 72, So geschlossen. Ganz gute Küche, preiswert.

De Bast, Huidenstraat 19, Tel. 6 24 80 87. Anthroposophische Küche, nicht gerade billig. Menü ab 17 Uhr.

De Vliegende Schotel, Nieuwe Leliestraat 162, Tel. 6 25 20 41, täglich 17.30–22 Uhr. Gute Küche.

De Waaghals, Frans Halsstraat 29, Tel. 6 79 96 09. Dienstag bis Sonntag von 17.30 bis 21 Uhr.

Egg Cream, Sint Jacobstraat 19, Tel. 6 23 05 75. Ab 11 Uhr für Frühstück und Snacks geöffnet, Menü von 11 bis 19.30 Uhr. Vegetarische amerikanische Küche, nicht biologisch. Die Nachspeisen wie «Apple Crumble», «Banana Split» sind hervorragend und riesig.

Harvest, Govert Flinkstraat 251, Tel. 6 79 99 95. Restaurant mit Galerie und sehr leckerer Küche. Di–Fr von 17.30 bis 21.30 Uhr.

Sisters, Nes 102, Tel. 6 26 39 70, täglich 12–16 und 17–21.30 Uhr.

The Golden Temple, Utrechtsestraat 126. Menü von 12 bis 21 Uhr, So von 17–21 Uhr. Snacks sind mittags erhältlich. Die Küche der amerikanischen Sikhs ist lecker, jedoch etwas teuer. Kein Zucker, kein Alkohol, Rauchen verboten.

The Salad Garden, Weteringschans 75, Tel. 6 25 78 86. Salatmahlzeiten für happige Preise.

In den Kulturzentren De Melkweg und Oibibio befinden sich ebenfalls vegetarische Restaurants.

Sauna
Deco, Herengracht 115, Tel. 6 23 82 15, Mo–Sa 11–23 Uhr. Extravagante Sauna im Art-decó-Stil.

Fenomeen, 1e Schinkelstraat 14, Tel. 6 71 67 80. Sauna im Krakerkomplex De Binnenpret im Schinkelviertel am Ende des Vondelparks.

Oibibio, Prins Hendrikkade 20–21, Tel. 5 53 93 11. Mit Ruheraum und Sicht auf die Dächer von Amsterdam. Nicht ganz billig.

Sauna Kylpy, Mercatorplein 23–27, Tel. 61 23 49 6. Sa und So geschlossen. Für Frauen.

Schwimmbäder

Marnixbad, Marnixplein 5–9, Tel. 6254843. Besonders großes Hallenbad. Dienstags zwischen 19.30 und 21.30 Uhr Freikörperschwimmen.

Mirandabad, De Mirandalaan 9, Tel. 6446637. Besonders luxuriös, deshalb auch teurer; Frei- und Hallenbad.

Zuiderbad, Hobbemastraat 26, Tel. 6792217. Schönes altes Hallenbad.

Schwule

Die alle vierzehn Tage erscheinende *Gay-Krant* und das Monatsblatt *Sek* geben Auskunft über Treffpunkte und Veranstaltungen.

Aidsinfolijn, Unter der Nummer 06-0222220 kann man sich wochentags von 14 bis 22 Uhr über Aids informieren.

Anti-discrimanietmeldlijn COC, Tel. 6205686. Rat und Hilfe bei diskriminierenden Übergriffen.

COC (NVIH), Rozenstraat 8, 1016 NX Amsterdam. Tel. 6231192. Bemüht sich seit Jahren um die Emanzipation von Homosexuellen durch Aktionen und Aufklärung. Vereint unter seinem Dach: Coffeeshop (Rozenstraat 14) mit Information: 13–17 Uhr.

Gay & Lesbian Switchboard, Tel. 6236565, 10–22 Uhr Information und Rat per Telefon für Schwule und Lesben.

Homodok, Oudezijds Achterburgwal 185, Tel. 6525601, Documentationscentrum.

Jongeren Café, Jeden 1., 3. und 5. Sa 13–17 Uhr; Bar/Kneipe: täglich 20–24 Uhr; Dancing: Fr 20–2 Uhr; Sa nur für Frauen.

Buchläden

Intermale, Spuistraat 251, Tel. 6250009, Buchladen, Coffeeshop und Artgalerie.

Kneipen, Bars, Kunst und Kontakte

Amstel Taverne, Amstel 54, Tel. 6234254. Bei schönem Wetter auch draußen.

Anco, Oudezijds Voorburgwal 55, Tel. 6241126, Hotel und Bar.

Club Jacques, Warmoesstraat 93, Tel. 6220323. Mo–Sa von 20 bis 3 Uhr, So von 15 bis 1 Uhr. Lederszene mittleren Alters.

Cock-Ring, Warmoesstraat 96, Tel. 6239604, So–Do 22–5, Fr + Sa 22–7 Uhr. Bar und Disco für die härtere Szene.

De Spijker, Kerkstraat 4, Tel. 6205919, beliebte Bar.

Downtown Koffieshop, Reguliersdwarsstraat 31, Tel. 6229958, Bar und Café.

Galerie ROB ART, Weteringsschans 253, Tel. 6254686, täglich 10–18, Sa 11–18 Uhr, schwule Kunst.

Homolulu, Kerkstraat 23, Tel. 6246387, täglich 22–4, Fr, Sa bis 5 Uhr. Elegante Dancing.

Shako, 's Gravelandseveer 2, Tel. 6240209, Mo–Fr 21–2, Sa–So 21–3 Uhr, Café.

Sport

Amsterdam ArenA, Haaksbergweg 59, Tel. 6912906. Supermoderne Arena, Stadion vom Fußballclub Ajax Amsterdam und dem American Football Club Amsterdam Admirals, sowie Auftrittsstätte von Mega-Stars wie Michael Jackson und Tina Turner.

Olympisch Stadion, Stadionplein 20, Tel. 6711115. Ob das Olympia-Stadion, gebaut zur Olympiade 1928, erhalten bleibt ist noch ungewiß.

Wer selbst was tun will kann im Sommer im Vondelpark oder im Oosterpark Joggen oder Fußball und Volleyball spielen. Im **Sport Service Bureau** im Rathaus kann man Informationen bekommen, Tel. 5522490 und 5523583.

Jaap Eden Baan, Radioweg 64, Tel. 6949894. Hier kommt tout Amsterdam zum Schlittschuhlaufen, die Eisen samt Schuhwerk können geliehen werden.

Sprachunterricht

Gemeentelijke Dag-en Avondschool voor Volwassenen, 's-Gravensandeplein 19, Tel. 6 65 77 80. Bietet Niederländisch-Kurse für Ausländer an.

Volksuniversiteit Amsterdam, Herenmarkt 93, 1013 EC Amsterdam, Tel. 6 26 16 26. Ebenfalls Niederländisch-Kurse für Ausländer.

Vrije Universiteit, Afdeling Toegepaste, Taalwetenschap, Kamer 9 A–18, De Boelelaan 1105, 1082 Amsterdam, Tel. 5 48 30 89, Mo 15–17 Uhr Infos. Kostenlose Sprachkurse für Studenten, alle anderen müssen zahlen.

Stadtführungen

Arti & Tulipani – Tours & Travels, Scheldestraat 12, Tel. 4 71 31 33. Mit dem Autor dieses Reiseführers zu Fuß und mit dem Boot durch Amsterdam (in deutscher oder niederländischer Sprache). Historische, kulturelle und thematische Touren: «Goldenes Jahrhundert – den alten Meistern auf der Spur», «Mokum-Tour – durch das jüdische Amsterdam», Litera- Theater-, Musik- und Film-Tour. Außerdem: maßgeschneiderte Programme für Gruppen.

Artifex-Travel, Herengracht 342, Tel. 6 20 81 12. Kunsthistoriker organisieren Programme für Gruppen durch Amsterdam und seine Museen.

Telefonieren

Das Telefonsystem entspricht ungefähr dem deutschen. Es ist vollautomatisch, so daß man ohne weiteres von der Telefonzelle aus nach Hause anrufen kann. Nahezu alle öffentlichen Telefone funktionieren inzwischen mit Telefonkarten. Kartentelefone akzeptieren auch Telefonkarten der Deutschen Telekom sowie die meisten kommerziellen Kreditkarten. Telefonkarten der holländischen Telekom gibt es an den Bahnschaltern, im Grenswisselkantoor, den Touristenbüros, bei den Postämtern und in Tabaksläden / Kiosken für 5, 10 und 25 Gulden. Nur noch in einigen «braunen Cafés» gibt es Münztelefone. Gespräche innerhalb der Stadt kosten 25 Cent pro Minute (1 Kwartje). Telefonate sind abends nach 19 Uhr und am Wochenende beträchtlich billiger. Ruft man ins Ausland an, muß man erst 00

wählen und dann die Vorwahl des Landes, der Stadt ohne die Null und die Rufnummer durchgehend hintereinander wählen, zum Beispiel für Deutschland: 0049 + Stadt ohne Null + Rufnummer.

Wichtige Rufnummern

Landesweiter Polizeinotruf, Feuerwehr, Unfall: 06-11

Polizeinotruf Amsterdam: 6 22 22 22

Polizeipräsidium, Elandsgracht 117, 1016 TT Amsterdam, Tel. 5 59 91 11

Hilfe in Krisen 6 16 16 66

Inlandsauskunft 06 80 08

Internationale Auskunft: 06 04 18

Theater

De Balie, Kleine Gartmanplantsoen 10, Tel. 6 23 29 04. Das Theater, eingerichtet im ehemaligen Gerichtssaal eines Gefängniskomplexes, wird von verschiedenen, auch internationalen Gruppen benutzt – meist mit sozialkritischen Stücken. Auch bekannt für seine Vorlesungen.

Bellevue, Leidsekade 90, Tel. 6 24 72 48. Vom Boulevardtheater bis zu sozialkritischen Stücken.

De Boomspijker, Recht Boomsloot 52, Tel. 6 26 40 02. Im Nachbarschaftszentrum des Nieuwmarktviertels gibt es neben Theater auch Filmvorführungen.

De Brakke Grond, Nes 45, Tel. 6 24 03 94. Flämisches Kulturzentrum.

De Trust, Kloveniersburgwal 86, Tel. 6 26 03 63. Theater und Tanz.

Carré, Amstel 115, Tel. 6 22 52 25. Ehemaliger Zirkus. In dem Riesenschuppen werden Shows und Musicals aufgeführt.

Cleyntheater, Cleyndertweg 63 A, Tel. 6 37 18 15. Stadtteiltheater.

Studio Danslab, Overamstelstraat 39, Tel. 6 94 94 66. Laboratorium für junge Tanzgruppen, dritter Rang.

De Engelenbak, Nes 71, Tel. 6 26 68 66

(abends). Avantgardetheater und neue Talente.

Felix Meritis, Keizergracht 324, Tel. 6231311, Avantgardetheater.

Frascati, Nes 63, Tel. 6266866 und 6235723. Im renovierten Frascati-Theater, mit einem sehr schönen Café, spielen verschiedene Gruppen.

't Veem, Van Diemenstraat 410, Tel. 6260112. Performance-Raum, dritter Rang.

De Ijsbreker, Weesperzijde 23, Tel. 6681805. Neben Musik gibt's hier auch expressiven Tanz und Ballett.

Amsterdams Marionettentheater, Nieuwe Jonkerstraat 8, Tel. 6208027. Klassisches Marionettentheater zu Mozartmusik.

De Meervaart, Osdorpplein 205, Tel. 6107393. Hier gastieren alle möglichen Gruppen Amsterdams. Auch Kindervorstellungen.

De Melkweg, Lijnbaansgracht 234a, Tel. 6241777. Mittwochs bis sonntags spielen hier oft Theatergruppen aus den USA und England.

Het Muziektheater (Stopera), Amstel 3, Tel. 6255455. Umstrittener Mammutneubau, der jedoch als einziger großen Inszenierungen genügend Raum bietet, vor allem Oper, Ballett, Tanztheater.

Poppentheater Diridas, Hobbemakade 68, Tel. 6621588. Samstags/sonntags um 15 Uhr Kindervorstellungen.

De Rode Hoed, Keizersgracht 102, Tel. 6257368. Modernes Theater und Musik. Do 12.30 Uhr Lunch-Konzerte.

De Westergasfabriek, Haarlemmerweg 8–10, Tel. 5810425. Domizil der derzeit wichtigsten Theatergruppe: Gerardjan Reijnders' Toneelgroep Amsterdam.

Trinkgelder

Im Allgemeinen verstehen sich alle Dienstleistungen inklusive Trinkgeld und Mehrwertsteuer. Es ist jedoch üblich, besonders guten Service mit einem Trinkgeld zu honorieren.

Übernachten

Während der Tulpenblüte im April/Mai sind viele Hotels ausgebucht. Leider ist das Preisniveau im Vergleich zu anderen europäischen Metropolen relativ hoch.
Bei der Zimmersuche hilft das kostenlose Nationale Reservierungszentrum **Nederland-NRC**, Postfach 270580, 50511 Köln, Tel. 0221/2570383, Fax 2570381.

Siehe auch S. 227: Internet-Adressen, S. 219: Camping

Low Budget Hotels

Adam en Eva, Sarphatistraat 105, Tel. 6246206. Unterbringung in Schlafsälen für 21,50 Gulden mit Dusche und Frühstück. Eigenes Laken oder Schlafsack mitbringen. Keine Nachtglocke.

Bob's Hostel, Nieuwezijds Voorburgwal 92, Tel. 6230063. Übernachtung (einschl. Frühstück) in 4- bis 16-Betten-Zimmern: 20 Gulden.

Bicycle-Hotel Van Ostade, Van Ostadestraat 123, Tel. 6793452. Hotel mit Fahrradinfo und Vermietung. Übernachtung (mit Dusche und Frühstück) zwischen 55 und 90 Gulden.

Brian Low Budget Hotel, Singel 69, Tel. 6244661, 60 Gulden pro Nacht mit Frühstück und Dusche.

Eben Haëzer, Bloemstraat 179, Tel. 6244717. Mit 19 anderen Menschen teilt man den Schlafsaal. Rund 15 Gulden, Dusche und Frühstück inklusive, mit christlichem Hintergrund.

Hans Brinker, Kerkstraat 136, Tel. 6220687. Übernachtung (mit Dusche und Frühstück) im Schlafsaal für 8 Personen ab 38,50 Gulden, inklusive Dusche, Frühstück und Bettzeug. Bei längerem Aufenthalt billiger.

Bill's Resident, Leliegracht 18, Tel. 6255259. Zwei- bis Sechsbettzimmer für rund 25 Gulden, inklusive Frühstück.

Meetingpoint, Warmoesstraat 14, Tel. 6277499. 25 Gulden, Frühstück 5 Gulden.

Kabul, Warmoesstraat 38–42, Tel.

245

62 37 1 58. Schlafsäle mit 4 bis 10 Betten für 26 Gulden, Frühstück 5 Gulden extra. Es gibt auch preiswerte Einzel- und Doppelzimmer. Sehr schönes, renoviertes Kaufmannshaus.

The Shelter, Barndesteeg 21–25, Tel. 6 25 32 30. Schlafsäle mit 18 bis 40 Betten für 15 Gulden pro Übernachtung mit Dusche und Frühstück, mit christlichem Hintergrund.

Studentenhotel Keizersgracht, Keizersgracht 15, Tel. 6 25 13 64, rund 20 Gulden.

Jugendherbergen

Stadsdoelen, Kloveniersburgwal 97, Tel. 6 24 68 32, in der Nähe vom Hauptbahnhof. Von Anfang März bis zur ersten Novemberwoche. Die Übernachtung kostet 21,50 Gulden für Mitglieder und 26,50 Gulden für Nichtmitglieder. Bettzeug oder Schlafsack 5,50 Gulden. Um 2 Uhr nachts schließt die Jugendherberge.

Vondelpark, Zandpad 5, Tel. 6 83 17 44, am Rande des Parks gelegen. Ist das ganze Jahr über geöffnet. Preise wie im Stadsdoelen.

Sleep-in

Sleepin-ARENA, 's Gravesandestraat 51 (Ecke Mauritskade), Tel. 6 94 74 44. Geöffnet Ostern, Pfingsten und im Sommer (Ende Juni bis Anfang September), ebenso an christlichen Feiertagen für Gruppen ab 25 das ganze Jahr über. Nonprofit-Einrichtung, von der Gemeinde betrieben. 550 Betten stehen in dem ehemaligen Heim zur Verfügung, jedes für 17,50 Gulden, wenn man einen Schlafsack dabeihat, sonst 22,50 für die ersten beiden Nächte. Ist die ganze Nacht geöffnet. Bar, Bühne, Videovorführsaal und ein riesiger Garten verschönern den Aufenthalt. Mit der Metro bis Weesperplein und dann etwa zehn Minuten zu Fuß gehen oder eine Station mit der Tramlinie 6 oder 10 fahren (Nachtbus 76).

Mittelklassehotels
(unter 200 Gulden pro Nacht)
Amsterdam Classic Hotel, Gravenstraat 14–16, 1012 NM Amsterdam, Tel. 6 23 37 16, Fax 6 38 11 56. Zentral gelegenes Hotel im Zentrum der Stadt.

Museum Hotel, P. C. Hooftstraat 2, 1071 PX Amsterdam, Tel. 6 62 14 02, Fax 6 73 39 18. Gleich neben der Museumsmeile der Stadt gelegen.

Piet Hein, Vossiusstraat 53, 1071 AJ Amsterdam, Tel. 6 62 72 05, Fax 6621526. Prima Hotel am ruhigen Vondelpark gelegen.

Prins Hendrik, Prins Hendrikkade 53, 1012 AC Amsterdam, Tel. 6 23 79 69, Fax 6 27 43 91. Mitten im Zentrum gegenüber dem Hauptbahnhof gelegen.

Vondel, Vondelstraat 24, 1054 GD Amsterdam, Tel. 6 12 01 20, Fax 6 85 43 21. Ruhiges Hotel direkt am Vondelpark.

Komforthotels
(über 200 Gulden pro Nacht)
American Hotel, Leidsekade 97, 1017 PN Amsterdam, Tel. 6 24 53 22, Fax 6 25 32 36. Schönes Art-Deco-Hotel, in dessen Bar schon Klaus Mann gesessen hat.

Apollofirst, Apollolaan 123, 1077 AP Amsterdam, Tel. 6 73 03 33, Fax 6 75 03 48. Gediegenes Hotel im vornehmen Süden Amsterdams bei der Beethovenstraat.

Jan Luyken Hotel, Jan Luykenstraat 58, 1071 CS Amsterdam, Tel. 5 73 07 30, Fax 6 76 38 41. Guter Service und beim Rijksmuseum um die Ecke gelegen.

Jolly Carlton Hotel, Vijzelstraat 4, 1017 HK Amsterdam, Tel. 62 22 66, Fax 6 83 16 60. Direkt neben dem Blumenmarkt am Münzturm gelegen.

Die Port van Cleve, Nieuwzijds Voorburgwal 178/180, 1012 SJ Amsterdam, Tel. 6 24 48 60, Fax 6 22 02 40. Schön restauriertes Hotel gleich neben dem Königlichen Palast am Dam.

Schiller, Rembrandtsplein 26–36, 1017 CV Amsterdam, Tel. 6 23 16 60, Fax 6 24 00 98. Hier haben schon die Größen der niederländischen Kleinkunst logiert.

Umweltschutzgruppen

Greenpeace, Keizersgracht 174–182, 1016 DW Amsterdam, Tel. 6261877. Die europäische Basis der Organisation befindet sich in Amsterdam. Der Greenpeace Infoshop befindet sich in der Leliegracht 51, Tel. 5249579.

Stichting Milieuboek, Plantage-Middenlaan 2h, Tel. 6244989. Hier werden Publikationen der einzelnen Organisationen verkauft, die sich mit dem Umweltschutz beschäftigen.

Vereniging Milieudefensie, Damrak 26–28, Tel. 6221366. Umweltorganisation für Holland.

World Information Service of Energy (WISE), Plantage-Middenlaan 2d, Tel. 6392681. WISE befaßt sich allgemein mit Fragen der Energie und unterhält speziell eine internationale Info-Zentrale zur Atomenergie.

Verkehrsmittel

Von morgens sechs Uhr bis nachts um zwölf schlängeln sich die gelben Trams, rattern die roten und gelben Stadtbusse durch die Straßen und gräbt sich die silberne U-Bahn durch die Prestigetunnel der Stadt. Die meisten Straßenbahnlinien verkehren vom Hauptbahnhof aus im Zehn-Minuten-Takt. Eine besondere Route entlang der Sehenswürdigkeiten fährt die Circle-Tram 20 von 9 bis 19 Uhr. Mit der Metro kann man zum Ajax-Stadion Arena und zur Trabantenstadt Bijlmermeer gelangen, die Snel-Tram bringt einen nach Amstelveen. Informationen über die öffentlichen Verkehrsmittel erhält man über die Rufnummer 09 00 92 92 (50 Cent pro Minute!). Wer die Fahrzeuge mit der Aufschrift «laatse rit» (letzte Fahrt) verpaßt hat, der kann mit einer der acht Nachtbuslinien fahren. Wem der «Ritt» zu lange dauert, kann nur noch ins Taxi umsteigen. Doch Vorsicht! Die Preise liegen bei weitem höher als in Deutschland. Taxi-Ruf: 6777777.

Von der Marnixstraat und vom Hauptbahnhof fahren auch die gelben Busse der NHZ, der Noord-Zuid-Hollandse Vervoersmaatschappij in die Umgebung, zum Beispiel nach Hoorn oder Volendam oder nach Ijmuiden an die Nordsee. Auch mit der ersten privaten Eisenbahngesellschaft des Landes «Lovers-Rail» kann man mit dem «Kennemer-Express» an die Nordsee nach Ijmuiden gelangen. Im Gegensatz zu Venedig ist es im Venedig des Nordens nicht möglich, mit Linienbooten über die Grachten oder an die Nordseeküste zu fahren. Es gibt allerdings das Museumsboot und das Watertaxi (Tel. 6 22 21 81), sowie den Canal Bus (Tel. 6 23 98 86).

Zoo

Zoo Artis, Plantage Kerklaan 40, Tel. 6262833, täglich 9–17 Uhr. Ab 15.30 Uhr und im September kostet der nicht ganz billige Eintritt die Hälfte. Schöner Tiergarten mit Kinderbauernhof.

DER AUTOR

Reinhold F. Bertlein studierte Publizistik, Soziologie, Niederlandistik und Kulturmanagement an der Freien Universität Berlin und an der Kunsthochschule Utrecht. Seit 1982 lebt er in den Niederlanden, bis 1995 als freier Journalist für deutsche Fernsehanstalten und Printmedien, u.a. für *Die Woche, Frankfurter Rundschau* und *Neue Zürcher Zeitung*. Zahlreiche Publikationen über Kultur und Geschichte der Niederlande und zum deutsch-niederländischen Verhältnis. Gründer von Arti & Tulipani, einem Reiseveranstalter mit kulturellen Touren durch Amsterdam und Holland.

DIE FOTOGRAFIN

Suzanna Lauterbach, geboren 1965 in Nürnberg, absolvierte von 1986 bis 88 ihre fotografische Ausbildung am Lette-Verein in Berlin. Seit 1991 ist sie als freischaffende Fotografin im künstlerischen und dokumentarischen Bereich tätig. Mehrere Preise, Stipendien und internationale Ausstellungsbeteiligungen; sie lebt und arbeitet in Berlin.

DANKSAGUNG

Ich danke in freundschaftlicher Verbundenheit Roland Günter, der mich mit der ersten Ausgabe von «anders reisen: Amsterdam» Anfang der achtziger Jahre nachhaltig geprägt hat. Darüber hinaus möchte ich vielen Freunden in und um Amsterdam danken: Amber, Angelika Finger, Barbara Knegjens, Annemarie Dullemans und ihrer Mutter Ans, dem in Berlin geborenen Amsterdamer Zwi Lesser, Mariëll und Willemijn v/d Bos, Saskia de Leeuw, Achmed Magouz und seiner Familie, Michel und Mirjam Mulder, Adelheid Atzert, meinem Vater, meinem Sohn und Catherine Blom für ihre Hilfe und Geduld. Ohne ihre Unterstützung und Liebe hätte ich das Buch nicht vollendet. Und besonders danke ich der schwedischen Amsterdamerin Kerstin Södermark.

BILDNACHWEIS

Suzanna Lauterbach 2/3, 4/5, 6, 9, 12/13, 17, 21, 25, 28/29, 31, 33, 39, 42/43, 45, 47, 49, 50/51, 57, 61, 65, 69, 73, 77, 83, 89, 94/95, 104/105, 107, 115, 117, 121, 125, 133, 139, 145, 151, 157, 162/163, 165, 170/171, 177, 180/181, 183, 187, 189, 191, 192/193, 197, 201, 202/203, 208, 210/211.

REGISTER

Kursive Seitenzahlen verweisen auf den Infoteil

ARTI & TULIPANI
Tours & Travels

Reinhold F. Bertlein
Scheldestraat 12
1078 GK AMSTERDAM
Niederlande
Tel./Fax: +31-20-4713133

Mit dem Autor durch Amsterdam:

7 Kunst-Touren:
- Große Kultur-Tour
- Architek-Tour
- Kunst-Tour
- Theater Tour
- Musik-Tour
- Litera-Tour
- Film-Tour

Historische Touren:
- Mittelalterliches Amsterdam
- Goldenes Jahrhundert
- Handel & Seefahrt

Thematische Touren:
- 20. Jahrhundert
- Mokum-Tour/Jüdisches Amsterdam
- 1999: 400 Jahre Japan – Holland

Maßgeschneiderte Programme, Touren und Reisen
für Gruppen, Kongresse, Firmen, Veranstalter

Informativ, kompakt, kritisch – in neuem Layout und attraktiver Ausstattung: schlankes Format, Griffregister für die schnelle Orientierung, ganzseitige Schwarzweißfotos mit Reportagecharakter, zweite Farbe bei den Karten und Stadtplänen.

Zitty (Hg.)
Anders reisen: Berlin
(rororo sachbuch 19098)
«Da ist er ja – der Reiseführer, auf den ich seit Jahren gewartet habe:
– übersichtlich, obwohl kein Rubrik-Reiseführer;
– mit viel Spaß geschrieben, fundiert, die reine Animation;
– der praktische Teil endlich mal mit passenden Stichwörtern, wie z. B. Buchhandlungen und Friedhöfe;
– sprachlich klasse.»
J. Dröge, Buchhandlung Grobbel

Günter Liehr
Anders reisen: Paris
(rororo sachbuch 19099)

Matthias Thibaut
Anders reisen: London
(rororo sachbuch 60400)
Schräge Mode und schrille Clubs haben zum Ruf der Themse-Metropole beigetragen, «the coolest city on the planet» zu sein. Der Band schaut hinter das Klischee von tea-time, Tower Bridge und Doppeldecker und führt in einem Dutzend verschiedener Routen durch die kontrastreiche Großstadt.

Peter Kammerer /
Henning Klüver
Anders reisen: Rom
(rororo sachbuch 19094)

Rainer Karbe /
Ute Latermann
Anders reisen: Kreta
(rororo sachbuch 19091)
Kreta, die geschichtsträchtige Insel zwischen Afrika, Asien und Europa, ist reich an natürlichen Reizen. Der Leseteil zu Kultur und Gesellschaft läßt den Alltag mit offenen Augen wahrnehmen und macht Altes in Aktuellem erfahrbar.

rororo sachbuch

rororo anders reisen wird herausgegeben von Till Bartels. Ein Gesamtverzeichnis der Reihe finden Sie in der *Rowohlt Revue*. Vierteljährlich neu. Kostenlos in Ihrer Buchhandlung.

Rolf Schwarz
Ägypten *Ein Reisebuch in den Alltag*
(rororo sachbuch 9068)

Christof Kehr
Andalusien *Ein Reisebuch in den Alltag*
(rororo sachbuch 9089)

Till Bartels /
Ulrike Wiebrecht
Barcelona / Katalonien *Ein Reisebuch in den Alltag*
(rororo sachbuch 9070)

Ute Frings / Rolly Rosen
Israel/Palästina *Ein Reisebuch in den Alltag*
(rororo sachbuch 7596)

Conrad Lay /
Michaela Wunderle
Italien *Ein Reisebuch in den Alltag*
(rororo sachbuch 9084)

Roland Motz
Mallorca *Ein Reisebuch in den Alltag*
(rororo sachbuch 9086)

Henning Klüver (Hg.)
Norditalien *Ein Reisebuch in den Alltag*
(rororo sachbuch 9063)

Frida Bordon
Sizilien *Ein Reisebuch in den Alltag*
(rororo sachbuch 7595)

Günter Liehr
Südfrankreich *Ein Reisebuch in den Alltag*
(rororo sachbuch 9093)

ROLAND MOTZ
MALLORCA

Michaela Wunderle
Süditalien *Ein Reisebuch in den Alltag*
(rororo sachbuch 7592)
Michael Kadereit
Toskana / Umbrien *Ein Reisebuch in den Alltag*
(rororo sachbuch 7521)

Frida Bordon
Venedig mit Venetien *Ein Reisebuch in den Alltag*
(rororo sachbuch 7570)

rororo anders reisen

rororo anders reisen wird herausgegeben von Till Bartels. Ein Gesamtverzeichnis der Reihe finden Sie in der *Rowohlt Revue*. Vierteljährlich neu. Kostenlos. In Ihrer Buchhandlung.

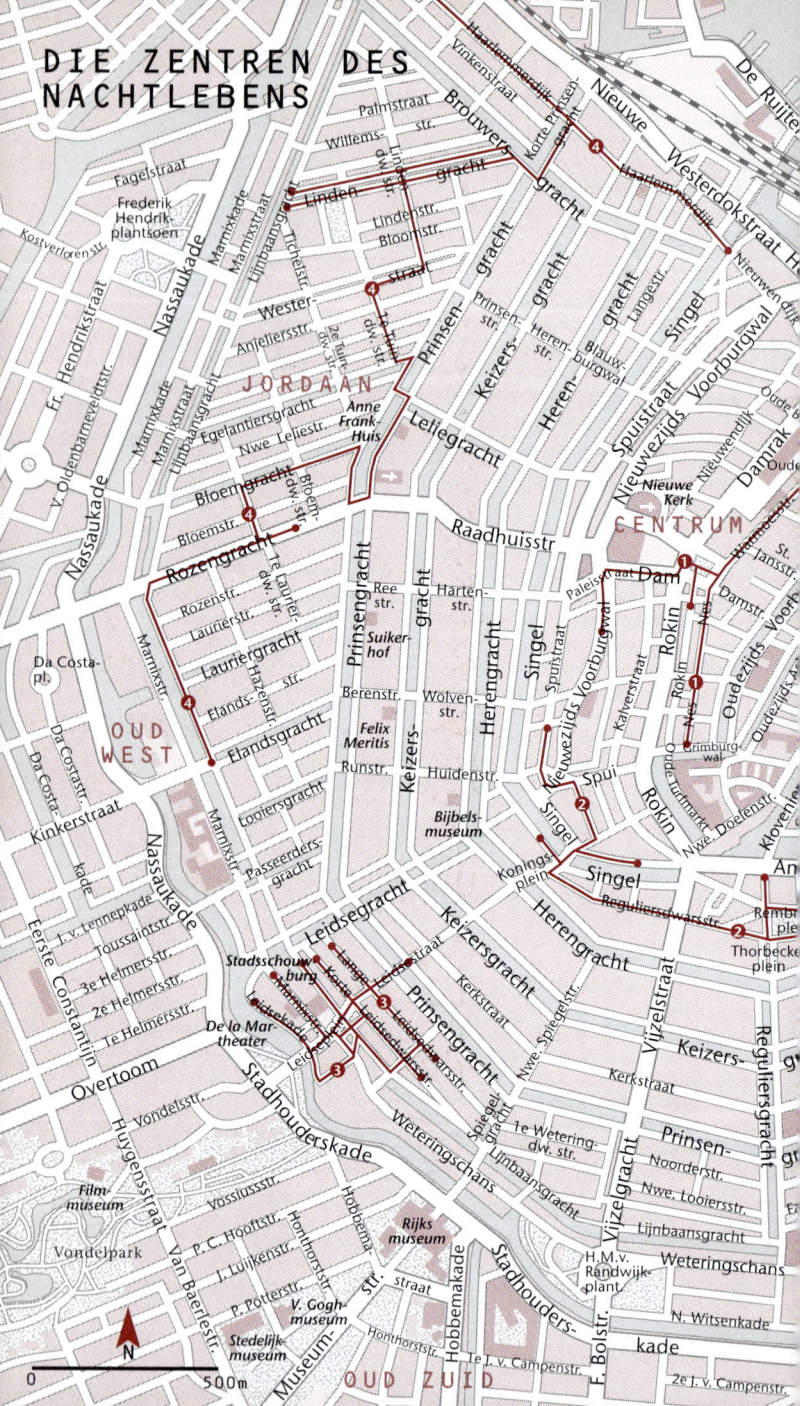

DIE ZENTREN DES
NACHTLEBENS

JORDAAN

OUD
WEST

CENTRUM

Nieuwe
Kerk

Dam

OUD ZUID

Film
museum

Vondelpark

Rijks
museum

Stedelijk
museum

V. Gogh-
museum

Filmmuseum

0   500m

N